“十二五”国家重点图书出版规划项目——
国家物流业振兴规划前沿理论与技术创新丛书

应急物流

主　编　刘利军
副主编　李德强　邓明明

中国财富出版社

图书在版编目（CIP）数据

应急物流／刘利军主编．—北京：中国财富出版社，2015.5
（国家物流业振兴规划前沿理论与技术创新丛书）
“十二五”国家重点图书出版规划项目
ISBN 978-7-5047-5637-4

Ⅰ.①应…　Ⅱ.①刘…　Ⅲ.①物流—研究　Ⅳ.①F252

中国版本图书馆 CIP 数据核字（2015）第 078351 号

策划编辑　郑欣怡　　　　责任印制　方朋远
责任编辑　沈兴龙　徐　宁　　　　责任校对　杨小静

出版发行　中国财富出版社（原中国物资出版社）
社　　址　北京市丰台区南四环西路 188 号 5 区 20 楼　　邮政编码　100070
电　　话　010-52227568（发行部）　　010-52227588 转 307（总编室）
　　　　　010-68589540（读者服务部）　　010-52227588 转 305（质检部）
网　　址　http://www.cfpress.com.cn
经　　销　新华书店
印　　刷　北京京都六环印刷厂
书　　号　ISBN 978-7-5047-5637-4/F·2355
开　　本　787mm×1092mm　1/16　　版　　次　2015 年 5 月第 1 版
印　　张　15　　印　　次　2015 年 5 月第 1 次印刷
字　　数　356 千字　　定　　价　45.00 元

前　言

应急物流是指为应对严重自然灾害、突发性公共卫生事件、公共安全事件及军事冲突等突发事件而对物资、人员、资金的需求进行紧急保障的一种特殊物流活动。其与普通物流既有共同点也有不同点，本书主要讲解应急物流体系的组织和管理，包括应急物流系统的特点、应急物流中心的选址与规划、应急物资管理、应急物资调度和应急物流信息系统的建设等，最后通过具体例子讲解应急物流的操作，并对应急物流的发展进行展望。

第一章对应急物流的基本概念进行了讲解。首先，介绍了突发事件的概念，然后讲解了应急物流的概念、特点和研究内容等；其次，对四种基本类型的应急物流（突发自然灾害应急物流、突发事故灾难应急物流、突发公共卫生事件应急物流和突发社会安全事件应急物流）进行了分析；最后，对国内外应急物流的发展状况进行了分析。

第二章对应急物流系统进行了讲解。首先，分别对应急物流系统的概念、结构和研究现状进行讲解；其次，对应急物流系统的设计和构建进行讲解；最后，介绍了应急物流系统的能力和绩效评价方法，并通过案例进行验证。

第三章对应急物流中心选址和规划进行了讲解。首先，分别介绍了应急物流中心选址的原则、影响因素等，并介绍了几种常用的应急物流中心选址决策方法；其次，讲解了一个应急物流中心选址决策实例；最后，讲解了应急物流中心的规划，包括应急物流中心的实施规划、规模计算、平面布局和设备选择等内容。

第四章对应急物资的管理进行了讲解。具体包括应急物资的概念，应急物资的需求预测，应急物资的采购管理、供应商管理以及应急物资的仓储和库存管理等内容。

第五章对应急资源调度进行了讲解。首先，介绍了应急资源调度的含义和特点；其次，重点讲解了应急资源调度的建模方法，分别介绍了应急物资的筹措分配方法和应急物资配送的车辆调度方法，并通过实例进行验证。

第六章对应急物流信息系统进行了讲解。首先，介绍了常用的应急物流信息技术及发展趋势；其次，讲解应急物流信息系统及其建设的内容，包括建设原则、建设目标、建设内容等；再次，讲解了应急物流信息系统的设计，包括功能分析、功能模块、功能开发等内容；最后，以典型的突发事件为例讲解了应急物流信息系统的构建。

第七章为典型应急物流实例介绍，包括自然灾害应急物流、食品安全应急物流、突发事件应急物流三个典型案例。

本书的整体结构、主导思想由刘利军提出，第一章、第二章、第五章、第七章第二节由刘利军编写，第三章、第四章、第七章第一节由李德强编写，第六章、第七章第三节由邓明明编写。全书由刘利军通稿并定稿。在本书的编写过程中，许华博士、韩昉老师提出了许多启发性的建议，在此表示诚挚的感谢！

本书侧重应急物流的操作和实务，可作为物流专业的教学参考用书，对物流专业师生、科研人员具有一定的参考价值，也可作为政府及相关部门机构的参考用书。

编　者

2015 年 3 月

目 录

第一章 应急物流概述

2003年的SARS疫情，使我们第一次对突发事件有了切身感受，从那时起，应急物流成为备受关注的热点研究领域。应急物流应用的范围非常广泛，对国家而言，如战时的后勤物资供应、2008年北京奥运会、2010年上海世博会；对社会而言，如每年的春运、旅游黄金周等；对企业而言，如销售高峰期、决策者失误等也都会带来应急物流的需求，从我国唐山大地震到美国“9·11”事件，从“SARS”“禽流感”“雪灾”到频发的矿难、地震，人们在突发事件前表现出的被动局面均暴露出现有应急机制、法律机制、物资准备等多方面的不足，而我国属于自然灾害高发国家，公共卫生设施、国家处理突发事件的经验等方面均存在诸多亟待改进的地方，急需对应急物流的内涵、规律、机制、实现途径等进行研究。

首先，我们来关注与应急物流息息相关的突发事件。何谓突发事件？它在应急物流中扮演着怎样的角色？

第一节 突发事件概述

一、突发事件的概念

突发事件这个概念，是我国约定俗成的名词，不是外来词语的翻译。“突发”一词，顾名思义就是突如其来的、出乎预料的、令人猝不及防的状态；“事件”一词，则是指历史上或社会上发生的大事情。学术研究中的突发事件是指影响到社会局部甚至社会整体的大事件，而不是个人生活中的小事件。《国家突发公共事件总体应急预案》中，对突发事件的定义是“本预案所称的突发公共事件是指突然发生，造成或者可能造成重大人员伤亡、财产损失、生态环境破坏和严重社会危害，危及公共安全的紧急事件”。

为了更深刻地理解突发事件的含义，我们来分析与突发事件这一概念相近或相似的概念以及它们的异同。

1. 紧急事件（Emergency Events）

我们很难在英文文献中找到一个完全符合中国特定意义情境的“突发性事件”这一对应的翻译，我国学者在翻译突发事件的时候，通常应用的是Emergency Events。但是，我们必须注意的是：第一，英文中的Emergency往往不具有国内突发性事件这一概念本身所体现的大规模的、影响严重的特性，而往往是个体的、家庭的或者其他较小单位所面临的即时性的问题。这可能是突发事件与紧急事件之间的区别。第二，突发的内涵与外延比紧急狭窄。突发事件属于紧急事件，但紧急事件并非一定都是突发事件。第三，突发事件与紧急事件的要素是一样的，但突发事件强调的是事件发生在时间上的突然性，而紧急事件则强调主体应对事件的反应时间上的紧迫性。“紧急”总是与事件发生形式的突然性、主体反应时间的有限性、需要立即采取行动密不可分。突发事件与紧急事件这两个概念强调了突发事件的不同的侧面，是最相近的两个概念，在《国家突发公共事件总体应急预案》中，将突发事件定义为紧急事件。

2. 危机事件（Crisis Events）

赫尔曼斯（Hermanns）对 Crisis 做出了如下经典的定义：“所谓危机就是这样一种情境，它威胁着决策单位的优先目标，限制了决定改变之前回应的可用时间，它的产生出乎决策单位成员的意料。”这一定义强调了危机的三个特征：突袭、决策时间的短暂和对被重视的目标的威胁，在任何一个危机中，这三个特征必须同时具备。这个概念把危机看作一种状态，视为对决策者的应变能力的挑战，这种概念的界定对后来形成的危机过程的决策理论有很大的影响。突发事件与危机事件的区别在于以下几点。①危机多指人为造成的、已经或者将会置较多人于不利处境的事件，即指事物具有高度危险性和高度不确定性的情形。而突发事件既有人为的，也有自然性的因素造成的。②突发事件的负面影响一般是显性的、现实的，人们可以感觉得到的。而危机事件的负面影响既可以是显性的、现实的，也可以是隐性的、潜在的，人们可能一时还无法感觉得到。③突发事件强调即时性，危机的概念不强调即时性，而是强调即将到来的某种可能性、某种压迫性的后果，强调事件可能带来的负面的结果，是个比突发事件更有弹性的概念。因此，危机是正隐伏，或已露端倪，或已呈爆发的状态，而突发事件是指已经爆发的危机，突发公共事件包含在危机事件中。

3. 灾难（Disaster）

灾难强调的是事件具有的悲惨性的后果，并没有强调时间上的紧迫性。灾难的源泉主要来自于自然界或人为的事故（如空难、海难事故等），其发生具有不可预测与不可抗拒的含义。突发事件比灾难的外延宽广得多，突发事件除了突出时间的短暂性外，还有事件发生原因与类型的多样性，除了发生在人们的生产、生活之中，还涉及政治、经济、文化、军事、外交等领域，发生的领域更加宽广。灾难是由外在因素决定的，先于人为决断所给定的损害，与人的意志抉择无关，人们在灾难面前往往表现得被动无助。灾难对人类来说是一个被动性的概念，比突发事件的内涵狭窄。

4. 风险（Risk）

风险侧重于表征来自于社会或人为因素所造成的灾害危险，如金融危机、核危机、疯牛病、SARS 病毒等。风险概念在人们认识世界中具有主动性的含义。另外，风险强调一种潜在的威胁，一种正处于酝酿过程之中有可能产生危害的征兆，是一种可能的灾难。从理论上讲如果能够合理地利用手中的科学技术，建立起有效的预警机制，很多风险还是可以从根本上预防和消除的。突发事件和风险事件都具有不确定性，但风险更加强调的是在

未来的时间中危险发生的可能性。而突发事件强调的是当前已经发生了的危险事件。风险则一定程度上由人的认识和决断所决定，风险是人们有意识地探索未来，并对未来加以控制，使不可预见的后果可以预见，使我们本来无法控制的事情变得可以控制。我们引入风险观念与风险意识，对许多突发事件就可以未雨绸缪，化被动为主动。

紧急事件、危机、灾难、风险这些与突发事件相近的、相似的概念，可以说已经周全地涵盖了突发事件的各种含义。对比国内外学者对突发事件的定义和分析，可以发现国内学者比较强调突发事件的突发性、异常性和破坏性，而国外学者则具有较强的发散思维，将突发事件放到更大的社会背景中去，能认识到危机也是机遇，注意突发事件定义与范畴的可变性，在突发事件的各个环节都有创新的可能性。

二、突发事件的特点

我国学者朱力认为突发事件具有如下特征：

1. 突发事件爆发点的偶然性

突发事件发生的地点和时间是带有一定偶然性的随机现象。突然爆发是突发事件的基本要素，它可能会有某些征兆，但爆发点似乎无规律可循。突发事件的发生状况，如发生的具体时间、实际规模、具体形态和影响深度，是难以完全预测的。突发事件发生后，人们一时难以把握事物的发展方向，对其性质也一时难以做出客观的判断。这实际上是因为，突发事件是事物内在矛盾由量变到质变的爆发式飞跃过程，是通过一定的时空契机诱发的，而这个契机又是偶然的。也就是说，某个事件的产生总是有条件的，这个条件是一个酝酿的过程，有其必然性。突发事件的爆发点集中了缓慢积累过程的能量后形成了巨大的张力，必然是要爆发的，只是在哪一点上爆发具有不确定性。偶然性表现的是一种不确定性和超常规性，超出了人的控制与社会程序化管理的幅度与范围，仿佛是没有规律可以遵循的。这不是说突发事件就不可认识了，只是说突发事件的认识比较困难。

2. 突发事件产生的瞬间性

突发事件从发展速度来说，进程极快，从预兆、萌芽、发生、发展、高潮，到最后结束，周期非常短暂，有时就是以迅雷不及掩耳之势的速度爆发的，而且事件的蔓延速度快，令人难以预料。突发事件的发生与人们的意识之间常存在严重脱节，有一段认识空白，无论是政府、公众还是媒体，整个社会对突发事件的相关信息处于短缺状态，因而难以判断或做出正确的反应。从个体或群体的心理准备说，突发事件的含义是人们未曾预料到的、未曾预期到的事件突然降临，人们完全没有思想准备与心理准备，因而来不及对事件做出任何判断，在心理上产生恐慌。行为主体也没有应对这种突然事件的能力准备，在行为上的表现则是反应能力的慌乱，不知所措。突发事件在时间上的瞬间性增加了人们控制与处理突发事件的难度。

3. 突发事件发展趋势的危机性

突发事件往往是危机的先兆和前奏，或充当引发危机爆发的原因。在一定的外界条件下，突发事件可能会进一步恶化，发展成为局部地区甚至全社会的危机事件。在现代社会中，通信手段的发达使突发事件的信息传递十分迅速，易形成社会恐慌。从逻辑上讲，危机事件往往是由突发事件引发的，但突发事件未必就会发展成为危机事件。这完全取决于对突发事件处理的状况是否得当。许多突发事件本身就是危机的一部分，并且是关键的一部分。当突发事件因处理不当而导致失去控制、朝着无序的方向发展时，危机便会形成并开始扩大化。在这种情况下，突发事件就等同于危机。突发事件常常暴露了社会管理体制的薄弱环节和管理者管理能力的局限性。如果某些突发事件处理得及时、得当，就有可能把它们消灭在初级阶段，从而就不会演变为危机，因此，突发事件之中往往也孕育着机遇。

4. 突发事件的后果对主体与社会具有危害性

总体上我们称突发事件是一种具有负面性质的事件，而不是中性的事件。突发事件的扩散非常快，容易引起连锁反应，使事件本身不断扩大。宏观上给社会，中观上给社区、组织，微观上给家庭、个人带来一定程度的损失，这种损失包括物质层面的人力、物力、财力甚至生命的损失，精神层面给社会秩序与人们心理造成的伤害。

三、突发事件分类

为了便于研究突发事件，学者们从不同角度对突发事件、紧急事件、危机、灾难、风险进行了分类。分类是用某个标准或几个标准，将具有共同特征的突发事件归为一种类型，以便于研究。有代表性的观点包括以下几个方面。

1. 根据自然因素与人为因素划分

把危机、灾难分为自然因素和人为因素两类是最常用的划分方法。自然因素引发的突发事件包括洪水、飓风、热浪、林区大火、地震、山崩、龙卷风、火山爆发、流行病等；人为因素引发的突发事件包括交通汽车碰撞、建筑失火、建筑倒塌、矿难、危险物质泄漏、辐射事件、恐怖事件、战争、复杂的人道主义事件等。实际上，一些自然灾害事实上可能比很多社会的和政治的发展更能够预期。例如，2005年的印度洋海啸，看似完全是自然灾害，但是却与人类的活动造成的全球气候的变化有一定关系。我国学者刘建军认为："一种是自然性突发事件，即由不可抗力造成人们难以预料的天灾人祸；另一种是社会性突发事件，在社会生活中突然发生的严重危及社会秩序、给社会局部或整体造成重大损失的事件。"这是从危机产生因素的性质来划分的，标准是视导致某种突发事件的直接原因是否有人为的因素，即由自然力还是由社会力导致的。

2. 国际性、全国性、区域性、组织性的突发事件

这一划分是根据突发事件影响的范围来划分的。"国际性突发事件是指一个国家的内部的或者外部的环境产生的使决策者感觉到基础价值受到威胁、回应时间的有限以及有卷入军事敌对的可能性的情境"，如美国"9·11"事件后引发的全球性的恐怖主义危机、亚洲金融危机等。全国性的、地方的或者组织的危机，是指系统内所发生的危机。但是，这种突发事件通常会相互作用，各个层次的突发事件可以转化，一个大型组织的

危机可能把整个地方甚至更大的区域卷入到他们所陷入的危机中，如“SARS”由中国的广东发展到许多国家。参照这类划分，《国家突发公共事件总体应急预案》中，各类突发公共事件按照其性质、严重程度、可控性和影响范围等因素，一般分为四级：Ⅰ级（特别重大）、Ⅱ级（重大）、Ⅲ级（较大）和Ⅳ级（一般）。特别重大是指突发事件造成重大生命财产伤亡，需要动员政府和全社会力量乃至国际力量救援的事件。重大事件是指对社会和公众正常生活、生产秩序、社会财富及公众人身安全等造成严重损害，需要动员、调动诸多职能部门和多方面的社会力量予以救援处置的突发事件。较大突发事件是指在局部地区造成人、财、物损失的事件。一般突发事件是小范围内的、造成较小损失的突发事件。

3. 以突发事件发生的领域和其性质为标准划分

在“SARS”出现后，我国对突发事件的重视程度大为提高，并公布了以突发事件发生的领域和其性质为标准划分的四类突发事件。根据突发公共事件的发生过程、性质和机理，突发事件主要分为以下四类。①自然灾害，主要包括水旱灾害、气象灾害、地震灾害、地质灾害、海洋灾害、生物灾害和森林草原火灾等。自然灾害突发事件来自于人类还无法完全抵御自然破坏力，这是由完全的自然因素导致的，不在人类的掌握控制之中。②事故灾难，主要包括工矿商贸等企业的各类安全事故、交通运输事故、公共设施和设备事故、环境污染和生态破坏事件等。事故灾难类突发事件，主要是由于人的主观因素导致的，也不排除客观因素与主观因素相结合而导致的，是人类科学技术的副产品。例如，由于决策失误、管理不善、工作粗心等人为因素而诱发的原来不该发生的事情。③公共卫生事件，主要包括传染病疫情、群体性不明原因疾病、食品安全和职业危害、动物疫情，以及其他严重影响公众健康和生命安全的事件。公共卫生类突发事件，通常是由客观因素中的病菌、传染病等引起的。④社会安全事件，主要包括恐怖袭击事件、经济安全事件和涉外突发事件等。社会安全事件，主要是由人的利益冲突因素与价值冲突因素造成的。在这类事件中，作为突发事件的策划者、组织者、参与者而言，他们可以控制突发事件是否发生、发生规模的大小、持续时间的长短、危害和损失的程度及带来的负面影响程度等。

这一分类是权威性分类，在总结了诸多学者分类观点基础上采纳的一种较为全面而科学的分类。本书采用这一分类方法。

第二节 应急物流的概念

一、应急物流的定义

对应急物流的定义有很多。Suleyman Tufekci（1998）认为应急物流是指以提供突发性自然灾害、突发性公共卫生事件等突发性事件所需应急物资为目的，以追求时间效益最大化和灾害损失最小化为目标的特种物流活动。应急物流作为一种对各类突发事件的物资、人员、资金的需求进行紧急保障的特殊物流活动，它有着突发性、不确定性、弱经济性、非常规性等特点。2003 年“SARS”疫情爆发后，国内对应急物流的研究逐渐重视，欧忠文等学者提出，应急物流是指以提供突发性自然灾害、突发性公共卫生事件等突发性事件所需应急物资为目的，以追求时间效益最大化和灾害损失最小化为目标的特种物流活动。

在我国的国家标准《物流术语》（GB/T 18354—2006）中的定义是：针对可能出现的突发事件已做好预案，并在事件发生时能够迅速付诸实施的物流活动。

根据突发事件所发生的领域，可以将应急物流分为四类：突发自然灾害应急物流、突发事故灾难应急物流、突发公共卫生事件应急物流和突发社会安全事件应急物流。突发自然灾害应急物流包括地震、台风等灾害发生时的应急物流，突发事故灾难应急物流包括重大交通事故、生产事故、环境污染等发生时的应急物流，突发公共卫生事件应急物流包括人群疫情和动物疫情等发生时的应急物流，突发社会安全事件应急物流包括各类恐怖事件、骚乱等事件发生时的应急物流。

二、应急物流的特点

与普通物流相比较，应急物流具有以下特点。

1. 突发性

顾名思义，由突发事件所引起的应急物流，其最明显的特征就是突然性和不可预知性，这也是应急物流区别于一般物流的一个最明显的特征。由于应急物流的时效性要求非常高，必须在最短的时间内，以最快捷的流程和最安全的方式来进行应急物流保障。这就使得运用平时的那套物流运行机制已经不能满足应急情况下的物流需要，必须要有一套应急的物流机制来组织和实现物流活动。

2. 不确定性

应急物流的不确定性，主要是由于突发事件的不确定性，人们无法准确地估计突发事件的持续时间、影响范围、强度大小等各种不可预期的因素，使应急物流的内容随之变得具有不确定性。例如，在 2003 年上半年对“SARS”的战斗开始阶段，人们对各类防护和医疗用品的种类、规格和数量都无法有一个确定的把握，各种防护服的规格和质量要求都是随着人们对疫情的不断了解而确定的。其他应急物流活动中，许多意料之外的变数可能会导致额外的物流需求，甚至会使应急物流的主要任务和目标发生重大变化，如在抗洪应急物流行动中，可能会爆发大范围的疫情，使应急物流的内容发生根本性变化，由最初的对麻袋、救生器材、衣物、食物等物资的需求，变成对医疗药品等物资的需求。

3. 弱经济性

应急物流的最大特点就是一个“急”字，如果运用许多平时的物流理念，按部就班地进行就会无法满足应对紧急物流的需求。在一些重大险情或事故中，平时物流的经济效益

原则将不再作为一个物流活动的中心目标加以考虑，因此应急物流目标具有明显的弱经济性。甚至在某些情况下成为一种纯消费性的行为。

4. 非常规性

应急物流本着特事特办的原则，许多平时物流过程的中间环节将被省略，整个物流流程将表现得更加紧凑，物流机构更加精干，物流行为表现出很浓的非常规色彩。例如，在军事应急物流中，在以“一切为了前线、一切为了打赢”的大前提下，必然要有一个组织精干、权责集中的机构统一组织指挥物流行动，以确保物流活动的协调一致和准确及时。同样在地方进行的应急物流的组织指挥中，也带有明显的行政性或强制性色彩，如在1998年的抗洪抢险战斗中，庐山站作为九江地区抗洪最前沿的卸载站，承担了324个列车的卸载任务，列车卸载最短时间仅为20分钟，超过该站卸载能力的一倍。当然，这种行政性和强制性与普通意义上的行政干预是不同的，前者是由专业化的物流组织机构组织的，是应急物流目标实现的一个重要保证；而后者可能会取得适得其反的结果。

5. 需求的事后选择性

由于应急物流的突发性和随机性，决定了应急物流的供给不可能像一般的企业内部物流或供应链物流，根据客户的订单或需求提供产品或服务。应急物流供给是在物流需求产生后，在极短的时间内在全社会调集所需的应急物资。

6. 流量的不均衡性

应急物流的突发性决定了应急物流系统必须能够将大量的应急物资在极短的时间内进行快速的运送。

7. 时间约束的紧迫性

应急物资多是为抢险救灾之用，时关生命、时关全局。应急物流速度的快慢直接决定了突发事件所造成的危害的强弱。

8. 社会公益性

在应急物流中社会公共事业物流多于企业物流，因此经济效益的重要性位于社会效益之后。

三、应急物流研究内容

应急物流是一个系统，在整个运作过程中需要考虑到应急物流中心的建立、应急物资的采购、应急物资的运输与配送、应急物资的储备等环节；从应急物流的运作流程和进度来看，也可以将其划分为计划、运营、控制、反馈几方面。从应急物流的运作流程来看，如下图所示，当灾害性事件发生时，应急物流协调指挥中心负责在灾害发生初期及全过程制订应急救灾计划，并向下设的采购部门、运输部门、物流中心发送指令信息，并通过应急物流信息平台进行协调指挥。得到指挥中心的信息后，采购、运输、物流中心等部门就行使各自职能对物流过程中的采购、运输、流通加工及配送各环节进行具体的运营和控制。同时，各部门实时回馈应急物流运作中的各种信息，并实现各部门向信息的双向传送。因此，应急物流的研究内容主要包括以下几个方面。

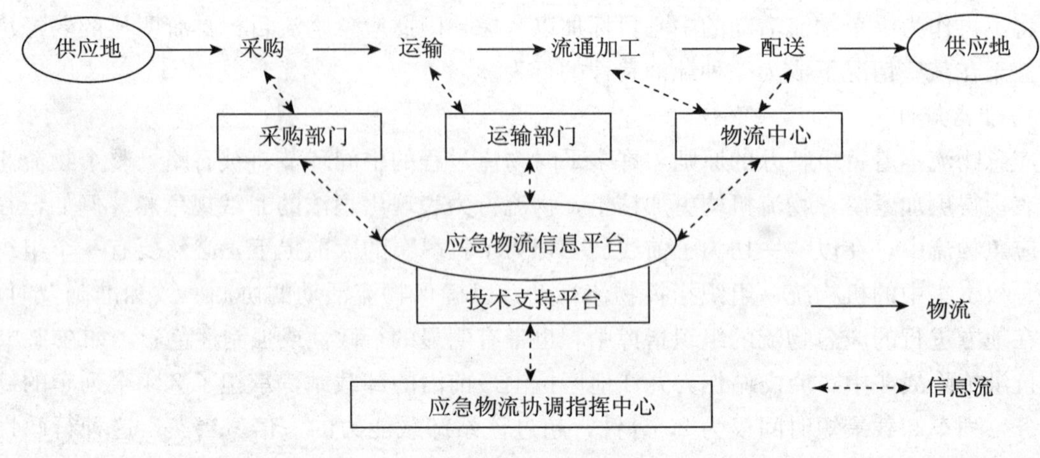

应急物流的运作流程

1. 应急物流的保障机制

建立应急物流保障机制的目的在于使应急物流的流体充裕、载体畅通、流向正确、流量理想、流程简洁、流速快捷，使应急物资能快速、及时、准确地到达事发地。国内外的经验表明，在此过程中，政府扮演着重要角色，包括完善与自然灾害相关的法律，出台新的法律和法规；建立从中央到地方的自上而下的专门的管理机构，分工明确，协调和管理应急物资的储存和运输，以实现对应急物流的高效运作等。

2. 应急物流技术支持平台构建

应急物流技术平台包括通信平台、信息平台、电子商务技术平台、物流技术平台（包括应急物流包装技术、装卸运输技术和物资养护技术等），从而有效缩短应急物资的采购和供应时间。应急物流技术要充分体现简洁、快速、稳妥、实用、方便的原则。应急物流技术支持平台的建设需要充分考虑和利用最新的物流技术和信息技术。

3. 应急物资的运输与配送

这是应急物流的核心环节之一。应急物资对于物资的流动速度要求比较高，通常选择运输途径时节约运输成本的原则已不重要，有效压缩应急物资的运输时间则是关键。在应急物资的运输与配送过程中，应根据物资的价值、数量和对运输条件的要求，选择合适的运输方式，尽量实现直达运输和联合运输。应急物资的运输和配送是技术性较强的内容，通常需要借助优化模型和工具进行决策。

4. 应急物资的采购

这是应急物流得以实现的物质基础，它包括灾后重建工作所需的建设物资和灾区民众的一般生活物资。它的采购量一般相当大，时间上要求比较高。在进行应急物资采购时，应当开辟多种渠道，保证物资采购的效率和物资的质量。

5. 应急物资的储备

大量的有效物资储备可以大大压缩从灾害发生到救灾完成的间隔时间，减少采购和运输量，大大减少相关成本。应急物资的储备关键在于储存仓库的合理布局、修建的数量和

容量、物资的种类、长期和中期的储备量，以及储备物资的合理维护和有效管理。

6. 应急物流中心的建立

为了使各类物资能够在最短的时间送达灾区和救灾机构，应该充分做好物资的有效调配工作。因此，合理设置物流中心就显得尤为必要，在物流中心可以将物资进行分拣、包装甚至简单的加工，将救灾物资进行有效的分类，在最短的时间内配送到目的地。在此过程中，需要重点关注应急物流中心的选址、规划、管理等内容。

以上各部分是应急物流体系的核心内容。只有这几个基本要素的有效协作才能最大限度地保障安全、减少损失。因此，本书针对以上各部分内容进行讲解，重点讲解应急物流系统的建设、应急物资的管理、应急物流中心的建设、应急物资的运输配送、应急物流信息系统等内容，通过对这些内容的分析和运用以期在实际应急物流运作中减少损失、提高效率和效果，做到有备无患。

四、应急物流的地位和作用

应急物流是现代物流新兴的分支领域，属于特种物流。为突发事件提供物资支援的应急物流，已经成为当今我国经济持续健康快速发展的重要保障力量，在科学发展、构建和谐社会的大背景下，日益得到重视。

1. 应急物流是国家安全保障系统的重要力量

社会在发展过程中难免发生一些突发公共事件。突发公共事件发生时，短时间内需要大量物资，因此，救灾的胜负不仅取决于现场救援力量，也依赖于应急物流的能力。具体包括快速抢救受灾物资和各类设施、设备，减少损失；及时补充物资，维系救灾活动的顺利进行；快速供应物资，帮助灾区重建；稳定民心，维护社会经济秩序安定等。良好的应急物流体系，能够源源不断地将救灾物资输送到灾区，补充救灾物资消耗，恢复救灾力量，成为救灾能力的倍增器。可见，良好的应急物流系统，既是综合国力的重要组成部分，又是其发展水平的重要标志，更是综合国力转化为救灾能力的物质桥梁。因此，应急物流是国家安全保障系统的重要力量。

2. 应急物流为应急管理提供强大的物资支撑

应急管理理论认为，突发事件可分为潜伏期、发展期、爆发期和痊愈期四个阶段。应急物流在突发事件潜伏期做好各种准备，在发展期启动，在爆发期和痊愈期真正运作、体现价值。在应急行动中，大致可分为实施抢救的现场救援活动和实施物资保障的物流活动，国家实力不会自动地转化为救灾实力，应急物资必须经过流通加工、组配、储存、配送、分发等多环节，通过物流这种桥梁作用，才能为现场救援提供不间断的物资供应。

3. 应急物流是做好应对准备的重点建设工程

我国现行分类管理、分级负责、条块结合、属地管理等应急管理体制，各个种类突发公共事件所需应急物资均以本主管部门为主线，构建相对独立、自上而下、垂直式的补给通道，各个部门之间平行作业，整个物流呈现分离式平行线性运作。这一模式导致了补给线路细长凌乱、保障对象补给分离、保障能力分散、建设效率比较低等状况，无疑给应急物流的组织和指挥带来巨大困难。

应急物流系统集成、整体优化理念，将有力促进现场救援的物资保障要素高度集成、环节衔接流畅、集约性能显著。在应急处置中，物流为有效应对社会突发公共事件提供物质基础和现实条件。

第三节　四种基本类型的应急物流

根据上节对突发事件的划分，我们可将应急物流分为四类：突发自然灾害应急物流、突发事故灾难应急物流、突发公共卫生事件应急物流和突发社会安全事件应急物流。以下对这四类应急物流类型进行分析。

一、突发自然灾害应急物流

自然灾害应急物流是为满足自然灾害救援的物资需求，以超常规手段组织应急物资从供应地到需求地的特殊物流活动，在近几年自然灾害的救援活动中发挥了不可替代的作用。我国是世界上自然灾害最为严重的国家之一。近些年来，相继发生了多次特别重大的自然灾害，造成了巨大的损失。其中比较典型的自然灾害有地震、洪灾、森林火灾和低温雨雪冰冻灾害等。

根据 2009 年国务院新闻办公室发布的《中国的减灾行动》，我国的自然灾害具有以下几个主要特点。①灾害种类多：我国的自然灾害主要有气象灾害、地震灾害、地质灾害、海洋灾害、生物灾害和森林草原火灾，除现代火山活动外，几乎所有自然灾害都在我国出现过。②分布地域广：我国各省（自治区、直辖市）均不同程度受到自然灾害影响，70%以上的城市、50%以上的人口分布在气象、地震、地质、海洋等自然灾害严重的地区，2/3以上的国土面积受到洪涝灾害威胁，各省（自治区、直辖市）均发生过 5 级以上的破坏性地震。③发生频率高：我国位于欧亚、太平洋及印度洋三大板块交汇地带，新构造运动活跃，地震活动十分频繁，大陆地震占全球陆地破坏性地震的 1/3，是世界上大陆地震最多的国家；东部沿海地区平均每年约有 7 个热带气旋登陆，局地性或区域性干旱灾害几乎每年都会出现。④造成损失重：据不完全统计，近 40 年来所发生的灾害平均每年造成近 2 万人死亡。特别是 1998 年发生在长江、松花江和嫩江流域的特大洪涝，2008 年发生在中国南方地区的特大低温雨雪冰冻灾害，以及 2008 年 5 月 12 日发生在四川、甘肃、陕西等地的汶川特大地震灾害等，2010 年的玉树强烈地震和舟曲泥石流等均造成重大损失。

（一）自然灾害应急物流保障的特点

1. 灾害救援行动具有不同的物资需求

自然灾害救援行动专业性强，每一种自然灾害都表现出不同的破坏机理，要求参与救援人员必须具备一定的专业知识和技能，有时甚至需要动用特种专业力量，根据灾害和险情的性质、特点、规模，科学施救，提高效率。相应地就会出现相对集中的专业化的物资需求。一是物资类别的专业化。救灾应急物资一般可以分为防护用品、生命救助、生命支持、救援运载、临时食宿、污染清理、动力燃料、工程设备、器材工具、照明设备、通信广播、交通运输和工程材料 13 类。二是物流运作的专业化。自然灾害应急物流保障运作方式不同于常态物流，是一种为了应对自然灾害的特殊物流活动。应急物流是为满足应对突发事件物资需求，组织应急物资从供应地到目的地的特殊物流活动。强调急事急办、特事特办、按照程序快办，时间第一，效率至上。

2. 灾害救援具有紧迫的黄金时间限制

瞬间的灾害可能造成大量生命死亡和财产损失，但仍有大量的幸存者和可挽救的财产。在地震等掩埋性灾害中的黄金救援时间为 72 小时以内。如果反应缓慢、处置不当，会造成无法弥补的重大损失。因此，灾害救援就是从时间中抢生命、抢财产。要实现高效的应急物流，必须具备如下条件：一是物流通道的畅达度，确保救灾物资的物流通道畅通无阻；二是运载工具的高效能，确保运送救灾物资的运输工具高效、可靠；三是运输组织的高效率，有了物流通道、运载工具，还要有科学高效的组织管理。

3. 自然灾害应急物流牵涉面广，呈现多元化特征

自然灾害应急物流常常是多方合作、广域展开，既可能是单一的救灾力量，也可能是多种力量联合进行。参与单位体系不同，处置能力和行动特长各不相同，对物资保障的需求也不同，呈现多元化特征。一是物资需求多元，自然灾害应急物流面临多种多样的物资需求；二是保障对象多元，自然灾害应急物流保障中有地方政府、企业、志愿者、灾民、军队、武警、公安消防、民兵、预备役等各种保障对象；三是保障手段多元，根据灾害救援的实际情况，采取多种保障手段，有汽车、运输船、运输机、管道甚至人力运输等。

（二）自然灾害应急物流保障的主要内容

在应对突发事件过程中，应急物流保障活动以转运、配送、分发等动态过程和功能环节为主，涵盖了应急物资的筹措、运输、储存、装卸、搬运、包装、配送以及信息处理等过程。自然灾害应急物流保障的组织实施是项复杂的系统工程，涉及面广，组织难度大。东南亚海啸发生后，国际红十字会与红新月协会联盟负责灾难与难民政策的前任理事彼得·沃克说，“灾难预备工作就是把仓库填满，这种旧观念正在消失。问题不是储备物资，而是把你的供应链完备地部署到位”。从供应链的角度，应当重点关注以下几个物流环节。

1. 物资筹措

物资筹措是自然灾害应急物流保障的基础工作。没有物资筹措，自然灾害应急物流保障就缺少必要的物质基础，包括以下几点。①物资筹措的方式，如应急采购中，库存物资调拨、征用、社会捐献等物资筹措渠道。②物资筹措的重点。对于不同类型的灾害，物资筹措的重点不尽相同。例如，地震灾害中，以 72 小时黄金救援时间为主要依据。根据消耗规律进行物资筹措，食品是始终要重点筹措的物资，而帐篷、药品、专用工具在一定时期后需求量就会大幅下降，应当按照分级、分期、分类的策略进行筹措。③应急采购的组织。应急采购的主要工作是：组织商务谈判、签订合同、协调应急生产、检查产品质量、

进行出厂验收、办理结算手续、组织物资的装卸发运配送等。

2. 集配组套

物资集配组套就是在任务明确、物资需求清晰的情况下，对物资进行配套集装，有针对性地把配齐的各种物资进行包装集装化。集配组套既可以提高物资补给的速度，又能降低物资收发时的出错率，这在近年来自然灾害应急物流中已经形成共识。

（1）集配组套的时机。物资集配组套的时机很重要，过早、过晚都会影响物资保障。物资集配组套主要考虑的影响因素有：预计的时间，可能的方向、地点，可能的保障方式、保障规模，可能的人员装备数量种类，以及地理环境。选择位置合适、交通发达的物资集配地，对不同专业的物资进行集中组配、集中装载、统一投送。

（2）集配组套的方法。按照专业，提前组配的模块主要有基本生活物资模块（包括各种方便食品、饮用水、棉衣被等）、医药物资模块（各种药品、药材、药械等）、交通保障器材模块（各种桥梁构件、道路抢修物资等）、住宿物资器材模块（帐篷、发电机、供水供电供暖设备器材）和油料模块（各种燃油、润滑油、润滑脂和配套物资）等。以保障对象的数量为参考，可以进行“基数化”组配，得到不同人员规模的保障模块。根据遂行任务的不同特点将物资进行“任务化”组配，如灾害救援保障模块、基本生活保障模块等。在灾害救援中进行提前组配时通常应综合考虑专业需求、任务特点和需求单位建制级别等，将各专业物资进行数量规模、品种结构上的搭配，满足具体的保障需求。

3. 紧急发运

自然灾害应急物流保障的关键和核心是要在第一时间把物资送上去。这需要考虑的因素包括：①运力的计划协调，没有高效可靠的运力，物资的紧急发运是不可想象的；②运输的有序组织，灾后相当一段时期一般比较混乱，运输的有序组织对加快灾害救援行动物资保障具有决定性的作用；③物资的押运移交，由于抢救和运送的物资的重要性，以及救灾工作的繁忙和急迫，因此押运非常重要。

4. 分发配送

分发配送是物流“最后1公里”的关键环节。差这1公里甚至100米，前面的物流运行再顺畅对灾民来说也是没有意义的。做好分发配送要做到：①认识重要意义，进行科学组织分发配送；②弄清需求信息，避免无序分发配送；③搞好包装标识，确保有效分发配送。现在日益强调科学救灾、高效救灾，对自动识别等先进技术应用的需求更加强烈。

5. 回收利用

物资回收利用对充分发挥物资的作用效能，避免资源浪费，迅速恢复持续的物资保障能力具有重要的意义。物资回收利用主要有3种方式：①调剂使用；②整理归还，已经使用有一定损耗的物资可以进行修理补充，归还物资储备库；③核销报废。

二、突发事故灾难应急物流

事故灾难应急物流是为了提高应对事故灾难所需重要物资应急保障能力，保证应急处

置所需重要物资迅速、高效、有序地调度与供应，建立协调一致、高效快捷的重要物资应急保障体系，确保社会安全运行。

（一）事故灾难及其特点

事故灾难是指具有灾难性后果的事故，是人们生产、生活过程中发生的，直接由人们生产、生活引发的，违反人们意志的、迫使活动暂停或永久停止，并且造成大量的人员伤亡、经济损失或环境污染的意外事件。

事故灾难具有因果性、随机性、潜伏性、可预防性等特点。

1. 因果性

因果性指事故由相互联系的多种因素共同作用的结果。

2. 随机性

随机性是指事故发生的时间、地点、事故后果的严重程度是偶然的，这给事故预防带来一定的困难。

3. 潜伏性

表面上事故是一种突发事件，但是事故发生有一定的潜伏期。事故发生前，人、机、环境等系统所处的状态是不稳定的，即系统存在着事故隐患，具有危险性。

4. 可预防性

现代事故所遵循的一个原则就是事故是可以预防的，即任何事故，只要采取正确的预防措施，是可以防止的。认识这一特性对坚定信心，防止事故发生有促进作用，尤其是生产事故。

（二）突发事故灾难应急物流的实施

突发事故灾难应急物流以现代信息技术为手段，通过采购、运输、包装、配送等环节来整合应急物资，以实现时间效益的最大化和灾害损失的最小化。其内容包括通信与信息保障、救援装备器材保障、交通运输保障、医疗卫生保障、资金保障和生活物资保障等内容。

突发事故灾难应急物流的组织与实施不仅涉及国家、行业组织、物流企业等不同层次、不同系统的机构，还涉及采购、筹措、人才、法律等不同的组成要素。因此，在事故灾难应急物流保障的组织与实施的过程中要综合考虑、全面整合，系统地看待问题和解决问题。

1. 建立事故灾难应急救援组织体系

突发事故灾难应急救援组织体系由国家有关部门，地方政府事故灾难应急领导机构、综合协调指挥机构、专业协调指挥机构、应急支持保障部门、应急救灾队伍以及生产经营单位组成。应急救援队伍主要包括消防部队、专业应急救援队伍、生产经营单位的应急救援队伍、社会力量、志愿者队伍及有关国际救援力量等。

2. 进行现场应急救援指挥

现场应急救援指挥以属地为主，事发地政府成立现场应急救援指挥部。现场应急救援指挥部负责指挥所有参与应急救援的队伍和人员，及时向国家有关部门报告事故灾难事态发展及救援情况。涉及多个领域、跨省级行政区或影响特别重大的事故灾难，根据需要由国家有关部门组织成立现场应急救援指挥部，负责应急救援协调指挥工作。

3. 迅速筹措应急物资

应急物资是针对突发事件而使用的物资，它的筹集势必具有一定的强制性和社会性。一方面，应急物资可以由多种方式提供，包括政府提供公共物品、公益捐助、企业和个人自主采购满足自身需求等方式；另一方面，结合应急物资的分类特点，可以采用不同的采购方式。

4. 合理快速配送应急物资

应急物资的合理配送是保证应急物资供应顺利完成的最后一环。发放应按照“先急后缓，突出重点”的原则，统筹安排，合理使用，实现有限应急资源的最佳分配。建立一套灵活合理的应急物资分发保障体系，保证应急物资都发挥其最大的作用，保证受影响民众都能得到基本所需。

三、突发公共卫生事件应急物流

不断发生的各种突发公共卫生事件对我国的国民经济和社会秩序造成了巨大的影响和破坏。每次灾难发生时，都需要大量的应急物资。通过应急物流系统，将应急物资运送到事发地点，对灾情进行紧急救助。

在突发性很强的公共卫生事件发生的地区，往往平时没有赈灾物资储备，或储备的数量和种类有限。为使突发公共卫生事件造成的损失最小化，急需对应急物流的内涵、规律、保障机制、实现途径等进行研究。

（一）突发公共卫生事件应急物流的特点

突发公共卫生事件应急物流具有如下主要特点。

1. 需求的急迫性和多样性

在突发公共卫生事件发生时，短时间内需要大量的物资，从救灾专用设备、医疗设备、通信设备到生活用品无所不包；同时，往往还会伴随着运输系统的恶化，如道路被洪水或山体滑坡阻断。除了需要配齐这些物品，还要将这些物品及时送达，这对物流的配送系统是个严峻的考验。

2. 政府与市场共同参与性

应急物流来源可以由多种方式提供，主要包括政府提供公共物品的方式、公益捐助的方式、企业和个人自主采购满足自身需求等方式，与多头供应相对应的是多头储备，各自为政的采购与运输，针对这种分散性，需要对资源进行整合，以备不时之需。因此，对于重大灾害处理应遵循政府、企业、个人相结合的原则。

3. 不确定性

由于人们无法准确估计突发事件的持续时间、强度大小、影响范围等各种因素，因此使应急物流的内容随之变得不确定。例如，2003 年上半年对“SARS”的战斗开始阶段，人们对防护和医疗用品的种类、规格和数量都无法有一个确切的把握，各类防护服的规格

和质量要求也是随着人们对疫情的不断了解而确定的。

4. 非常规性

应急物流本着特事特办的原则，许多平时物流的中间环节将被省略。整个物流流程表现得更加紧凑，物流机构更加精干，物流行为表现出很浓的非常规色彩。例如，在应对“SARS”和“禽流感”的战役中，为了保证医疗用品的需求，就需要有一个组织精干、权责集中的机构进行统一组织指挥，以确保物流活动的协调一致和准确及时。

（二）突发公共卫生事件应急物流保障机制

为了更好地防范突发公共卫生事件的发生、发生后能采取有效措施积极应对，从政府到地方都要努力做好应急物流管理，建立相应的保障机制，满足应急物流实施的必要条件，使灾情或疫情得到有效控制，使损失降低到最小。

1. 技术保障

技术保障包括以下几方面。

（1）信息系统。国家建立突发公共卫生事件应急决策指挥系统的信息技术平台，承担突发公共卫生事件及相关信息收集、处理、分析、发布等工作，采取分级负责的方式实施。要在充分利用现有资源的基础上建设医疗救治信息网络，实现卫生行政部门、医疗救治机构与疾病预防控制机构之间的信息共享。

（2）疾病预防控制体系。国家建立统一的疾病预防控制体系，各省（自治区、直辖市）、市（地）、县（市）要加快疾病预防控制机构和基层预防保健组织建设，强化医疗卫生机构疾病预防控制的责任；建立功能完善、反应迅速、运转协调的突发公共卫生事件的应急机制；健全覆盖城乡、灵敏高效、快速畅通的疫情信息网络；改善疾病预防控制机构、基础设施和实验室设备条件；加强疾病控制专业队伍建设，提高流行病学调查、现场处置和实验室检测检验能力。

（3）应急医疗救治体系。按照“地方负责、统筹兼顾、平战结合、因地制宜、合理布局”的原则，逐步在全国范围内建成包括急救机构、传染病救治机构和化学中毒与核辐射救治基地在内的，符合国情、覆盖城乡、功能完善、反应灵敏、运转协调、持续发展的医疗救治体系。

（4）卫生执法监督体系。国家建立统一的卫生执法监督体系。各级卫生行政部门要明确职能，落实责任，规范执法监督行为，加强卫生执法监督队伍建设。对卫生监督人员实行资格准入制度和在岗培训制度，全面提高卫生执法监督的能力和水平。

（5）应急卫生救治队伍。各级人民政府卫生行政部门按照“平战结合、因地制宜、分类实施、分级负责、统一管理、协调运转”的原则建立突发公共卫生事件应急救治队伍，并加强管理和培训。

（6）加强国际合作。国家有计划地开展应对突发公共卫生事件相关的防治科学研究，包括现场流行病学调查方法、实验室并用检测技术、药物治疗、疫苗和应急反应装备、中医药及中西医结合防治等，尤其是开展新发、罕见传染病快速诊断方法、诊断试剂以及相关的疫苗研究，做到技术上有所储备。同时，开展应对突发公共卫生事件应急处理技术的国际交流与合作，引进国外的先进技术、装备和方法，提高我国应对突发公共卫生事件的整体水平。

2. 物资经费保障

物资经费保障包括以下两方面。

(1) 物资储备。各级人民政府要建立处理突发公共卫生事件的物资和生产能力储备。发生突发公共卫生事件时，应根据应急处理工作需要调用储备物资。卫生应急储备物资使用后要及时补充。

(2) 经费保障。应保障突发公共卫生事件应急基础设施项目建设经费，按规定落实对突发公共卫生事件应急处理专业技术机构的财政补助政策和突发公共卫生事件应急处理经费。应根据需要对偏远贫困地区突发公共卫生事件应急工作给予经费支持。国务院有关部门和地方各级人民政府应积极通过国际、国内等多渠道筹集资金，用于突发公共卫生事件应急处理工作。

3. 通信与交通保障

各级应急医疗卫生救治队伍要根据实际工作需要配备通信设备和交通工具，保证正常通信，确保交通畅通。

4. 法律保障

国务院有关部门应根据突发公共卫生事件应急处理过程中出现的新问题、新情况，加强调查研究，起草和制定应对突发公共卫生事件的法律、法规和规章制度，形成科学、完整的突发公共卫生事件应急法律和规章体系。

国务院有关部门和地方各级人民政府及有关部门要严格执行《突发公共卫生事件应急条例》等规定，根据预案要求，严格履行职责，实行责任制。对履行职责不力，造成工作损失的，要追究相关当事人的责任。

5. 社会公众的宣传教育

充分利用广播、影视、报刊、网络、手册等多种信息传播形式，对社会公众广泛开展突发公共卫生事件应急知识的普及教育，宣传卫生科普知识，指导群众以科学的行为和方式对待突发公共卫生事件。要充分发挥有关社会团体在普及卫生应急知识和卫生科普知识方面的作用。

四、突发社会安全事件应急物流

社会安全事件是武装力量依法打击各类恐怖组织，处置危害社会秩序的非法行动，维护国家统一、社会稳定和人民生命财产安全的行动。社会安全事件应急物流保障在于能够及时应对危害社会安全的突然情况实施快速精确的物资筹措、存储、运输、配送等，以实现社会安全事件的快速平息、危害和破坏能够尽快恢复和重建。

(一) 社会安全事件应急物流保障的重大意义

准确定位应急物流保障在应对社会安全事件的地位作用，有助于提高对应急物流的思想认识，加强应急物流保障力量体系建设。

1. 强大的应急物流保障对社会安全破坏势力具有巨大的威慑

当前，我国国内社会环境总体稳定，但是在局部地区民族分裂势力、邪教组织和黑社会恶势力以及各种社会矛盾激化导致的恐怖暴力犯罪仍然是社会安全不容忽视的重要因素。值得警惕的是，有些势力还得到了国际反华势力的支持、帮助和庇护，使国内安全形势更加错综复杂、严峻而紧迫。面对这些社会安全破坏势力和潜在的破坏势力，如何去抑制？其中最根本的是打击社会安全破坏势力的实力，这种实力不是单项指标，而是由武器装备、人员素质、物资保障等多项指标综合而成。应急物流保障是整个实力的重要组成和物质基础。首先，应急物流保障是否能够满足“数质时空”的要求，直接体现了打击社会安全破坏势力、维护社会安全秩序的实力。其次，应急物流保障的速度显示了维护社会安全的快速反应能力。例如，远程快速投送能力，能够快速从战略后方将物资抢运到事发地区，快速实现人与物资装备的结合，形成战斗力，这种能力的具备本身就是一种威慑。最后，应急物流保障的实战准备显示了国家维护社会安全的决心。实战准备的过程就是国家综合国力由威慑潜力向威慑实力转化的准备活动，它显示了准备使用武力的战略决心，形成整体威慑态势，实现“遏制”或“控制危机局势”的战略目的。主要包括战略物资筹措采购、大型民用交通工具征用与改装等。特别是在偏远地区，只有建立强大的物资储备和快速的应急物流保障能力，才能震慑境内外的社会安全破坏势力不敢轻举妄动。

2. 快速精确的应急物流保障是打击社会安全破坏活动的重要保证

快速精确的应急物流保障，就是在适当的时间、适当的地点，为执法的武装力量提供适质、适量的装备物资器材。在社会安全事件中，突发情况往往扩展快速，与政府和执法的武装力量的积极应对和快速反应有着直接的关系。众所周知，社会安全破坏势力与武装力量在力量上是完全不对等的，往往是武装力量一到局势立刻改观，这就显现了应急物流快速精确的重要性。只有快速精确的应急物流，才能支撑和保证武装力量第一时间到达出事地点，快速恢复社会秩序，有效地保障人民生命财产的安全。1992 年 4 月 29 日，美国洛杉矶市黑人种族冲突在不足 24 小时的时间里急剧升级，危机事态蔓延到 19 个州，造成社会经济损失达 10 亿多美元。在事后分析中发现，导致国民警卫队迟迟未到，致使这场种族骚乱迅速扩散的原因，却是因为后勤准备不足，大多数分队没有面罩、警棍和弹药。由此可见，快速精确的应急物流保障，是提高应对突发性社会安全威胁能力的重要方面，甚至直接制约着武装力量快速反应能力的提高。

3. 及时充足的应急物流保障有利于社会秩序的恢复和重建

武装力量依法保护社会安全的根本目的，就在于着眼长治久安，协助维护社会秩序。武装力量在社会秩序的恢复和重建过程中，采取的行动主要有全面防范、化解矛盾、恢复秩序、事后重建等。全面防范是组织武装力量守护广场、车站等人员流动量大的公共场所、交通枢纽，居民区和城市繁华地段，加强对油库、变电站等重要库（站）目标以及政府机构等重要目标的警戒，防敌可能实施的袭击、破坏和暗杀等恐怖活动。化解矛盾是社会安全破坏分子煽动群众闹事时，组织武装力量平息事态，防止矛盾转化，需要进行大量而反复的沟通。恢复秩序是组织武装力量进行威慑性的武装巡逻，宣布宵禁，快速恢复正常的社会秩序，以保障人民的生命安全。事后重建是社会安全事件结束后，武装力量在政府的统一领导下，迅速对受损严重的政府驻地、居民区、企事业单位展开重建，以帮助其尽快恢复正常秩序。在上述行动中，都需要大量的物资器材，应急物流保障不仅要保障武装力量执行任务，而且还可能担负对政府、社会团体和人民群众的物资保障。因此，只有强大的应急物流保障作为支撑，才有利于社会秩序的快速恢复和灾后重建。

（二）社会安全事件应急物流保障全过程的重点工作

社会安全事件应急物流保障是突发事件应急物流保障的一个重要类型，既有应急物流保障的共性特征，如在保障程序、保障内容等方面，又有其独有的个性特征。研究社会安全事件应急物流保障关键在于从个性出发，来挖掘其保障的节点和关键。从整个应急物流保障的全过程来看，我们应重点关注以下问题。

1. 建立统一权威的联合保障指挥机构

社会安全事件参与保障的力量多，被保障的对象也很多。在这种情况下，必须要加强统筹，建立权威高效而统一的联合保障指挥机构。根据我国的政治体制，当发生社会安全事件时可以临时组建由党、政、军组成的联合应急保障指挥机构，指挥体系可由以下四级构成。

（1）国家、总部级领导机构。设立由国务院和中央军委有关领导挂帅，解放军四总部和国务院各相关部、委领导参加的军民结合的最高应急保障联席指挥机构，统一领导和指挥应急物流保障。在总后勤部设立具体办事机构，比如，应急物资供应管理局负责处理日常工作。

（2）战区领导机构。以事发地域所在战区为核心，组建由军区领导、当地政府领导及相关部门领导参加的战役级应急联席指挥机构，统一领导和指挥辖区内应急物流保障，战区领导机构负有纵向承上启下、横向协同协调的职能。在军区联勤部设立具体办事机构，负责处理日常工作。

（3）责任区领导机构。按事发地域划分为若干个责任区，分别组建由责任区部队领导和当地政府领导参加的责任区应急指挥机构，统一领导和指挥区域内应急物资保障。

（4）基本保障力量。根据应急事件的性质和规模，以武装力量应急物流保障力量为核心，组建军、警、民联合保障力量，开设应急物流中心，对各种救援力量实施综合保障。

2. 完善应急物资筹措机制

应急物资筹措是地方政府和武装力量通过计划订购、市场采购等多种形式和渠道紧急筹集物资的活动。应急物资筹措机制的建立首先，在于法律法规的制定。根据我国新颁布的《国防动员法》，制定社会安全事件应急物资筹措的具体条例，明确物资筹措的职责分工、物资品类、补偿办法等，真正使应急物资筹措有法可依。其次，在于应急物资筹措业务流程的优化。具体对物资筹措的六个业务环节，物资需求调查与资源调查、制定物资筹措策略、编制物资筹措计划、签订购销合同、组织物资进货以及物资筹措的检查分析等进行优化，要在平时完成好各项基础性环节的工作，紧急情况可以在平时工作的基础上，直接制订计划和组织进货。例如，在应急采购过程中，可以省去采购环节中的供应商选择、产品选择、产品质量确认等环节，采取预制应急采购订单的方式和依托大型物资市场采购的方式，以达到快捷高效的目的。最后，在于各种筹措方式的综合运用。要统筹安排计划订货、市场采购、生产开发、境外进口以及民间捐赠等筹措方式，提高应急物资筹措的时效性，实施各类物资的快速筹集。

3. 建立专项物资合理储备

从近期社会安全事件应急物流保障的实践来看，武装力量在一线保障实体上的储备量不足，对重点方向物资储备结构和布局也存在问题，需要建立和完善科学合理的社会安全救援专项物资储备体系。一方面，应制定社会安全救援专项物资目录，建立特需物资储备。社会安全救援的通用物资器材主要包括三大类：人员消耗物资、装备器材和装备消耗物资。具有专用性的物资器材主要包括警棍、头盔、盾牌、防暴弹等，这类物资器材杀伤力有限，目的是避免造成人员伤亡，争取政治上的主动，使事态在可控制的范围之内。社会安全救援的专项物资保障目录，应从武装力量物资储备整体规模的基础上，依据社会安全救援行动类别来设计制定，合理衔接专用物资种类与层次，区分不同的专用物资，形成系列。另一方面，建立合理的物资储备。一是储备布局合理，形成“以近求快、以快应急”的保障格局，根据不同类型装备、器材、工具和物资的功用，科学确定储存地点，尽可能减少大范围的调拨和远距离的输送。二是储备结构合理，以武装力量的执勤单位为储运单元，形成“积木化”的结构关系，可以任意拆分或组合，提高保障效率。三是储备方式合理，针对不同地区特点以及不同物资类型，采取相应的储备方式，做到通专结合、合理搭配、军地联储，确保每个任务保障区都储备有应对本区域内可能发生安全威胁的相应物资器材。

4. 加强社会安全应急物流活性建设

提高社会安全应急物流保障能力的根本在于加强物流“活性”建设。社会安全应急物流的活性，就是从社会安全事件应急物流保障的全流程，即从采购、仓储、运输、配送、装卸搬运等方面来提高物流运作的难易程度。第一，应提高各类物资器材组套包装的“活性”。各类社会安全救援专用物资的组套包装，不仅包括各类物资的组套问题，如成套器材装备的组套，还包括成建制、成系统的组套，如以野战医院为单位进行医疗器材的组套包装，是为武装力量执勤单位所需要的各类物资器材进行的组套包装。第二，提高社会安全救援物资装卸搬运的“活性”。装卸搬运“活性”，是从物资的静止状态转变为装卸搬运运动状态的难易程度。由于装卸搬运是在应急物流过程中反复进行的活动，因而其速度可能决定整个应急物流速度，每次装卸搬运的时间缩短，多次装卸搬运的累计效果则十分客观。第三，提高多种运输方式联合运输的“活性”。例如，公铁联运的问题、航空与公路联运的问题、水运与陆运联运的问题，只有加强不同运输方式之间的衔接，实现各种运输方式之间的匹配，才能真正发挥多种运输方式的优势，提高社会安全应急物流的“活性”。

第四节　国内外应急物流发展

目前，我国的应急物流体系还没有完全建立，相关的研究成果也比较缺乏，因此，在国家逐渐开始对其重视的同时，我们需要广泛借鉴欧美日发达国家在应急物流管理上的成功经验。

一、国外应急物流经验

欧美主要发达国家及日本是当今世界应急救援物流理念和实践的先行者，经过多年探索和发展，这些国家的灾害救援组织或救援力量逐渐向标准化方向发展，已形成一套科学规范、高效有序的应急物流体系，下面以德国、美国、日本为例。

（一）德国经验：应急物流民间组织发挥巨大作用

德国拥有一套较为完备的灾害预防及控制体系，德国的灾害预防和救治工作实行分权化和多元化管理，在应急物流管理中由多个担负不同任务的机构共同参与和协作，最高协调部门是公民保护与灾害救治办公室，隶属于联邦内政部。

在发生疫情以及水灾、火灾等自然灾害的时候，消防队、警察、联邦国防军、民间组织以及志愿组织等各司其职、齐心协力，最大限度地减少损失。对于救灾物流，德国是建立民防专业队伍较早的国家，全国除约 6 万人专门从事民防工作外，还有约 150 万消防救护和医疗救护、技术救援志愿人员。这支庞大的民防队伍均接受过一定专业技术训练，并按地区组成抢救队、消防队、维修队、卫生队、空中救护队。德国技术援助网络等专业机构可以为救灾物资的运送和供应等方面提供专业知识和先进技术装备的帮助，并在救灾物流中发挥了重要作用。

另外，德国还有一家非营利性的国际人道主义组织，即德国健康促进会，长期支持健康计划并对紧急需求做出立即反应，在救灾物流管理中也发挥了极其重要的作用。据了解，该组织每年通过水路、公路、航空向世界 80 多个国家和地区配送 300 多万公斤的供给品，并利用计算机捐赠管理系统，保持产品的高效率移动，一旦需求被确定，供给品就会迅速运送到指定地点，避免了医药物品的库存。同时，一旦有灾难通知，德国健康促进会就会立即启用网络通信资源，收集灾难的性质、范围等信息，并迅速组织救灾物品配送到指定救助地点。

（二）美国经验：常设救灾物流管理专门机构

经过多年的努力，针对各种自然灾害，美国建立了完备的应急体系，形成了以“行政首脑领导，中央协调，地方负责”为特征的应急管理模式。在地震、飓风、火山、洪水等可能造成重大伤亡的自然活动发生时，美国政府就会立即宣布进入联邦紧急状态，并启动应急计划，所有防救灾事务由联邦应急管理署（FEMA）实行集权化和专业化管理，统一应对和处置。联邦应急管理署直接向总统负责，下设国家应急反应队，实行军事化管理。

对于各种防救灾工作，美国强调运用先进的高新技术，强调事先预防和模拟演练，针对人口稠密的大都市以及人口稀少的地区灾害，均有不同的预案以及救灾方式。2003 年，该署并入国土安全部，成为该部四个主要分支机构之一。值得注意的是，美国的救灾规划还有相应的治安组织体系，该体系平时和警方配合承担各种治安任务，在重大灾害发生时，它会迅速转变成紧急救灾体系，争取最高的救灾效率。

在国内救灾方面，FEMA 设有物流管理的专门单位，平时主要负责救灾物资的管理储备、预测各级各类救灾物资需求、规划救灾物资配送路线，以及救灾物流中心设置等工作。当灾害发生时，物流管理单位便会迅速转入联邦紧急反应状态，根据灾害需求接收和发放各类救灾物资。美国法律规定应急行动的指挥权属于当地政府，仅在地方政府提出援助请求时，上级政府才调用相应资源予以增援，并不接替当地政府对这些资源的处置和指挥权限；一旦发生重特大灾害，绝大部分联邦救援经费来自联邦应急管理署负责管理的"总统灾害救助基金"。

在国际救灾方面，美国设有对外灾害援助办公室（OFDA），负责处理各种紧急事务。目前，OFDA 在世界范围内设有 7 个应急仓库，这些仓库紧靠机场、海港，存储基本的救灾物资，诸如毯子、塑料薄膜、水箱、帐篷、手套、钢盔、防尘面具、尸体袋等，一旦某个地区发生重大自然灾害，OFDA 就会从距离最近的仓库调拨救援物资送至灾区。

美国是一个减灾法规比较完备的国家，各类全国性防灾法律有近百项。目前，在法律法规方面，美国的灾害应急处理法规主要有《灾害救助和紧急援助法》《国家地震灾害减轻法》《全国紧急状态管理法》等。美国的《紧急状态管理法》不仅明确了政府在指挥系统、危机处理和全民动员等方面的职能定位，而且对公共部门如警察、消防、气象、医疗和军方等的责权做了具体的规范，当然其中也不乏对应急物流相关活动的规范。

针对自然灾害，美国国家地震灾害减轻计划规定了四个减灾机构，分别是联邦应急事务管理总署、国家标准技术局、国家科学基金会和美国地理测量局。而在具体任务方面，美国国家地震灾害减轻计划规定的具体内容为，改善对灾害的了解、描述和预测；完善建筑法规和土地利用计划；通过灾后调查和教育降低风险；提高设计和建造技术；促进研究结果的应用。与此同时，美国国家地震灾害减轻计划法，还指定联邦应急事务管理总署为计划主管机关，并赋予其规划、协调和报告的责任。

（三）日本经验：救灾应急物流分级分阶段管理

众所周知，由于日本特殊的地理位置以及地质条件，该国经常遭受地震、台风等自然灾害的侵袭。因此，在设计防灾、救灾计划，以及开展防灾、救灾演习上，日本政府一向非常重视，形成了以"行政首脑指挥，综合机构协调联络，中央会议制定对策，地方政府具体实施"为特征的应急管理模式。日本的防救灾体系分为三级管理，包括中央国土厅救灾局、地方都道府以及市、乡、镇。各级政府防灾管理部门职责任务明确，人员机构健全，工作内容完善，工作程序清楚。每级组织都会定期举行防灾汇报，并制订防救灾计划，包括防灾基础计划、防灾业务计划、地域防灾计划等。日本非常重视提高公众的防灾意识，每年的国民“防灾日”都要举行由日本首相和各有关大臣参加的全民的防灾演习，一方面提高国民的防灾意识，另一方面检验中央及地方政府有关机构的通信联络和救灾、救护、消防等各部门间的运转协调能力，并对各类人员进行实战训练。可以说，日本已经建立起了完整的救灾体系。

在救灾的物流管理上，日本的主要做法有：制订灾害运输替代方案，事先规划陆、海、空运输路径（因海运和空运受震灾影响小，所以多利用这些资源）；编制救灾物流作业流程手册，明确救灾物资的运输、机械设备以及其他分工合作等事项；预先规划避难所，平时可作他用，一旦发生灾害，立即转成灾民避难所，并作为救援物资发放点；对救灾物资进行分阶段管理，将救灾物资的配送工作分为两个阶段。第一阶段由政府行政单位负责，包括救援物资的收集、存放和运输；安排军队协助进行交通管制，维护紧急物品的运输。第二阶段由物流公司负责，根据政府要求和灾区需求进行专业配送、存储管理，重点关注提升配送效率。事实上，日本的救灾物资管理已经充分利用了现代商业的物流发展成果。此外，根据救灾物资性质分送不同的仓库，对社会捐赠灾区的必需物资，经过越库配送（Cross－docking）分类后直送灾民点，对社会捐赠的非必需物资或超过灾区需要的物资，则送到储存仓库，留待日后使用。另外，对于灾区的物资供应，日本也借鉴了供应链的管理经验，在救灾第一、第二阶段，考虑救灾实际，根据救灾预案，主要采用供应推动方式，主动向灾区运送物资。而到了第三阶段，则考虑各地生产自救情况，转为灾区需求拉动的方式，根据灾民需要有针对性地供应物资。

（四）国外应急物流特点总结

尽管这些国家应急物流模式因国情不同而各具特色，但存在以下共同特点。

1. 协调有效的应急物流管理体系

各国都依据法律建立立体化、网络化的应急管物流理体系，包括从上到下的常设专职机构及相关专业人员组成的抢险救援队伍，严格而高效的政府信息发布系统及明确的政府职能和部门合作，超前的灾害研究和事故预防机制，普遍的灾害意识培养和全社会的应急培训，充足的应急准备和可靠的信息网络保障。

2. 完善的自然灾害应急物流预案

由政府统一负责指挥自然灾害预防、救治的所有工作，包括制订防灾计划，定期开展防灾救灾演习，开展应急物流演练等。预案还根据不同类型的自然灾害事先规划陆、海、空运输替代路线，如在地震灾害中，会伴随发生道路阻断、泥石流、滑坡等灾害，常规道路交通将难以发挥机动灵活、“门到门”的优势，这时需要选择空运或海运等适宜的替代运输方案，实现救灾物资的及时运送。此外，还将民间组织以及志愿组织等非政府部门纳入到防灾救灾体系中，配合政府工作，齐心协力顺利完成应急物流的全过程。

3. 科学合理的应急物资储备

各国根据可能发生的不同灾情，对各类救灾物资的需求进行科学预测，依此建立规模适中、布局合理的应急救援物资库，这些应急救援物资库平时储放应急物资，一旦发生自然灾害，则由专业的物流公司迅速从应急救援物资库提取救灾物资，送往灾区；灾害发生

后，社会采购或捐赠的救灾物资需要汇集至应急救援物资库，在应急救援物资库分类拣选后统一配送至灾区。

4. 运用现代物流和供应链理论指导应急物流管理

将现代物流知识及供应链管理理论充分运用到自然灾害应急物流管理中。自然灾害发生前，通过预测救灾物资需求量和实施救灾物资库存的动态检测，避免了过高的库存水平和较高的储存成本；自然灾害发生后，根据灾害实际，适时地选用物资供应的供应推动方式或需求拉动方式。

二、中国应急物流发展

2003 年爆发的“SARS”疫情是“应急物流”进入中国的标志性事件。在 2003 年年底的“中国物流专家论坛”上，中国经济经受“SARS”严峻考验，物流系统建设特别是应急物流机制引起社会广泛关注，被评价为“中国物流与采购行业十件大事”之一，标志着应急物流在我国的兴起。随后，在历次突发事件的应对过程中，应急物流发挥了重要作用，逐步得到学术界和政府的认可，特别是 2008 年汶川大地震后，在社会各界的共同努力下，应急物流逐步进入实质性发展阶段。

（一）中国应急物流发展简要历程

2006 年，经国家民政部批准，正式成立了中国物流与采购联合会应急物流专业委员会，作为我国第一个应急物流行业协会组织，促进和推动了应急物流的科学发展。

2009 年 3 月 10 日，国发〔2009〕8 号《国务院关于印发物流业调整和振兴规划的通知》正式发布。《物流业调整和振兴规划》在“主要任务”中将应急物流列为重点发展的物流领域，要求“加强应急物流体系建设，提高应对战争、灾害、重大疫情等突发性事件的能力”。并将“应急物流工程”列为九大重点工程之一，要求“建立应急生产、流通、运输和物流企业信息系统，以便在突发事件发生时能够紧急调用；建立多层次的政府应急物资储备体系，保证应急调控的需要；加强应急物流设施设备建设，提高应急反应能力，选择和培育一批具有应急能力的物流企业，建立应急物流体系”。《物流业调整和振兴规划》的发布，揭开了应急物流发展的新纪元，标志着应急物流的地位作用无论是在政府层面，还是在社会层面，都得到了空前的认同。各地方人民政府按要求先后出台了地方规划和实施方案，细化了应急物流工程建设任务。

《物流业调整和振兴规划》中明确要求国家发展和改革委员会同有关部门制订应急物流专项规划。为此，国家发展和改革委员会委托中国物流与采购联合会开展了“应急物流规划研究”，为应急物流建设规划的制订提供研究思路、理论基础、编制依据和素材准备。作为应急物流建设的第一个国家级战略规划，应急物流建设规划将对“十二五”期间应急物流建设和发展进行系统的顶层设计，就应急物流指挥管理、队伍建设、设施设备建设、信息管理系统建设、标准建设以及经济补偿机制建设等方面进行规划。应有关方面的呼吁，应急物流建设规划还将对应急物流动员体系和补偿机制制订明确的制度规范，以充分调动社会各界参与应急物流组织工作的积极性和主动性。

（二）中国应急物流发展现状

1. 应急物流保障能力初步具备

实践证明，我国应急物流在应对突发事件中发挥了重要作用，显示出了较强的保障能力。以2008年两场自然灾害为例。年初南方地区大范围持续低温雨雪冰冻灾害，给交通运输设施等带来极大破坏。国务院启动应急机制，成立煤电油运和抢险抗灾应急指挥中心，保障群众生产生活，确保电煤、粮食、棉衣被、发电机、成品油等重点物资运输，力保鲜活农产品运输“绿色通道”畅通和抢险救灾物资运输的顺利进行。“5·12”四川汶川大地震发生后，给我国震区造成空前巨大的损失，物流通道基础设施遭受重创。震后，四川省共接收了来自57个国家及地区的420批次救援物资。大批物资和人员需要调运、分配和发送，对应急物流管理能力提出了严峻考验。中央和地方各级政府总体指挥和决策应急物流活动，为救灾物资和救援人员开辟了“绿色通道”。在抗震救灾中，依据《民用运力国防动员条例》迅速落实数百次军列，动员数百架民航飞机，征用上万台车辆紧急运送人员和物资。虽然应急物流保障力量在整个抗震救灾中发挥了巨大的作用，但是在应急物流保障中也暴露出应急物资储备和保障能力不足、资源信息不充分等问题。

2. 应急物流逐步进入实质性发展阶段

国家有关部委、地方政府和有关社会团体积极开展应急物流建设。2008年5月，国家民政部下发通知，要求进一步加强救灾应急物资储备工作，建立健全救灾应急物资储备管理制度，增加救灾物资储备品种和数量，积极推进救灾应急物资储备库建设，建立健全部门间救灾工作信息共享机制和救灾应急物资调拨与运输联动工作机制，从而建立和完善了救灾应急物资储备体系，切实增强了灾害救助快速反应能力，有效保障受灾群众基本生活。2008年9月，国家经济动员办公室按照“平时服务、急时应急、战时应战”的总要求，首次依托商业企业，在武汉成立了湖北物流配送应急保障动员中心，建成了覆盖整个湖北省的物流配送应急保障中心。2009年7月，经江苏省国防动员委员会经济动员办公室批准，依托高邮市诚信物流园区成立了全国第二家、江苏第一家应急物流动员中心——“江苏诚信应急物流动员中心”。该中心按照应急动员的要求，健全体系，完善机制，规范管理，修订预案，提升应急动员保障能力，为政府应对突发事件提供优质高效服务；按照“平战结合、军民兼容”的原则，加强与地方军事部门的联系，为部队、预备役、民兵等逐步多样化军事任务提供应急物流保障；按照区域性应急物流动员中心的建设标准和要求，抓好基础设施扩建工程的组织实施，加强项目管理，加快项目进度，努力把中心建设成为以里下河地区为中心，辐射全省及全国的专业化程度较高的物流动员中心。2011年10月，解放军总后勤部与河南省签署了《关于推进应急运输与物流军民融合式发展战略合作协议》。战略合作协议按照“平时服务、急时应急、战时能战”的要求，紧密结合国家确立的中原经济区发展战略，充分依托河南物流产业发展优势，地处国家交通大十字架的区位优势和完善的综合运输体系，共同建设全国首个军民融合式应急投送保障基地，把军队全面建设现代后勤的成果融入中原经济区的发展之中建立军地一体化应急保障体系，开展应急救援物资联储、联运、联供和应急物流中心共建、共用、共管的探索试点。西安

粮食应急物流基地（即西安粮食宏观调控中心），正在按照规划抓紧推进建设进程，将与“湖北物流配送应急保障动员中心”和“江苏诚信应急物流动员中心”等相类似，依靠健全的社会物流服务网络加上快捷的军事物流管理优势，实现应急物流中心的军民融合式发展。

3. 应急物流标准化建设稳步推进

2009 年 10 月，由中国物流与采购联合会应急物流专业委员会牵头，湖北物资流通技术研究所参与的公益性行业科研课题《应急物流标准体系及重点标准项目研究》正式启动，该课题在研究分析应急物流标准化现状及需求的基础上，论证应急物流标准化建设的目标任务及方法措施，拟制定《应急物流企业条件评估》《应急物流包装及标识》《应急物流仓储设施设备》等重点标准，以推动应急物流标准化建设，促进应急物流体系建设。《应急物流企业条件评估》《应急物流包装及标识》《应急物流仓储设施设备》3 个国家标准项目成功立项，目前已进入报批阶段。2010 年 7 月，江苏省高邮市诚信物流有限公司承担的《应急物流服务规范》标准项目通过专家组评审，并申报扬州市地方标准。此举标志着高邮市诚信物流园区“江苏诚信应急物流动员中心”经过两年时间的运作，在与地方和军队单位建立良好合作关系的基础上，通过健全体制、完善机制、规范管理，已经取得一定经验，逐步步入规范化、标准化的轨道。2012 年 7 月，《应急物流服务成本构成与核算》获准立项行业标准，为推动应急物流经济补偿奠定了坚实的基础。

（三）中国应急物流发展展望

1. 应急物流建设发展逐步走向正轨

健全社会管理体系，促进社会和谐发展，是构建社会主义和谐社会的必然要求。2011 年 3 月 14 日，第十一届全国人民代表大会第四次会议批准的《中华人民共和国国民经济和社会发展第十二个五年规划纲要》，明确要求“加强和创新社会管理”，指出“加强应急处置，更加注重应急能力建设，有效应对和妥善处置突发公共事件，最大限度地增加和谐因素，化解消极因素，激发社会活力”。作为突发事件应急体系的物质基础，应急物流能够提供充足而可靠的物资保障，必将受到政府应急管理职能部门的高度关注，并逐步进入管理决策和具体组织，将成为社会管理创新的重要内容。

2009 年国务院发布《物流业调整和振兴规划》后，“应急物流规划”的研究制订已经进入紧锣密鼓的筹备阶段。全国政协十一届二次会议上，致公党中央提交了《关于加快构建我国应急物流体系建设的提案》（第 0230 号），提案分析了我国应急物流的现状与问题，提出了构建应急物流体系的具体策略。该提案受到国家发展和改革委员会的高度重视，有关人员进行了当面沟通与答复。2009 年年底国家发展和改革委员会启动了“应急物流发展规划”的制订工作。“应急物流规划”规划期为 2013—2020 年。作为应急物流建设第一个政府层面的专项规划文件，“应急物流规划”无疑发挥着顶层设计的作用，值得社会各界翘首期待。“应急物流规划”将对未来我国应急物流建设的指导思想、基本原则、目标任务、重点工程等有关重大问题予以明确，我国应急物流建设也将步入制度化、规范化、科学化的轨道。

2. 应急物流将步入产学研结合、军地间合作的良性发展之路

在中国物流与采购联合会应急物流专业委员会的大力推动下，政府、企业、科研单位通力协作，共同推动应急物流的建设与发展。目前，学术界和政府对应急物流建设普遍认同的一个基本原则是“政府主导，市场参与”，即由政府主管部门论证出台相应的政策措施和标准规范，以适当减免税收等手段鼓励和引导物流企业参与应急物流建设，按照市场价值规律维持应急物流保障能力，对应急物流运作进行必要的约束和规范，进而优化整合资源和服务为政府应急所用，或由政府出资购买服务，逐步加大投入，切实为提高政府应急管理能力提供坚实的物质基础。

3. 应急物流技术发展将进入崭新时代

应急物流的综合性很强，从日常生活物资到药剂疫苗，从宿营物资到大型工程机械，几乎所有种类的物资都有可能进入应急物流作业渠道。应急物流保障应当按照专业化的要求，分门别类进行组织。例如，按照冷链物流的技术标准组织血清疫苗、生鲜蔬菜食品应急物流；按照大件物流的技术标准组织大型工程机械的紧急调运；按照航空物流的标准规范组织紧急配载装卸和航空运输或空投空降。但是，专业化保障并不否认集中统管协调。在目前应急物流管理体制难以做大的调整、应急物流信息难以实现全方位共享和互联互通的情况下，在应急物流综合职能部门集中统管的基础上，按照专业分工协作的要求，由各个系统、各个部门、各个地区的专业职能部门组织专业化的应急物流保障还是比较可行的制度安排。

应急物流强调时效性，需要强大的物质技术手段作为支撑。因而，射频识别（RFID）、地理信息系统（GIS）、全球导航卫星系统（GNSS）、第四代移动通信技术（4G），特别是物联网技术等先进技术，在应急物流领域都有很大的发展需求和很好的应用前景，亟须与标准化包装、立体化仓储、即时制配送等先进物流技术进行集成创新和推广应用，特别是着力提升冷链物流、大件物流、危化品物流等专业化物流保障能力和紧急状态下运输机、货运车辆等运输装备的通过能力，以构建高效、可靠的应急物流保障网络，并搭建应急物流公共信息平台，全面提升应急物流保障的能力和水平。

4. 应急物资储备得到充分重视

物资储备是实现应急物流的基础。《突发事件应对法》中明确规定，“国家建立健全应急物资储备保障制度”。我国的应急物资储备在国家和军队战略物资储备方面已经取得了很大的成绩，但是在储备物资的品种、结构、布局等方面还存在很多不尽如人意的问题，特别是在地方、市场和家庭 3 个储备层次上还存在重大缺失。发达国家在应急物资储备体系建设上积累了很多先进经验做法，如日本建立了家庭储备、公共储备等 4 种物资供给途径，完善了从国家到家庭的储备体系，为有效应付地震等自然灾害奠定了坚实的物质基础。可以预见，我国也将在应急物资储备方面迈出更加坚实的步伐。《国家综合防灾减灾规划“十二五”规划》按照统筹规划、合理分布和资源整合的原则健全救灾物资储备体系，逐步建立运力集结、资源补给、车辆维修的全国救灾物资交通运输网络，提高物资投送能力。形成分级管理、反应迅速、布局合理、种类齐全、规模适度、功能完备、保障有

力，符合中国国情的中央、省、地、县四级救灾物资储备库体系。该规划的颁布施行，标志着传统物资保障已经逐步开始向应急物流转型，以全新的形象进入政府突发事件应急体系中来。

第五节　应急物流理论研究趋势和展望

应急物流作为现代物流的一个新兴门类，起步虽晚，发展却十分迅速，国内外有大量研究成果。以下从应急物流的基础理论研究、物资配送和运输优化研究以及应急物流系统构建等方面进行介绍。

一、应急物流的基础理论研究

国外对应急物流的研究起步较早，在早期的研究过程中，国外专家主要采用数学分析、建立模型的方法进行研究，为应急物流运输、配送、储存、组织管理等方面的研究打下了坚实的理论基础。Kenball Cook D. 和 Stephenson R. 在 1984 年首先提出在进行救援物资调运过程中应当采用物流管理的方法，以提高救援物资的运输效率。1992 年，W. Nick Carter 在他的《灾害应急管理手册中》，通过对东南亚和太平洋地区自然灾害的深入研究，指出在灾害爆发后，政府和国家应当采取积极有效的应对措施，将救灾物资进行适当的分类和管理，在最短的时间内配送到最需要的地点，这也是对应急物流内涵的早期描述。1995 年，应急管理权威专家 Suleyman Tufekci 针对美国政府和人民在应对安德鲁飓风（1992 年 8 月 16 日，安德鲁飓风登陆美国，造成了巨大的经济损失和人员伤亡，这是登陆美国的第三大飓风）时所暴露出的一系列问题，进行了深入的思考和研究，提出了利用仿真技术和网络优化模型构建一个有效的、综合的、模块化的决策支持系统，在灾害来袭时便于人员紧急疏散和交通运输控制，并为应急救援物资的配送提供有效的帮助，这是与应急物流管理相关联的一个早期系统雏形。Qi X. T.，Bard J. 和 Yu G. 在 2004 年分析了突发性事件对市场规模和供应链所造成的影响，首次提出了将应急管理的思想应用到供应链管理当中，并通过调整和管理原有机制使整个供应链在新的协约下达到协调。我国应急物流的研究起步较晚，2003 年 SARS 的爆发促使我国的学者开始对应急物流的研究重视起来。在 2003 年，王国文通过对 SARS 在我国造成的损失和中北美地区飓风对美国造成的损失对比，提出了我国应急物流建设的紧迫性。何明珂从自然灾害，决策失误、国际复杂环境和消费者权益保护四个方面阐述了应急物流的成因。2004 年，欧忠文博士等在国内外首次提出了“应急物流”这一概念，将应急物流定义为一种特种物流活动，并指出应急物流与普通物流一样，由流体、载体、流向、流量、流程、流速等要素构成，具有空间效用、时间效用和形质效用。欧忠文博士等还阐述了应急物流产生的背景、内涵、研究内容及开展应急物流研究的理论价值和现实意义，系统论述了应急物流中的政府协调机制、全民动员机制、法律机制和绿色通道机制，提出了通过应急处理机构的建立、技术平台的构建和应急手段的启用来实现应急物流的途径。2006年《国家标准物流术语》(GB/T 18354—2006)正式给出了应急物流的定义。随着科技的不断进步,信息技术在物流行业中发挥了更加重要的作用。李滢棠在2008年提出应急物流是以提供自然灾害、公共卫生事件、重大事故等突发性事件所需应急物资为目的,以追求时间效益最大化和灾害损失最小化为目标,借助现代信息技术,整合应急物资的运输、包装、装卸、搬运、仓储、流通加工、配送及相关信息处理等各种功能而形成的特殊的物流活动,并指出了建设应急管理系统的重要性。国内学者的研究工作从我国的基本国情出发,形成了我国应急物流的基础理论体系,为我国应急物流的快速发展打下了坚实的基础。

二、物资配送和运输优化的研究

运输优化调度和物资配送是应急物流的重要环节,也是实现应急物流时效性的关键。因此,突发性事件条件下的物资配送和运输优化一直是各国应急物流研究的重点。国外早期的一些专家,如Ray、Knott、Eldessouki W. M. 等以实现最小运输成本为目标,分别研究了在不同约束条件下应急物资的运输调度问题。其中,Ray在1987年用线性规划的方法建立模型以实现救援物资的最优调度。Knott在1988年用线性规划的方法建立了一个关于应急救援物资配送的决策模型,以方便操作人员对救援物资、运输工具和救助点作出最佳的组合选择。Eldessoui W. M. 在1998年通过对现有的运输网络进行分析和设计以实现对应急运输环节的优化管理。Equietal等在1996年研究了供应链中的运输优化问题,通过对运输车辆的合理组合,确定运输次数,在给定运输路线的情况下,实现物资在确定的供应中心之间的最优化运输。G. F. List在1998年以放射性物品的最优运输路线选择为目标进行研究,并且考虑了出现紧急事故时的应急反应措施。2000年,Shams Rahman提出在突发性事件发生之后,应当选择最佳的运输方式组合、最优运输路线选择、合理地分配救援物资的方法,在有限的时间内用最小的成本消耗调运最多的救援资源。Fiedrich以地震后的应急物资调度为研究对象,以实现最小的人员伤亡和经济损失为目标,建立了一个在有限时间内和有限数量条件下的资源调运的动态优化模型。Jiuh-Biing Sheu在2005年指出应急物流配送是自然灾害发生之后进行快速反应的紧急救援活动的重要环节,他使用混合模糊方法对灾难救援抢救期的应急物资进行分配以实现救灾物资的效用最大化,并通过对台湾地区地震数据的比对,说明了该方法的优势和适用性,其在2010年提出在严重自然灾害爆发之后,在不完全信息的情况下,用模糊聚类的方法建立物流管理模型对受灾地区进行优先等级的评估,并对受灾地区的物资需求进行动态预测,以便于救灾资源的合理分配运输和组合调度。Aharon Ben-Tal在2011年提出了将Robust优化方法应用到不确定环境条件下的应急物资动态分配和交通疏散中去,以减少不确定因素对物流计划的影响。

我国学者一直把优化物资的运输配送过程作为应急物流研究的重点。张永治在1996年就提出了建设应急保障交通运输队伍的有效政策。刘春林等人在2001年讨论物资需求约束条件下多出救点的紧急物资调度问题,根据连续应急问题的特点,给出了应急时间最

早前提下出救点数目最少以及限制期条件下出救点数目最少的应急模型，并且从理论上证明了模型求解方法的正确性。2002年，刘春林等人又通过引入模糊集的概念，运用模糊优化技术，讨论了有资源需求约束的多出救点应急组合调度方案的求取问题，建立了相应的求解方法。程赐胜在2004年以解决商品在物流配送过程中所受到的不确定因素的干扰问题为目标，建立了一种车辆调度的随机模型，通过研究实例并运用遗传算法对模型求解，极大地提高车辆调度适时性的保证度和配送运输服务的质量。杨信丰在2006年同样以物流配送运输过程中的不确定因素干扰为研究对象，着重考虑了客户对配送时间和车辆行驶时间的不确定性，以车辆行驶距离最小化为研究目标建立了规划模型，并运用单基因遗传算法通过实例给出了这个模型的求解。谢秉磊等在2007年以提高城市突发性公共事件应急系统的响应能力、节约救援时间为目标，结合应急物流的特征，研究了应急需求稀少和应急需求密集两种情况下的系统期望时间。徐东等人在2008年以“5·12”汶川大地震为例，着重肯定了应急物流运输在抗震救灾过程中所发挥的重大作用，并对我国应急物流运输体系的建设提出了几项有效建议。杨雨蕾等在2009年提出以控制应急物流中的运输成本为目的，结合应急物流的特点建立基于层级轴辐式网络的绿色通道运输网络优化策略，并通过对当前应急方案和改进方案的比较说明了建立层级轴辐式网络的重要性和优越性。蔡鉴明等在2011年以地震灾害情况下的应急物流运输路径选择为对象，考虑了地震灾害情况下的运输网络的时变性特征，通过把道路情况的评价指标进行无量纲化处理的基础上构建预测和评价应急物流运输路径的多目标决策模型，并以算例说明其应用方法。该部分的研究多在假设的约束条件下，以实现对物资配送运输的合理化和效率化为目标，以车辆调度的最佳组合、运输的最短路径、成本最小化为研究对象，以有限的反应时间，有限的资源为研究范围，以多目标、多出点为研究方向，用数学方法建立模型。但是，由于研究假设和实际情况之间的差距，影响了研究结果的实践性，这些可作为我国应急物流优化理论研究的突破点。

三、应急物流系统构建的研究

应急物流系统构建指为了满足突发性事件的物流需求，应急物流在实际运作过程中，通常将各个物流环节、物流实体组成一个统一的有机整体。在实际操作阶段，从整体出发，综合考虑，全面分析，进行统筹规划、协调和控制，最大限度地发挥应急物流的时效性。

在应急物流系统构建的早期研究中，主要为针对突发性状况的紧急处理，研究的重点往往集中在突发环境污染事件、自然灾害事件、公共安全事件的应急系统构建中，通过运用计算机技术建立数据库，对这些紧急事件的数据信息进行采集并加以整合分析，做出相应的风险评估，以方便决策者采取相应的应急行动。例如，美国环保署（EPA）的应急管理办公室和美国海洋大气管理办公室（NOAA）所使用的计算机辅助应急管理系统CAM-EO，对所采集到的化学品样本进行分析，并与数据库中的专用应急信息和建议进行比对，评定风险等级，从而帮助工作人员编制化学品应急计划并安全处理化学品危险。这套程序在当时已经在美国的2000多个地点以及其他十个国家所应用，反映效果良好。这套系统对此后的应急物流系统建设有很大的启发作用。近些年在国外有关应急物流系统构建的研究中，比较有代表性的有 Seth D. Guikema 等在 2007 年从电力供应的角度入手，对地震后灾区的能源供应系统构建进行的研究；Mei－Shiang 等在 2007 年提出了在面对不确定信息情况下的洪水灾害所引发的应急物流问题时，运用地理信息系统计算出营救小队的分布并规划应急物资临时配送中心的最佳位置选择；Slowik 等在 2008 年对医院应急物流保障系统进行研究，提出建立和升级医院的应急药品供应追踪系统和病人监控系统，以提升医院的快速响应紧急救援能力。

在国内的研究中，崔晓敏等人在 1998 年以实现应急辅助系统（Computer Emergency Management System，CEMS）的快速有效反应为出发点，结合实例对辅助应急管理系统设计和开发过程中系统结构、推理系统、数据库系统、图形系统、集成网络系统等关键方面作了较深入的探讨。通过 CEMS 收集、组织、显示信息，预测和响应灾害事件，支持决策和控制，优化资源分配和调度，从而将灾害的影响和损失降低到最小，这与应急物流系统建设的基本思想是相一致的，对应急物流系统的建设具有很大的参考意义。王文亮在 2003 年提出了应急物流信息系统建设的四个基本原则（系统性、规范性、社会性、经济性）和五个基本目标（灵敏的预警反应机制、规范的应急转换机制、科学的决策处理机制、及时的反馈评估机制、稳妥的安全保密机制），并指出从基础信息、应急预案、人才培养三个方面入手做好应急物流系统建设。王旭坪等在 2005 年分析了应急物流的特点、类型及对应急物流系统设计的影响，说明了应急物流系统的要素、特点、设计原则，并结合应急物流的约束条件，给出了应急物流系统的结构层次模型，指出了应急物流系统的技术支持平台，并着重强调了建设我国应急物流系统快速反应机制和保障机制的重要性。孟参和王长琼在 2006 年对应急物流系统的特性及其运作流程进行了分析，并在此基础上建立了应急物流系统运作流程的基本框架，最后对系统中应急物资的采购、库存控制以及运输配送进行了相关探讨。章竟在 2008 年从汶川特大地震灾害出发，探讨了我国应如何建立一套完善的地震灾害应急物流系统，为地震灾害的救援、重建等一系列工作提供有力的帮助。薛梅和胡志娟在 2010 年从应急物流系统的组成、应急物流指挥中心的组织结构和功能、应急物流系统的运作和应急物流系统的保障机制四个方面着重介绍了应急物流系统的构建，并给出了建立应急物流系统的基本运作流程图。朱丹在 2011 年对经济环境下的企业供应链活动进行了深入研究，给出了供应链应急物流的定义，并通过剖析供应链应急物流及其系统的内涵，提出基于经济因素的供应链应急物流系统与基于非经济因素的供应链应急物流系统的逻辑模型及建设要点，进一步探讨了供应链应急物流系统的信息预警、组织协调、风险评估等机制建设。

在以上研究中，早期的研究重点主要集中在自然灾害、环境污染、公共卫生等突发性事件上；随着经济全球化的不断发展，市场竞争日趋激烈，现代企业的生存环境更加复杂多变，企业应急物流也日益被广大专家学者所重视。

思考题

1. 何谓突发事件？突发事件与应急物流有怎样的关系？
2. 根据突发公共事件的发生过程、性质和机理，突发事件分为哪几种类型？
3. 我国对应急物流的定义，应急物流的主要类型有哪些？
4. 美国应急物流的经验有哪些？

第二章　应急物流系统

第一节　应急物流系统概述

一、应急物流系统的概念

（一）应急物流系统的定义

在系统论中，所谓的系统往往是相对外部环境而言。外部环境主要向系统提供劳力、手段、资源、能量、信息等，一般称为系统的“输入”。系统以自身所具备的特定功能，将“输入”进行必要的“转换处理”，使之成为有用的产成品，供外部环境使用，一般称之为系统的“输出”。输入、处理和输出构成了系统的三大基本要素。外部环境因资源有限、需求不确定、外部影响多变以及其他各种与系统活动相关的变化因素的影响，对系统加以约束或影响，这些因素称为系统的“干扰”因素。此外，系统的输出结果不一定是理想的，可能偏离预期目标，因此要将输出结果的信息返回给输入，以便调整和修正系统的活动，这称为系统的“反馈”。在物流学科中，物流系统指在一定的时间和空间里，由所需位移的物资、包装设备、装卸搬运机械、运输工具、仓储设施、人员和通信联系等若干相互制约的动态要素所构成的具有特定功能的有机整体。

应急物流系统是普通物流系统的一个特例，用于应对突发事件。应急物流系统是指为了完成突发性的物流需求，由各个物流元素、物流环节、物流实体组成的相互联系、相互协调、相互作用的有机整体。它是一般物流系统的一个特例。

根据系统论的内容和应急物流系统化的发展过程，我们可以把应急物流系统的内涵描述为：在应急系统统一目标协调指挥下，由相互作用和相互依赖的物流实体要素组成的，具有应急物流服务功能的有机整体，而这个整体又是构成更大的应急系统的组成部分。应急物流系统的目的在于实现应急系统的目标，主要是为应急系统提供物流综合保障能力，以取得应急物流运作的时间效益最大化和受灾系统损失最小化的社会效益。

应急物流系统的主体系统指供应渠道起点（应急物资供应点、储备仓库等）和终点（应急物资需求点、受灾点等）的联系者，在整个应急物流系统活动过程中起着主导和决定性的作用，具体指直接参与或专门从事应急物流的组织，包括突发事件地的应急指挥机构、应急物资的储备及生产供给单位和储运企业等。在我国应急物流系统主体系统主要指民政部门、卫生部门、国家防汛抗旱总指挥部及红十字会等机构，也包括地方应急指挥组

织，如各省的防汛抗旱指挥部。

应急物流系统客体系统即物流对象，是一切在物流主体之间定向循环运动的物质实体，包括应急救援活动所需的各类应急医疗物资、生活必需品和应急处置装备等。应急物流系统客体系统往往由所面对的灾害自身的特性决定。

应急物流系统的载体系统是保证应急物流活动有序、协调进行的基础条件，包括应急信息网、应急运输网（公路、铁路、民航等相对较快的运输方式构成的运输网络，可在常规运输网络的基础上构建）和各级人民政府建立的应急物资、生活必需品和应急处置装备储备仓库等基础设施和条件（如目前我国设立的多个中央级救灾物资储备库）。

（二）应急物流系统的七要素

普通物流系统的组成要素主要包括六个方面：流体、载体、流向、流速、流量和流程。普通物流系统既强调物流的效率，又强调物流的效益。应急物流除了具有以上六要素之外，还应具有特有的要素“时间”。由于应急物流的突发性特点，即应急物流需求发生的时间具有极大的不确定性和时间约束的紧迫性，决定了在应急物流系统中“时间”是一个重要的系统要素，因此，应急物流系统在六要素的基础上增加时间要素，构成七要素系统。应急物流系统与一般物流系统要素特点的比较如表 2－1 所示。

表 2－1　　应急物流系统与一般物流系统要素特点的比较

要素	普通物流	应急物流	政府在应急物流中的作用
流体	一般性的物品，品种无所不包，品种的来源单一	主要集中在应急类的物资，包括救生类（救生船、救生衣及救生设备等），生活类（衣被、方便食品、救生帐篷、净水器等），医疗器械及药品。物品的来源复杂（政府、企业、社会等）	建立合理的物资储备制度是政府的应尽职责
载体	固定的设施与场所	固定的和机动的设施与场所共用	公共设施一般由政府投入，紧急状态下损坏的公共设施需要政府组织人力、物力、财力加以维护
流向	按用户的需求、流向确定，可以充分安排	流向救援地，目标事先无法确定	信息的准确性决定流向，建立应急物流的信息体系至关重要
流速	完成物流的时间比较稳定	完成物流的时间延长或缩短	政府对应急物流的组织状况决定流速的快慢
流量	物流的数量稳定	特定品种的物流流量激增，其他物品通常减少	政府成为某些特定物资的提供者，提供的数量要视政府的财力而定
流程	流程基本上可按合理化的原则进行安排	由于设施的损坏等，常使路程发生一定的改变	政府应保证流程的顺畅

续 表

要素	普通物流	应急物流	政府在应急物流中的作用
时间	在合理的物流成本水平下，在合适的时间、为合适的地点提供合适的产品或服务	以时间效益最大化和灾害损失最小化为根本目标，应急物流系统以灾区满意度及快速配送为主要目标，实现对突发事件的快速响应，弱化物流系统的经济效益	政府提供全方位的应急物流支撑，提高快速反应能力

（三）应急物流系统的特点

应急物流的以上特点决定了应急物流系统与一般的企业内部物流系统或供应链物流系统具有如下不同的特点。

1. 应急物流系统的快速反应能力

应急物流的突发性和随机性，决定了应急物流系统应具有快速反应能力，具有一次性和临时性的特点。这一特点决定了应急物流系统区别于一般的企业内部物流或供应链物流系统的经常性、稳定性和循环性。

2. 应急物流系统的开放性和可扩展性

应急物流需求的随机性和不确定性决定了在应急物流系统的设计上，应具有开放性和可扩展性。应急物流需求和供给在突发事件发生前是不确定的，而必须在突发事件发生之后将其纳入应急物流系统中。

二、应急物流系统的结构

应急物流系统是一个复杂系统，在系统中，为保证系统功能与流程的实现，需要每个环节紧密衔接，其基础是科学合理的系统结构。从系统功能角度可以将应急物流系统设计分为应急指挥机构、应急物流节点、应急物流信息系统等部分。其中，应急指挥机构主要职能是分析应急物资需求、制订应急物流方案、制订协调保障计划、应急物流综合调度、收集物资供需信息等；应急物流节点主要包括各级政府、物资储备仓库、应急配送中心、救助中心、救助点，主要负责采购管理、仓储管理、运输管理、配送管理和回收管理等；应急物流信息系统贯穿所有物流环节，主要功能是存储应急资源、实时动态监控、应急业务处理、辅助管理决策和基础数据库等。

由于和一般的企业物流、社会物流或供应链物流系统相比较，应急物流系统在快速响应能力、系统开放性和可扩展性等方面有所不同，王旭坪等从系统工程的角度出发，提出了应急物流系统所具备的5项约束。

1. 信息约束

在突发事件发生后的短时间内，系统不能够全面掌握有关突发事件的信息，造成预测和决策的误差。例如，“5·12”汶川地震后，由于通信、道路交通的中断，使得灾区与外

界失去联系，在整个救灾初期，获取信息的主要渠道只有阿坝州政府网站，无法全面了解灾情，影响应急活动的及时、有效开展。

2. 时间约束

应急物流系统的目标是指在约束时间（或限制期）内应该实现的系统目标，因此有较强的时间约束。美国的 EMS 条例（Emergency Medical Service）规定：乡村紧急医疗救护必须在 30 分钟到达，城市必须控制在 10 分钟，我国对消防部门也存在类似响应时间上限的规定，其原因就在于：突发事件所造成的危害随着应急物流速度的加快（即及时响应）而减弱，应急物流系统的各项功能都应该在约束时间范围内进行，超过了约束时间，系统的各项功能所能实现的价值将降低。

3. 系统的资源约束

系统的资源约束是指应急物资和应急资金的约束。一般来说，资源约束主要体现在对资源数量、质量、结构等方面，由于供求不匹配造成，其深层次的原因在于信息约束的存在。

4. 运输能力约束

运输能力约束是指根据系统目标，对各类的应急物资和人员分别给予不同的紧急等级，在满足不同紧急等级下可以获得的运载工具包括飞机、汽车、火车、轮船等运输能力的约束。其本质仍属于系统资源约束范畴。

5. 运输基础设施约束

突发事件可能对运输基础设施包括公路、铁路、港口、通信、电力、安全和运输环境造成影响，因而限制了应急物流活动的正常进行。其具体表现为路段通行能力、通行时间的不确定性及不可靠性。

在以上约束的基础上，可构建如图 2－1 所示的应急物流系统结构。

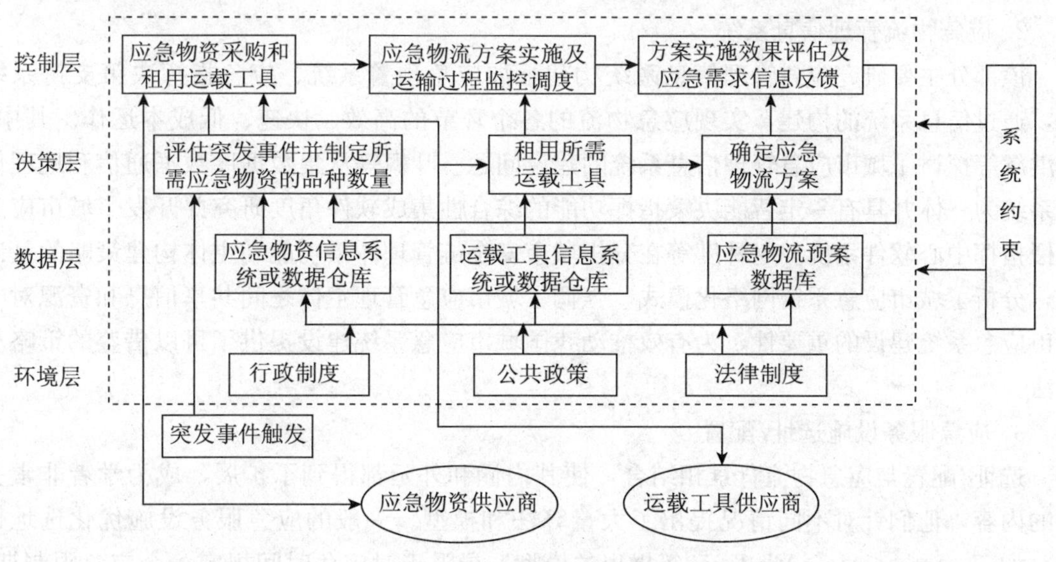

图 2－1　应急物流系统结构

从以上论述不难看出，应急物流系统就是为实现以最短的时间、尽可能低的成本获得所需要的应急物资，并以适当的运输工具，把应急物资在适当的时间运送到适当的需求地这一系统目标而构成的整体系统。其核心是应急物资的有效运作，即在应急物流系统目标的实现过程中，应急物资的保障是核心环节。应急物资保障关系到突发事件应对工作的成败，是应对突发事件的根本，应急物资及时快速地到达是有效应对的重要保障，没有应急物资的投入，应急物流系统乃至整个应急活动往往是“无源之水，无本之木”。应急物流水平直接关系到能否有效对各种突发性事件进行控制，尽量使损失最小化，避免灾难扩大，因此对应急物流中应急物资的分配研究成为应急物流研究领域的重要内容。

三、应急物流系统研究现状

近年来，应急物流与人道主义供应链管理的深入研究是国际管理科学与运作管理领域新的热点。从研究方法上可以将其归纳为两类：“一种是侧重于定性研究的方法，另一种则是以定量分析和数学建模为基础的研究方法”。从其研究的内容来看，目前应急物流系统研究主要集中在以下几个方面。

1. 应急物流系统的组织结构及保障机制

该部分主要研究应急物流系统的组织结构、各组成部分的职能及如何从体制上保障应急物资和应急资源快速、及时、准确地到达需求点。黄典剑针对现有应急机制存在的六个问题，即应急机构、资源保障、培训演练、信息发布、合作协调和法律强制出发，分别提出了相应的对策。赵林度等在分析城市安全管理组织的基础上，提出了一种基于危机资源管理（Crisis Resource Management，CRM）思想的城市安全应急网络建设策略。包晓等探讨了突发公共事件的应急体制、机制的构建途径和方法。潘捷军考察和借鉴了美国应对突发公共事件的指挥体系和应对机制，提出应急体系的应对基础、关键和根本保证。

2. 应急物流管理信息系统

该部分主要研究应急管理信息系统构建，如应急预警系统、应急指挥决策支持系统等，通过信息系统的构建，实现应急物流的各个环节的高效、快速、低成本运作。其中，刘洪辉等探讨了城市应急管理信息系统的建设问题。叶枫等从集数据库数据通信和地理信息系统为一体并具有一定智能决策指挥功能的综合性集成软件角度研究并开发了城市应急救援指挥中心软件系统。赵林度等在分析城市安全链管理体系功能和主体构建策略的基础上，分析了城市应急系统网络化模式，强调了城市应急管理主体之间共享信息和资源对于城市应急系统建设的重要性，为有效推动我国城市应急系统建设提供了可以借鉴的策略和方法。

3. 应急服务设施选址/配置

选址/配置与应急物流背景相结合，使其内涵和外延都得到了扩展，成为学者非常关注的内容，他们针对不同情况提出了大量算法和模型。一般的应急服务设施优化选址模型，如 Toregas、Aly、Vladimir 等提出的模型，局限于对应急时间规定一个应急限制期，然后转化为典型的集合覆盖问题。我国学者方磊、何建敏等考虑应急限制期和参与出救应

急服务设施点数量两个维度建立费用联合模型，提出基于分支定界方法的应急选址模型的最优解，并在后期研究中提出基于偏好 DEA 的应急服务设施选址模型。Blacik 等就应急救援网络中应急设施的选址、数量及物资储备问题，考虑多物资类型、预算支出约束和能力约束，构建了一个改进最大覆盖模型。

4. 应急资源调度

该部分属于应急事件发生后的应急物流系统运作的主要内容，包括应急车辆路径问题和应急物资分配问题等。车辆路径问题最早是由 Dantzig 和 Ramser 在 1959 年首次提出。当前，就应急物流中的路径优化而言，多数研究都考虑灾害对通行路径的影响，如时间、可靠性等。Yuan 就应急物流中的路径选择，提出了一个考虑路段通行时间随灾害扩散影响的以路径通行时间最短为目标的单目标模型，并设计了改进 D 算法以求解；在单目标模型的基础上，同时考虑路段复杂性最小化形成多目标模型，并设计了相应的蚁群算法。相同的研究主题，如 Jotshi 同样考虑灾情对通行路况的影响，研究对象变为回送灾民伤员的医用车辆，具体模型表达和约束条件等方面大为不同。在今后的研究中，应急物流中的车辆路径优化选择将更多地考虑灾情对通行时间、可靠性的干扰问题，研究核心在于构建更符合实际运作的优化模型，关键在于设计快速高效的优化算法。

第二节　应急物流系统的设计

一、应急物流系统的设计原则

应急物流的特点决定了应急物流系统具有如下特殊的设计原则。

1. 应急物流系统的事前防范与事后应急相结合

应急物流需求的事后选择性决定了一个高效率的应急物资信息系统和应急运输工具信息系统应该成为应急物流系统的组成部分。在突发事件爆发前，建立全国范围的以应急物资和应急运输工具为主题的大型的信息系统或数据仓库，对于突发事件爆发后，应急物流系统的高效运转具有重要意义。

2. 时间效率重于经济效益

应急物流的突发性、流量不均衡性和时间约束的紧迫性决定了在应急物流系统的设计中时间效率重于经济效益。应急物流系统要对应急物资的采购机制、运送机制进行设计，对各种运载工具的运输能力、运输路径和运送方案进行比较并给出满意方案。应急物流系统设计还应包括运用 GPS、GIS 等手段对运输过程进行控制调度。

3. 市场机制与行政机制、法律机制并存

应急物流多是针对突发性的、灾难性的自然或社会公共危害而进行的物流活动，物流的控制主体多为政府，受到突发事件危害的主体不是某个人或某个企业，而是整个社会公众或社会公众的一部分，突发事件所造成的危害随着应急物流速度的加快而减弱。所以在应急物流系统的设计中不仅要依靠市场机制更要依靠行政机制和法律机制。

二、应急物流体系的核心子系统

根据我国的国情，一个有效的应急物流系统应当包括以下四个子系统：应急物流指挥子系统、应急物流保障子系统、应急物流信息子系统及应急物流运输配送子系统。

（一）应急物流指挥子系统

应急物流指挥子系统，是指将政府机构、专业人员、信息系统设备等有机结合起来的系统的总称。通过指挥系统的有效运行，在面对自然灾害、公共卫生事件、社会安全等各种突发事件中，保障各种应急物资合理、高效、顺畅地运输和配送，以降低突发事件造成的危害和损失。在应急物流指挥系统的建设中，各级政府有必要根据各地实际情况，结合政府结构和物流的运作流程，整合国家、军队、地方等众多的行业性、专业性相关机构，统一配置资源，协调各种关系，并从国家到地方有序建立起应急物流系统运作所需的机构架构、部门职责、人员构成、工作流程等，指挥系统中建立应急物流指挥中心，中心主要由军队、信息中心、物资主管部门和运输保障部门组成。

统一的应急物流指挥系统具备以下优点。

（1）统一的应急物流体系可以最大限度地缩短中间环节，节约时间，提高应急反应速度。

（2）捐赠物资和款项的统一接收、采购和发放可以有效地避免贪腐，便于监管和审计，增加透明度。

（3）应急物资的统一采购可以最大限度地获得规模采购优势，降低应急成本。

（4）应急物资的统一配送最大限度地提高配载率，可以充分利用运能运力，充分挖掘物流配送中心潜能，降低配送成本。

（5）应急物资的统一管理可以合理规划在全国的布局，在灾害发生时就近调运物资。

（6）构建统一的信息发布平台可以有效地避免供需不平衡的现象。

（7）应急物流体系的统一指挥便于国家通过立法确定相应的组织权利、责任及操作流程，从而实现灾后应急物流的标准化、制度化、常态化管理。

（二）应急物流保障子系统

应急物流保障子系统包括法律保障、人才保障和应急预案保障等几部分。

1. 法律保障

完善的应急物流保障法规体系，是应急物流保障力量现代化和正规化建设的基本保证。应急物流保障法规主要包括三部分：一是地方应急物流保障力量的动员法规，包括海陆空运输力量应急动员和所在地区物流资源的应急动员，明确动员的时机确定、权责划分、实施程度、补偿标准等；二是应急物流保障力量建设的相关法规和条令条例；三是应急物流保障的有关条令和规章制度。

2. 人才保障

应急物流保障环境的复杂性及保障技术的精尖性要求适时适量、方法多样地对应急物

流保障人员进行物流专业培训，以提高应急物流保障人员的综合素质。一要加强针对性的应急物流保障实战演练，根据未来可能负担的任务，不定期地在突发事件可能出现的地区进行演习，从心理、技术、指挥和保障等方面加强训练应急物流保障人员；二要改进训练手段，开发研制应急物流保障模拟训练系统，探索应急物流保障的虚拟现实模拟训练，为提高应急物流保障人员素质创造条件。

3. 应急预案保障

应急预案是实施应急物流保障的基础，是保证应急工作顺利实施的关键。在应急物流预案中，需要明确组织指挥机构以及各类人员如何筹备、如何分工实施、采取哪些步骤或必要措施以及应急保障的各种程序等。涉及全局范围、危害严重、重大事件的应急预案，应该聘请有关部门的专家参加，应急预案制订后，要经过上级政府部门批准；一般性应急预案，可根据本地区的实际情况，针对可能存在的安全隐患和灾难性事故，综合分析制订相应的应急预案。

（三）应急物流信息子系统

应急物流信息子系统是整个应急物流系统的数据存储与交流平台。它包括通信平台、信息平台、电子商务技术平台。其中，通信平台包括电话、无线通信，传真、可视电话系统等，为应急物流信息的沟通提供技术手段，信息平台用于应急物流系统中信息的传播、交流和反馈，灾害处理方案、措施的发布等，它是通信平台中沟通的内容。完善的信息系统能够为应急物流获取准确及时的灾害情况、物资的储存和生产情况、运输资源情况等，有利于应急物流的辅助决策，充分的信息可以把应急物流所需的前置期压缩到最短时间。应急信息系统应包括信息采集、分析、决策三级信息处理，通过信息系统连通各级应急物流中心和各类保障单位，准确收集系统所需要的基础数据，并保持数据库不断得到补充和更新。在应急物流信息系统的建设方面，应重点抓住以下两点。

1. 基础信息建设

基础信息建设主要体现在三个方面，一是建立高效的物流信息网络，依托社会公共信息平台，建立综合指挥网、运输信息网、仓储信息网等；二是推进信息标准化建设，统一物资代码、规范文件传输格式；三是建立完善基础数据库，将道路、企业、人才等详细数据收录其中，并实时进行更新。

2. 应急物流模型设计

应急物流体系结构模型的制定，不仅有利于信息系统的设计与实现，而且有利于物流配送算法的实现。将 GIS、GPS、WEB 技术与现代物流管理技术实现有效集成，其中，WEB 技术，有利于实现物流信息资源共享；GIS 是地理信息系统，提供地理信息、动态信息，有利于物流配送算法的实现；GPS 是卫星导航定位系统，利用卫星进行定位计算，计算出物流货物所在地理位置的经纬度、高度、速度、时间等信息。

（四）应急物资供应子系统

应急物流供应子系统包括应急物资仓储、运输、配送等部分。负责应急物资的筹措、组织运输与配送，直到送达灾民手中。应用供应链的思想对该子系统进行管理，利用先进技术和现代管理手段，实现应急物流的集成、整体运作与管理，强调集成、协调、快速反应，对应急物资的筹措、储备和调运、配送进行科学组织。

1. 应急物流筹措子系统

对于应急物资的筹措，目前主要的形式就是应急采购。其他还有库存物资的调拨、动员、征用、社会捐赠等物资筹措渠道。应急物资采购是采购机构在战争、自然灾害或其他紧急情况下，为满足保障任务而不能按照常规程序进行的采购方式。组织高效可靠的应急采购的关键在于货源的渠道，以及大量的资源信息等。应急采购的形式主要有四种：独家生产或来不及从多家企业选择供应商的应当采用单一来源方式；货物规格标准统一、现货资源充足、采购时限在 1～2 天的可采用询价采购；不能确定详细技术、规格要求或难以计算价格总额，采购时限在 3 天以内的可采用竞争谈判方式；采购时限在 1 个月以上、供应商能在签约后提交货物者也可采用招标方式。采购的品种、数量、时限视上级要求和事态进展而定。

2. 应急物流仓储子系统

应急物资的储备关键在于储备仓库的布局、数量和容量、物资的种类、长期和中期的储备量，以及储备物资的合理维护和有效管理。针对应急物资的储备管理，可以将企业物流管理中的库存控制方法应用到应急物资的储备管理中，科学确定应急物资储备规模，实现对应急物资的库存控制。对应急物资的分类管理可以采用 ABC 分类法，分类后可以针对不同类别物资来进行管理，采用不同的采购和库存策略来降低成本，提高经济效益。为实现救援资源的合理布局和快速调配，需要优化救援物资储备库选址，决定储备物资的种类与数量，在进入预警状态后快速调度不同来源的车辆及时运输救援物资，满足突发事件影响区域内对救援物资的需要，提高资源的综合使用效能，从而有效地应对突发事件。储备物资的品种除单、棉帐篷外，增加医疗物资、防护器材、生活用品等应急物流前期阶段必须使用的物资储备量。此外，还应改善仓库管理及物流设备，提高机械化作业水平，合理安排存储计划，充分利用仓库空间优化内部结构。

3. 应急物流运输子系统

应急物流系统自身不拥有运输工具，突发事件爆发后所需的运输工具全部依靠临时征用，它根据需要提供公路、铁路、航空、水运等多种运输方式，整合现有社会各种资源，也包括动用军用运输装备、专用线路及相关设施，实现军地物流一体化，以实现应急物资的快速配送。这就要求相关部门平时要加强应急演练，充分挖掘运输潜力，注重物资供应与运输之间的衔接，采用现代化手段对应急物流运输全过程进行实时监控，掌握最新动态。另外，当自然灾害等突发事件发生时，运输系统会在不同程度上受到损伤，如道路被洪水或山体滑坡阻断了交通，这将对应急物资送达的及时性造成严重的威胁。因此，交通运输基础设施的建设，在应急物流体系中异常重要，其直接影响着应急物资的运输时间。

4. 应急物流配送子系统

应急物流配送子系统是在突发事件预警与爆发后，临时在事件地与周边地区建立起来的物资中转站，具体负责救援物资收集、储存、转运等职能，其末端负责分发救援物资，

同时还应承担灾区物资需求信息的职责。应急配送中心应设置在灾区周边交通运输便利的地点，且空间具有可扩展性，为应急物资进行装卸提供便利条件。应急配送中心负责可重复利用物资的回收及清理工作，在灾区恢复重建后移交各级应急物资储备仓库。配送中心是应急供需信息汇集的枢纽，及时准确地收集紧缺物资的种类、数量，根据轻重缓急，迅速准确地反馈给应急指挥机构，协调供需平衡。另外，对于直接运送到配送中心的社会捐赠物资，配送中心进行分拣、包装后，根据需求进行配送，并将暂不急需的物资转交物资储备仓库，将不适宜的物资及时处理。通过配送中心可以有效提高社会捐赠物资的救助效果，避免无效救援。

第三节　应急供应链系统的构建

现代供应链管理正在蓬勃发展，逐步成为社会关注的持续热点。从近年来突发事件的应对来看，我们在物资保障方面所表现出的被动局面，暴露出应急供应链的脆弱性，也给应急供应链管理提出了诸多值得深思、亟待解决的现实问题。加强应急供应链管理是加快应急产业发展和增强应急保障能力的重要手段，也是提升应急供应链保障能力的有效方法和降低应急供应链总成本的重要途径。

一、应急供应链管理的内涵

首先介绍应急供应链和应急供应链管理的概念，以及应急供应链管理的主要目标。

（一）应急供应链的概念

狭义上讲，应急供应链是围绕应急物资供应部门，从应急物资研发开始，经生产、筹措、运输、储备、包装、维护保养、配送等环节，将各级应急物资供应部门及相关单位直到应急物资最终保障对象连成一个整体的功能网链结构模式。广义的应急供应链是指围绕应急物资保障，从应急保障源头单位开始，经由各保障环节，最终将各种应急保障资源交付最终保障对象的一个整体的功能网络结构模式。应急供应链是应急物资保障的所有成员单位基于共同的应急目标而组成的一个“虚拟组织”。应急供应链包含应急物流活动，同时也包括应急供应链的资金流、信息流、业务流等活动。

（二）应急供应链管理的概念

应急供应链管理是广泛应用现代信息技术对整个应急供应链进行的系统管理。它是对应急供应链整体及其各成员单位的全要素、全过程的管理模式。应急供应链管理是比应急物资供应管理、应急配送管理、应急物流管理更为宽泛的概念，它涵盖了这些彼此交叉的管理范畴。应急供应链管理既把构成应急供应链的各种实体单位视为一个虚拟的系统整体，同时又把应急供应链上的各个业务环节看作一个整体的功能过程。通过信息集成、横向集成和纵向集成的过程，优化配置各种应急资源，从而最终构建一体化的应急供应链。

（三）应急供应链管理的主要目标

应急供应链管理的目标是从系统和全局的观点出发，通过科学管理，寻求建立应急供应链上各成员单位的紧密协作关系，以最大限度地减少内耗及浪费，谋求应急供应链整体保障效率的最优化，从而在应急供应链保障总费用最低、保障质量最高、反应速度最快、补给周期最短、储备规模最宜、保障关系最和谐、五流（商流、物流、资金流、信息流、业务流）合一等目标间寻找最佳均衡点，以实现应急供应链保障绩效的最大化，具体目标包括以下几点。

1. 最终保障对象服务最优化

应急供应链管理的本质在于为整个应急供应链的有效运作提供高水平的服务。而由于服务水平与成本费用之间的悖反关系，要建立一个效率高、效果好的应急供应链网络结构系统，就必须考虑总成本费用与最终保障对象服务水平的均衡。应急供应链管理以最终保障对象为中心，最终保障对象满意度是应急供应链高质运行的关键。因此，应急供应链管理的主要目标就是要以最小化的总费用实现整个应急供应链最终保障对象服务的最优化。

2. 应急供应链总储备适度化

“零库存”是企业供应链的理想状态，但由于应急事件的突发性特点，平时必须拥有一定规模的应急储备，因此就储备而言，应实现应急供应链上总储备的适度规模。应急供应链总储备适度化目标的实现，不能仅控制单个成员单位的储备水平，必须实现对整个应急供应链的储备水平的最优控制。

3. 总周期时间最短化

从某种意义上说，供应链之间的竞争实质上是基于时间的竞争。而应急供应链与普通企业供应链相比，其对快速反应的要求更高，最大限度地缩短从应急保障资源最终保障对象提出需求、应急保障部门发出订单到获取满意交货的整个应急供应链的总周期时间已成为应急供应链顺畅运行的关键因素之一。

4. 应急保障质量最优化

应急供应链管理下的应急保障质量的好坏直接关系到应急供应链的存亡。如果在所有业务过程完成以后，发现提供给最终保障对象的应急物资存在质量缺陷，就意味着所有成本的付出将不会得到任何价值补偿，应急供应链的所有业务活动都会变为非增值活动，从而导致无法实现整个应急供应链的价值。因此，达到并保持应急保障质量的高水平，也是应急供应链管理的重要目标。而这一目标的实现，必须从应急保障资源的零缺陷开始，直至应急供应链管理全过程、全人员、全方位质量的最优化。

5. 应急供应链总成本最小化

众所周知，筹措成本、生产成本、运输成本、储备成本、配送成本以及应急供应链的其他成本费用都是相互关联的。因此，为了实现有效的应急供应链管理，必须将应急供应链各成员单位作为一个有机整体来考虑，并使整个应急供应链的保障过程之间达到高度均衡。从这一意义出发，总成本最小化目标并不是指筹措成本、运输费用或储备成本，或其

他任何应急供应链运作与管理活动的成本最小，而是整个应急供应链运作与管理的所有成本的总和最小化。

从传统的管理思想来看，上述目标相互之间呈现出悖反效应：最终保障对象服务水平的提高、总周期时间的缩短、交货质量的改善，必然以储备的增加、成本的上升为前提，而无法同时达到最优，应急供应链各目标间存在冲突。然而，通过运用应急供应链的集成化管理思想，从系统的观点出发，提高保障质量、缩短周期时间与削减储备、降低成本是可以兼得的，最终实现将最终保障对象所需的正确的应急保障资源能够以恰当的价格，在准确的时间，按照正确的数量、正确的质量和正确的状态，送到正确的地点。

二、应急供应链物流系统的类型

朱丹等根据扰动因素是否由经济因素引起，将应急供应链物流系统分为基于经济因素的应急供应链物流系统和基于非经济因素的应急供应链物流系统两类。

1. 基于经济因素的应急供应链物流系统

此类应急供应链物流系统的扰动因素是由供应链所面临的市场经济环境波动导致的，如供应波动、需求波动、价格波动、信息误差、人为商业失误等，致使供应链出现物流资源短缺瓶颈，进而造成供应链运作扰动。此类因素的扰动属于“软环境”因素扰动，其供应链物流渠道并不受扰动因素的影响，能够保持常态运行。因此，这类应急处理的关键在于打破物流资源短缺瓶颈，整合更加广泛的拓展企业物流资源，形成特定的供应链应急柔性以加速对市场的响应速度。严格意义上讲，这类应急供应链物流系统属于商业运作的范畴，并不是本书介绍的重点。

2. 基于非经济因素的应急供应链物流系统

此类应急供应链物流系统的扰动因素是由不可控的外力而导致供应链物流渠道中断，如自然灾害、政府管制、突发社会群体事件、物流过程事故等，属于“硬环境”扰动，其常态供应链物流渠道受阻，需要临时构建一条应急物流渠道以保持供应链物流通畅。因此，这类应急处理的关键在于构建新的物流通道，选择合适的物流节点与线路，重新实现供应链物流渠道“货畅其流”。

三、应急供应链物流系统的设计

（一）应急供应链物流系统的设计原则

应急供应链物流系统的设计原则包括以下几点。

1. 简洁性原则

要实现供应链对扰动因素的快速响应，必须精简常态下的供应链组织机构、业务流程，提高决策效率，从而实现从精益制造到精益分销的全过程精益化。

2. 动态性原则

加强促进供应链信息在关键性成员之间的互动，以提高供应链的动态性、增强透明度，这是降低供应链自身运作不确定性和简化运作环节的重要前提。

3. 开放性原则

扰动因素的出现导致既有供应链运作失效，其中的原因包括资源约束瓶颈、能力约束瓶颈、时间约束瓶颈等，这客观上要求既有供应链更加开放，通过拓展供应链范围以消除或降低约束瓶颈。

4. 集成性原则

主要体现为组织集成、信息集成、决策集成、业务流程集成、产能集成。集成的目的是为了实现供应链运作的紧凑性与功能的倍增。

（二）基于经济因素的应急供应链物流系统逻辑模型设计

随着社会经济发展节奏的加快，供应链所面临的外部市场环境不确定性在逐渐增大，供应链运作中断的风险也在不断加大。为保障供应链平稳运行，供应链柔性成为重要基础。供应链柔性即供应链成员调整供应链运作策略以符合环境波动要求，降低供应链运作不确定性的能力。这种能力具体体现为信息共享、组织融合、决策协同、资源整合、关系集成、核心能力互补等。由于经济因素扰动下的供应链物流系统面临的是软环境因素突然剧变，这在客观上要求供应链能够以更加精益的流程运行以提高供应链柔性。

基于经济因素的应急供应链物流系统设计如图 2-2 所示。

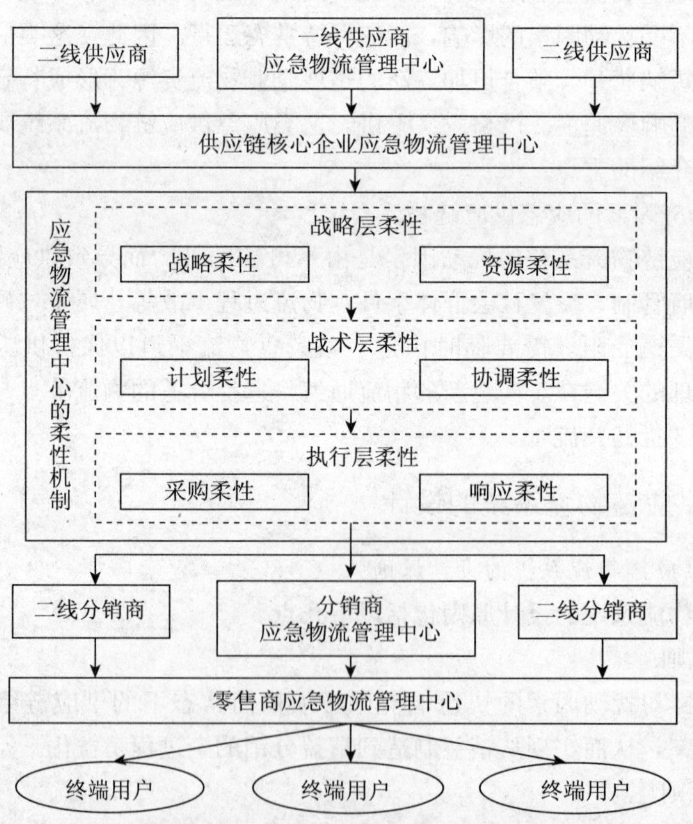

图 2-2　基于经济因素的应急供应链物流系统设计模型

如图 2-2 所示，基于经济因素的应急供应链物流系统是一个在具备多重柔性能力的核心企业应急物流管理中心的协同管理下集成了非常态资源参与其中的柔性供应链物流系统，其具体的建设要点如下。

第一，供应链核心企业的应急物流管理中心是整个应急供应链物流系统的核心，它由三个层面的柔性机制主导运行：战略层柔性、战术层柔性和执行层柔性。

战略层柔性主要包括战略柔性和资源柔性。战略柔性是供应链运作从常态快速转向应急状态的指导思想保障，它为战术层柔性与执行层柔性机制的建设奠定基础。资源柔性是实现供应链柔性的拓展资源保障，它要求供应链能够在更大范围内进行市场优质资源整合。资源柔性的具体策略包括：①将各类外部资源供应源包括物质资源和能力资源分为直接供应源和潜在供应源，在建立供应链战略伙伴关系时以直接供应源为常态运作的主要对象，以潜在供应源为非常态运作的主要对象；②设置必要的供应链“冗余”资源，犹如库存中的安全库存一般。

战术层柔性包括计划柔性和协调柔性。计划柔性是实现战略柔性的计划功能保障，通过柔性计划为执行层面的具体执行活动提供柔性化资源安排与业务过程安排。协调柔性主要体现为协调机制的可变性，能快速针对不同的矛盾冲突采取个性化的协调措施，使冲突程度下降到最低。

执行层柔性主要体现为采购柔性与响应柔性。采购柔性主要体现为采购品价格柔性、数量柔性和采购提前期柔性，实现与上游供应商之间快速协同。响应柔性主要体现为企业内部各流程之间的快速响应与对下游客户的快速响应。

第二，根据市场竞争力与价值贡献度两项指标可将供应链合作伙伴分为战略合作伙伴、有影响力的合作伙伴、竞争性合作伙伴和普通合作伙伴。

核心企业在构建常态供应链时，可在以上分类的基础上将合作伙伴归结为两大类型，即一线合作伙伴和二线合作伙伴。所谓一线合作伙伴是常态供应链运作体系下的战略合作者，即上述的战略合作伙伴；二线合作伙伴是战略合作者的替补对象，在应急状况下补充战略合作者的不足之处，此类合作伙伴可以是上述的竞争性合作伙伴、有影响力的合作伙伴、普通合作伙伴。二线合作伙伴与供应链核心企业通过签署应急合作协议，形成常态为辅、应急为主的合作机制，如签订合同储备合约、应急采购合约以代替实物储备，一旦合约中某种事先约定的紧急条件发生，该合约自动履行。这样可以节省烦琐的正常采购业务环节，节约宝贵的时间，达到时间和空间效益的最优化。

第三，在各个供应链成员企业内部成立应急物流管理中心。

实行非常态时的高度集权式决策，由各成员的应急物流中心全权负责本环节的应急物流决策，并由核心企业的应急物流管理中心负责协同整条网链的应急物流计划、组织、领导和控制等工作，从而最大限度地缩短中间环节，加快物流响应速度。在遵循以上建设要点的基础上，供应链的“流体”即应急供应链物流系统所处理的各种应急物资对象将从二线合作伙伴处得到及时补充，从而使得供应链物流“流量”得以持续保证，不致发生断流；同时由于实施了围绕应急物流管理中心的集中决策，精简了业务流程，使得应急物资转移的“流速”加快，供给响应时间缩短；在“流程”方面，二线合作伙伴的位置可以选择靠近产地或是销地，从而能大大缩短常规物流渠道长度；最终取得在突发性扰动环境中以最短路径、最快速度、最小代价保障供应链运营物资及时补充、供应链运营中断风险最小化的良好绩效。

（三）基于非经济因素的应急供应链物流系统逻辑模型设计

此类应急供应链物流系统所面临的突发性和不可预见性都比经济性因素扰动更强，且多为物流通道中断，在恢复供应链物流渠道功能的难度上也更大。短时间内通过常态供应链物流系统恢复渠道功能的希望不大，因此，必须选择新的运输方式、运输路线或网络节点，从而修补中断的常态物流渠道。

1. 基于突发性自然灾害应急供应链物流系统

突发性自然灾害主要体现为：气候灾害，如洪水灾害、冰雪灾害等；地质灾害，如地震灾害、泥石流灾害、火山喷发灾害等。此类突发事件的特征是因不可抗自然力而导致社会常态物流渠道大范围、长时间中断，因此构建此类应急物流通道的难度最大，成本也最高。现有文献研究对这一事件的应急主张提出了“军地资源共享、抢通应急绿色通道、实施物资空投、启用国家战略物资储备”等措施以应对灾害状态。从企业微观运行角度来看，这些措施对于降低受灾企业的经济损失来说起不到直接的指导作用，因为企业不属于此类灾害的第一时间受助对象，同时企业也无法以自有力量实施以上措施，从而只有被动等待政府力量恢复常态社会物流渠道后再调整企业自有商业物流渠道。在当今时间价值至上的经济社会，等待就意味着丧失市场利润与空间。面对此类状况，供应链的应急物流系统建设模式有以下两种。

(1) 采取“搭桥模式”绕开常态渠道的中断点

所谓“搭桥模式”是借用医学中的“心脏搭桥”概念，即当某段心脏输血管道出现阻塞且无法疏通时，采取心脏搭桥术另接一根血管以绕过阻塞血管重新形成输血回路。常态物流渠道中断就好比“阻塞了的血管”，亦可采用此模式实现物资转移的新“回路”。具体做法是，通过选择新的物流中转节点或采取三维立体运输方式重构物流回路。如图 2－3 所示。

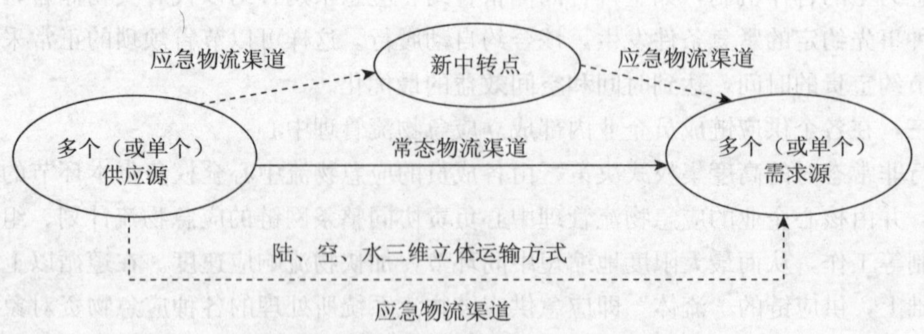

图 2－3 “搭桥模式”下的应急供应链物流系统

该模式的应用前提是构建“搭桥”的成本应小于“搭桥”所实现的总收益，包括直接经济收益和间接社会效应收益。在使用这一模式时，应注意以下两点。①在选择新中转点时，应尽量选择使总流程较短、可实现快速转移的节点。通过多边市场治理或三边治理的方式短时间内购买市场服务资源，从而实现成本最小化。②选择三维立体运输方式时，在遵循经济性与时效性的大原则下，应尽量选择“单式运输”，即单一运输方式，如陆路运输系统受阻时，选择航空运输方式或水路运输方式，尽量少选择“多式联运”方式，以减少物流中转环节，节约周转时间。

(2) 采取“自给模式”形成离散节点自满足运作

所谓“自给模式”是指以应急库存作为临时供应源来满足封闭节点内物资需求的一种局部闭环系统运行模式。由于缺乏与外部相联的物流渠道，物资无法输入与输出，因而要保证封闭运行期间封闭节点的正常资源所需，只有通过预先储备的应急库存，如图 2-4 所示。

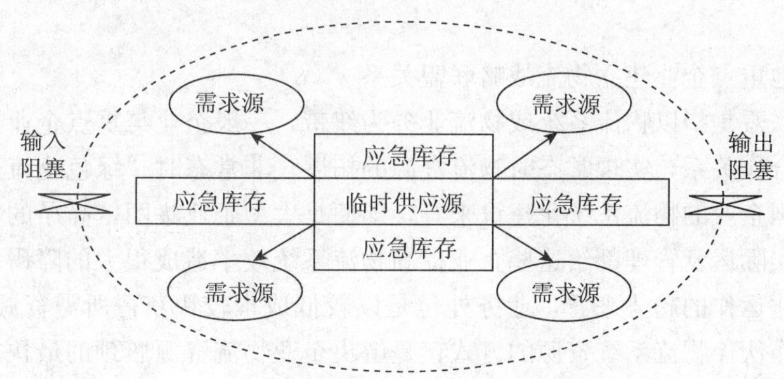

图 2-4　“自给模式”下的应急供应链物流系统

“自给模式”是供应链物流渠道极端中断情况下所采用的模式，该模式的应用关键在于以下几方面。①完善信息预警机制。此类应急事件的发生往往有一定的前兆，如长时间的低温、大范围的雨水等，企业应注意收集此类与企业生产、经营活动密切相关的气候信息，根据自然环境异常的程度与持续的周期调整库存策略，在常态安全库存的基础上增加应急库存储量。应急库存为非常设库存，是环境在达到预警条件后的企业临时增设库存。②建立库存应急配给制度。由于物流系统渠道完全中断，使得既有应急库存成为唯一的供应源，因此应根据物资需求方的重要程度和价值创造程度进行分类，首先保证满足关键性的和使用物资价值创造幅度大的需求源的需求，以提高物资的使用效率。③建立潜在供应源关系储备。供应链节点成员应在当地及周边地区寻找一些潜在的供应源，并建立契约关系，一旦应急事件发生，则启用事前建立的企业关系由本地或周边供应源供货。在与潜在供应源建立契约关系的过程中，供应链核心企业可凭借自身强大的企业实力与良好的市场信誉代表节点成员企业与之建立关系，当应急事件发生时再由成员企业按照核心企业的指示从潜在供应源获得所需资源。

2. 基于突发性社会危害事件与疫情的应急供应链物流系统

突发性社会危害事件是指罢工、恐怖袭击、事故灾难等社会影响面广，造成严重的生命、财产和社会危害的突发事件。突发性疫情指涉及社会范围较广的具有较强传染性的重、特大病毒传播，严重影响公众健康和生命安全的突发性事件，如“SARS”“禽流感”等。这两类事件给供应链物流渠道造成的影响最主要体现在政府管制上，即供应链物资转移的物理渠道是连通的，造成阻隔的主要原因是政府的行政管制。因此，要解决此类突发事件造成的供应链物流系统扰动，关键就在于找到一条“绿色特别通道”。在此类突发性事件中，应急供应链物流系统的建设模式可借鉴“搭桥模式”和“自给模式”，此外，还应当注意以下两方面。

(1) 事先了解政府突发性公共事件应急预案

政府突发性公共事件应急预案是政府在事件发生后处理事件的指导准则，企业应事先了解政府在预案中所可能采取的各种应急措施，以做好应对准备。目前很多企业并未做好事前的了解工作，以致在政府实施应急管制过程中被动应对，降低了企业应急处理的工作效率。

(2) 与当地重点企业建立物流战略联盟关系

物流战略联盟是指以物流系统或物流业务为纽带，一般企业与重点企业开展共用物流或互用物流的合作关系，实现常态时物流资源的拓展、非常态时“绿色物流通道”的使用权。从当前中国企业的物流系统化建设来看，即便是大型企业集团，高昂的自建物流系统成本与低效的实际运营管理都给这些企业提高物流系统效率造成很大的障碍。另外，从当前企业供应链化运作的趋势来看，业务外包是以较低成本较快获得所需资源的一种捷径，互用或共用合作伙伴物流系统资源的方式正是解决企业物流资源瓶颈的最快捷手段，也是当前中国企业发展自有物流系统的有效途径之一。

第四节　应急物流系统评价

一、应急物流系统的能力评价

靖鲲鹏等针对应急问题情境，设计了应急物流系统的能力评价体系。首先对应急物流系统的评价指标体系进行说明。

(一) 评价指标体系说明

根据应急物流的特征，选取了影响应急物流系统能力出现频率较高的指标，构建出应急物流系统能力评价指标体系，如表 2-2 所示，并对定量指标的计算方法进行分析。

表 2-2　　应急物流能力评价指标

目标层	准则层	指标层	属性
应急物流系统能力 A	组织建设能力 B1	人员配备能力 C1	定量
		专款准备金额 C2	定量
		专家辅助决策能力 C3	定性
		救援专业设施设备投资水平 C4	定量
		应急物流设施设备管理能力 C5	定性
	制度保障能力 B2	应急物流预案完备性 C6	定性
		应急物流制度规范性 C7	定性
		法律法规保障水平 C8	定性
		监督机制有效性 C9	定性
	指挥协调能力 B3	应急指挥调度能力 C10	定性
		应急物流演练能力 C11	定量
		政府部门间的协调能力 C12	定性
		全民动员能力 C13	定性
		应急报告及信息公布能力 C14	定性
	物流运作能力 B4	应急物流系统响应能力 C15	定性
		应急物资储备能力 C16	定量
		应急物资筹措能力 C17	定量
		应急车辆调度能力 C18	定量
		应急物流运输能力 C19	定性
		应急物资配送能力 C20	定性
	信息管理能力 B5	灾情监测预报能力 C21	定量
		信息收集与分析能力 C22	定性
		信息处理能力 C23	定性
		GIS 技术与数据库能力 C24	定性

对于定量指标的定义如下。

1. 人员配备能力

应急物流中的人是开展应急活动的主体，特别是专业救援人员。以救援专业人员比例体系，可表达为：

$$救援专业人员比例=\frac{参与救援的专业人员数量}{救援人员总量}\times 100\%$$

2. 救援专业设施设备投资水平

救援专业设施设备可以分为三类：指挥类（通信类、便携计算机等）、救生类（救灾工具、应急灯等）、公用类（汽车，帐篷等）。该指标以救援专业设施设备投资率来表示：

$$救援专业设施设备投资水平=\frac{各类型设备投资总额}{固定资产投资总额}\times100\%$$

3. 应急物资储备能力

应急物资是应急活动的物质保障，该指标用应急物资储备数量满足度来衡量，表达为：

$$应急物资储备能力=\frac{应急物资储备数量}{应急物资需求量}\times100\%$$

4. 应急物资筹措能力

灾害发生时，应急物资储备量如果出现不足，需要在社会上进行筹措，该指标以物资筹措率体现，表达为：

$$应急物资筹措率=\frac{实际筹措的应急物资数量}{计划筹措的应急物资总量}\times100\%$$

5. 应急车辆调度能力

应急物流过程，需要迅速调度足够数量的车辆，以满足应急需求，该指标用应急车辆满足度来衡量，表达为：

$$应急车辆满足度=\frac{实际应急车辆数量}{应急车辆需求量}\times100\%$$

6. 应急物流运输能力

应急物资能否安全地到达灾区，很大程度上取决于应急物流运输能力的强弱，该指标用运输货损率来衡量，表达为：

$$运输货损率=\frac{运输应急物资货损量}{运输应急物资总量}\times100\%$$

7. 应急物资配送能力

灾害发生以后，大批应急物资集中到配送中心，要求尽快地将其发往灾区，才能保证应急物流的顺利开展，该指标用配送及时率来衡量，表达为：

$$配送及时率=\frac{预定时间内送达的应急物资量}{配送应急物资总量}\times100\%$$

8. 灾情监测预报能力

在平时，有关人员都要对一些常见的危险源进行监控，根据监控信息，分析可能的发展态势和危险程度，及时发布消息，做到早发现、早报告、早处理，该指标用监测预警准确率来衡量，表达为：

$$监测预警准确率=\frac{准确预警上报次数}{预警上报次数}\times100\%$$

（二）基于 ANP 的实例说明

由于评价指标之间并不完全独立，存在一定的内在联系，因此，应急物流能力的评价模型不是一个内部独立的递阶层结构，对于这类内部相互影响的多目标决策问题的处理，ANP 是一个较好的工具。

本书应用 ANP 方法建立了应急物流系统能力评价体系的网络结构模型，如图 2－5 所示。该模型的第一部分是控制元素组，应急物流系统能力（A）既是评价目标，又是判断准则，所有元素以此为评价准则进行比较。第二部分为准则层，包含五个元素组：组织建设能力（B1）、制度保障能力（B2）、指挥协调能力（B3）、物流运作能力（B4）、信息管理能力（B5），每个元素组中又有一些二级指标，整个评价体系共由 24 个评价指标构成。

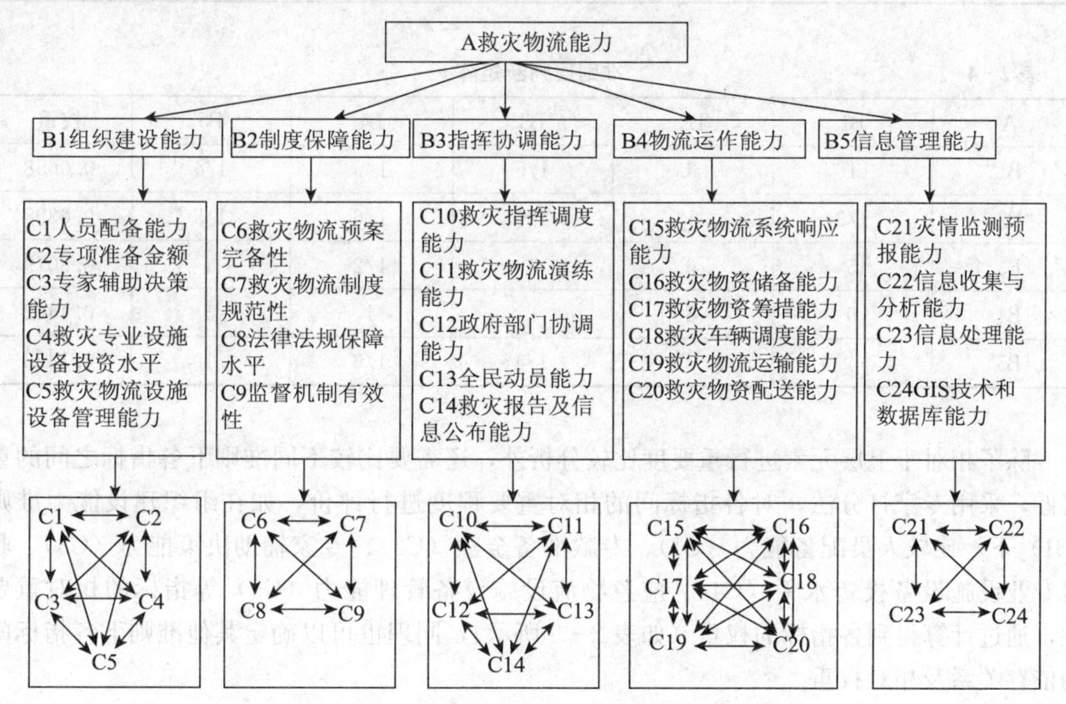

图 2－5　基于 ANP 的应急物流系统能力评价网络结构模型

由于一级指标中的几个元素互相独立，因此，只要对其相对重要性进行两两比较即可，如本节中的 5 个指标：组织建设能力、制度保障能力、指挥协调能力、物流运作能力、信息管理能力，只需要计算它们相对于控制层应急物流能力指标的权重即可。根据图 2－5 所示的模型比较元素组之间以及元素之间的关系，通过专家打分法，按照比较标度（见表 2－3）进行比较得出判断矩阵，如表 2－4 所示。

表 2-3　判断矩阵标度

标度	含义
1	表示两个元素相比，具有同样重要性
3	表示两个元素相比，前者比后者稍重要
5	表示两个元素相比，前者比后者明显重要
7	表示两个元素相比，前者比后者强烈重要
9	表示两个元素相比，前者比后者极端重要
2，4，6，8	表示上述相邻判断的中间值
倒数	若元素 i 与 j 的重要性之比为 a_{ij}，那么元素 j 与元素 i 重要性之比为 $a_{ji}=1/a_{ij}$

表 2-4　准则层判断矩阵

A	B1	B2	B3	B4	B5	权重
B1	1	3	1/5	1/6	1/4	0.0658
B2	1/3	1	1/6	1/6	1/5	0.0398
B3	5	6	1	1/2	4	0.3079
B4	6	6	2	1	5	0.4442
B5	4	5	1/4	1/6	1	0.1423

除了相对于上层元素进行重要度比较分析外，还需要比较不同准则下各指标之间的重要性，采用专家打分法，对各指标间的相对重要程度进行评价，如在组织建设能力准则（B1）下，比较人员配备能力（C1）、专款准备金额（C2）、专家辅助决策能力（C3）、救援专业设施设备投资水平（C4）、应急物流设施设备管理能力（C5）等指标的相对重要性，通过计算得到各指标的权重（如表 2-5 所示），同理也可以确定其他准则下各指标间的依存关系及相对权重。

表 2-5　组织建设能力准则下的比较矩阵

B1	C1	C2	C3	C4	C5	权重
C1	1	1/3	1/4	1/3	1/2	0.0711
C2	3	1	1/2	1/2	1/2	0.1427
C3	4	2	1	3	3	0.4039
C4	3	2	1/3	1	2	0.2237
C5	2	2	1/3	1/2	1	0.1586

最后，通过求解由所有指标间影响权重构成的超矩阵，并进行指标的无量纲化处理（具体计算过程可参见文献［16］），可得 ANP 方法下的各指标权重，如表 2－6 所示。

表 2－6　　某应急物流系统能力评价得分

一级指标	权重	二级指标	局部权重	全局权重	无量纲化值	得分
B1	0.0658	C1	0.0711	0.0162	0.0476	0.0008
		C2	0.1427	0.0223	0.9045	0.0202
		C3	0.4039	0.0697	0.7802	0.0544
		C4	0.2237	0.0559	0.7574	0.0423
		C5	0.1586	0.0360	0.7022	0.0253
B2	0.0398	C6	0.0926	0.0215	0.6563	0.0141
		C7	0.2449	0.0611	0.5803	0.0355
		C8	0.5080	0.0746	0.8023	0.0599
		C9	0.1545	0.0428	0.7129	0.0305
B3	0.3079	C10	0.1882	0.0510	0.8022	0.0409
		C11	0.1870	0.0379	1.0000	0.0379
		C12	0.4533	0.0668	0.7602	0.0508
		C13	0.1058	0.0279	0.7422	0.0207
		C14	0.0656	0.0164	0.8001	0.0131
B4	0.4442	C15	0.1001	0.0281	0.6628	0.0186
		C16	0.0586	0.0202	0.6791	0.0138
		C17	0.0391	0.0149	0.6436	0.0096
		C18	0.1829	0.0329	0.9486	0.0312
		C19	0.2518	0.0455	0.8226	0.0374
		C20	0.3674	0.0586	0.8020	0.0470
B5	0.1423	C21	0.2366	0.0646	0.6669	0.0043
		C22	0.1817	0.0382	0.7802	0.0298
		C23	0.5101	0.0742	0.7388	0.0548
		C24	0.0716	0.0230	0.5832	0.0134

应急物流能力指数：

$$Z=\sum_{i=1}^{24}W_iR_i$$

式中 W_i 表示第 i 个指标相对总目标的全局权重，R_i 表示第 i 个指标的无量纲化数值，计算的最终结果是一个［0，1］范围内的数值，进而按照这个数值大小进行定性分析，做出能力评价。其中（0.85～1）为优秀，（0.70～0.85）为良好，（0.55～0.70）为一般，（0.55 以下）为较差。表 2－5 列出了该系统最终的评价结果为 $Z = 0.7064$，因此，该系统的综合评价为良好。

二、应急物流系统的绩效评价

应急物流系统具有多主体性、高时效性和强协同性的特点，同时应急物流供应链的运作更加强调其可靠性、灵活性和敏捷性要求，同时兼顾成本与效益等。因此，本书围绕可靠性、敏捷性、柔性、成本与效益四个方面构建突发事件应急物流管理绩效评估指标体系，以下分别进行说明。

（一）可靠性

可靠性是对应急物流保障系统无故障工作能力的度量，反映复杂环境下应急物流系统有效满足救援力量和救援对象对应急物资需求的能力。基于在处置突发事件应急物流保障过程中，可能存在物资来源渠道中断、运输配送任务无法完成、信息传达通道受阻等风险，可靠性指标包括以下几个方面。

1. 物资来源可靠性

由于应急物资所特有的紧迫性、目的性以及保障环境的恶劣性，其采购量一般相当大，时间要求很高，物资来源时刻面临中断的风险。因此评估指标包括两方面内容。①渠道可靠性，主要有应急采购能力、持续采购能力、物资储备量和物资动员能力。应急采购能力反映紧急情况下采购机构从市场获取物资的能力，平时是否与供应商预签保障协议是评价此项能力的重要方面；持续采购能力反映突发事件持续进程中，采购机构持续从市场获取物资的能力，可通过与供应商关系以及供应商生产潜力与供货能力等指标来体现；储备物资是突发事件应急物资的重要来源渠道，是否有储备以及储备量的高低，对应急时刻能否可靠、持续地获取物资具有重要的影响；物资动员能力可通过物资、运力、人力资源方面的动员能力三项指标来衡量。②物资符合性。用来评价获取物资在数量、质量等方面对用户需求的满足程度，可用物资数量符合率、用品种规格符合率和技术性能符合率来衡量。

2. 组织力量可靠性

突发事件应急物流活动涉及国家、军队、社会多方力量，评价组织力量的可靠性主要指标包括以下几个方面。①组织指挥可靠性。应急物流保障系统中，参与力量多元，组织指挥较为复杂，联合指挥机关是否建立、保障关系是否明确、职责任务是否清晰，都影响组织指挥的可靠性。②保障人员素质。应急物流运作和平时物流相比更考验人员的能力和水平，保障人员是否具备应急物资采购、应急收发、分配和供应物资的知识技能，影响保障任务的最终完成。③机构及设施规模。根据承担或预测的应急物流保障任务情况，考查现有保障机构、保障设施、设备配套情况是否能够满足应急需要，用设施规模满足率指标来表示。④运作协同性。应急物流运作中，各保障环节之间协同越顺畅，保障可靠性就越

高，可用协同制度的健全程度、运作环节间的衔接程度等指标来表示。

3. 运输配送可靠性

应急物流突显了运输配送环节的重要性和特殊性。在运输方式和配送路径的决策中，有效压缩应急运输时间是关键目标。评价指标包括以下几个方面。①运输工具的可得性。如何迅速协调和动用国家、军队、企业等多方组织的运输力量来执行应急物资运输任务，需要完善的运作机制保障。②交通布局的合理性。这直接关系到应急物资能否及时送达保障区，通常灾区所需的应急物资往往数量巨大，需要多式无缝联运才能满足要求，否则会大大降低应急物资的运输速度及数量。③运输通道的畅通性。这是应急物资最后一公里配送的关键，灾害发生时，交通线路往往遭到严重破坏，导致运输工具难以抵达，大大增加了灾区保障的难度。④运输工具安排的合理性。受突发事件特性及环境的制约，应急物流运输工具安排的首要目标是如何将应急物资及时送达，如在道路中断的情况下，需要动用直升机运输紧急物资，或根据现场道路状况选择运输车型，紧急调运火车开赴灾区等，因此运输工具安排是否合理关系着应急物流操作的效率及可靠性。⑤应急配送网络的合理性。应急配送中心的主要职责是收集本区域内的应急物资，根据需求评估或收集应急物资需求信息，对汇集来的应急物资执行拣货、分类、包装加工、配货、发运等操作，将灾区所需物资快速、准确地送达需求对象。

4. 信息系统可靠性

完善的信息系统能为应急物流获取准确及时的灾害情况、物资的储存和生产情况、运输资源情况等提供信息发布平台，这将有利于处置突发事件应急物流的辅助决策。评价指标有以下几个方面。①信息获取能力。应急物流过程中要通过多方位、多角度的技术手段来采集和发布应急物资与车辆的征集、获取、运输、分发等物流相关信息，并通过信息网络系统联通到各级和各类保障部门，保持数据的不断补充和更新，可通过信息获取的数量和信息获取渠道来衡量。②信息传递能力。信息传递过程中，要充分利用现代信息网络的优势，使其具有信息快速上报和下传双向反馈、预警分析、指挥控制和可视功能，是应急物流组织指挥进行科学决策的前提，可通过信息在应急物流各环节传递速度来衡量。③信息共享能力。这是实现应急物流系统低成本高效率运作的核心前提，需确保各个子系统间有效衔接，实现信息同步共享，从而指导应急物流项目的安全实施，可通过信息共享范围和信息共享数量来衡量。④信息处理能力。对应急物流运作中的需求、订单、采购、供应等信息进行处置，形成计划和决策的能力，可通过信息系统的信息处理速度和处理数量来衡量。

（二）敏捷性

指迅速响应用户需求并提供快速保障满足需求的能力和水平。突发事件应急物流系统的敏捷性可从两个部分理解：其一是应对瞬息万变的事件态势，利用先进的信息技术和管理机制，实现高度敏捷的感知和响应灾民需求的能力；其二是在感知需求后，依靠先进的装备和技术手段，将物资快速、准确地送达灾民的能力。因此，其评价指标可分为以下两方面。

1. 响应敏捷性

响应敏捷性，即在突发事件中及时感知用户物资需求、迅速响应并做出保障决策的能力和水平，包括两点。①感知速度，从任务发生、需求产生到应急物流机构掌握此项需求的平均时间。感知需求的渠道有多样，依靠先进的信息网络实现对需求的实时感知，是提高响应敏捷性的重要途径。②响应速度，指供应链对用户需求的平均响应时间，即从接到用户保障请求到形成解决该需求的方案计划所需要的时间。响应速度中重要的是决策速度，科学、准确的保障决策是整个应急物流活动科学高效进行的前提和基础，对应急物流系统运作绩效具有重要影响。

2. 保障快速性

快速保障能否顺利达成，依靠设施设备的先进程度和管理机制的科学水平，评价指标包括以下几个方面。①应急采购速度。指从开始采购到供应商送货到达指定位置的时间，主要包括供应商调查时间、谈判及合同签订时间、供应商应急生产时间以及送货时间等。②紧急收发速度。指仓库或配送中心组织出入库、搬运堆垛、装车卸货等活动的完成时间，利用先进的仓储搬运设施设备，应用集装化、单元化存储方式，可大大节约物资收发时间。③物资运送速度。整个运输期间的平均运送速度，包括中转以及其他中途停留时间对运送速度的影响，反映了运输组织指挥水平以及运输方式的技术水平。④配送完成速度。考查从用户提出需求到收到物资为止所经历平均时间的长度，反映配送的整体作业能力。不同的配送活动由于其配送作业流程并不完全相同，因此提出需求的周期也有所差异。通常需求周期越短，说明配送的速度越快、效率越高。⑤绿色通道机制有效性。指通过对于紧急物资给予优先通行和简化作业以提高作业速度的物流效率，绿色通道机制的建立需要政府与其他相关各方的有效协同。

（三）柔性

指系统对外在环境变化的灵活反应能力。突发事件应急物流保障面临任务突发、力量多元、情况多变等挑战，必须具备高度的系统柔性，灵活地根据情况变化进行快速改变，具体包括以下几个方面。

1. 流程柔性

评价指标主要有以下几个方面。①计划柔性。衡量指标有：预案可选择性和计划可调整能力，而计划可调整能力又包括计划调整频率（一段时间内计划改变的次数）和调整速度（从取消原计划到执行新计划所需时间）。②采购柔性。衡量指标包括：物资采购方式途径、获取物资的数量、质量。③存储柔性。为应对突发事件物资需要，各级储备机构必须保持物资储备数量和品种不出现短缺。因此，存储柔性主要表现在适度的物资储备宽度和深度。④配送柔性。衡量配送参数改变后，配送系统的反应能力。当环境变化而需改变配送参数，系统能迅速调整，快速完成。

2. 组织柔性

评价指标有以下几个方面。①组织结构柔性。包括组织模块化能力和组织多功能化能力，前者是指应急物流组织根据实际情况需要随时拆分或组合成不同级别的组织机构，后

者是指组织具备的多种功能数量。②组织管理柔性。指标衡量包括：协调范围和协调速度，若组织的协调范围广、协调速度快，则组织管理柔性水平就高。③组织文化柔性，衡量组织文化的兼容性，若组织文化兼容性越高，组织文化柔性水平越高。④人力资源柔性，衡量人员学习与创新能力，若人员具备的知识与技能越多，则人力资源柔性水平越高，反之则越低。

3. 资源柔性

资源柔性涉及两方面。①与供应商关系柔性，应急事件发生后会对物资产生大量急剧需求，单靠储备远远不够，需要协调与供应商的关系，实施应急采购。可通过关系转换时间、关系转换成本、关系转换幅度三项指标来衡量，其中关系转换幅度指可供选择新供应商的数量。若关系转换时间越短、关系转换成本越低、可供选择的供应商数量越多，则与供应商关系柔性水平越高。②设施设备柔性，衡量指标有设备的可通用程度和设备的可改造程度。前者指同一设备稍加改造后与其他设备的兼容数量，后者指同一设备用于不同装备的数量。

（四）成本与效益

可靠、快速地完成物流保障任务是处置突发事件应急物流运作过程中的首要标准，成本与效益问题在其中不占主要地位，特殊情况下所采取的一些行动往往是不计成本、不惜代价的。但追求低成本、高效益依然是应急物流系统运作中的一条准则，在可能的情况下，如何以更低的成本获取更高的收益是应该考虑的问题。对成本与效益的评价，主要包括三方面内容。

1. 交易成本与效益

以采购资金节约情况来衡量，指与采购的预算资金或市场价值相比，采购机构在一定时期内完成采购任务时实际支出的采购资金的节约情况。可用采购资金节约量和节约率来反映。

2. 库存成本与效益

突发事件应急物流管理策略是推动和拉动相结合，可选择仓库资源利用程度、储存能力与质量作为评价指标。前者可用仓库面积利用率、仓容利用率、设备利用率等指标来衡量；后者可用仓库吞吐能力实现率、仓储吨成本、库存周转率（次）等来衡量。

3. 运输成本与效益

主要包括以下几个方面。①运输工具的绩效。指铁路货车、货运汽车、船舶、飞机等运输工具的利用程度，可用载重量利用率、车公里利用率、运载工具生产率等来衡量。②单位运输费用，评价运输作业效益高低以及综合管理水平，用运输费用总额与同期物资总周转量的比值来表示。③社会经济效益，是指运输过程所产生的社会经济效益，一般不易定量衡量，但在评价时应作出定性分析。例如，在应急物流保障过程中，为满足时效性要求在保障初始阶段更多地采用航空运输方式，实施紧急投送，虽然成本大幅提升，但其实现的社会效益往往是很大的。

根据以上分析，所构建的 39 项三级应急物流系统绩效评估指标如表 2-7 所示。

应急物流系统绩效评价指标体系中，有些评价指标容易获取数据量化，也存在一些难以量化但对应急物流运作具有重要影响的因素，需要进行定性分析评价并进行量化处理。同时，应急物流系统绩效评价指标体系中存在着多层级的衡量指标，每个指标在本层级中的权重不确定。因此，可采用层次分析法、模糊综合评价法等方法对应急物流体系绩效进行评价，评价过程与上节相似，此处不再赘述。

表 2-7　　应急物流管理评估指标体系

一级指标	二级指标	三级指标
可靠性	物资来源可靠性	渠道可靠性、物资符合性
	组织力量可靠性	组织指挥可靠性、保障人员素质、机构及设施规模、运作协同性
	运输配送可靠性	运输工具可得性、交通布局合理性、运输工具安排合理性、运输通道畅通性、应急配送网络合理性
	信息系统可靠性	信息获取能力、信息传递能力、信息共享能力、信息处理能力
敏捷性	响应敏捷性	感知速度、响应速度
	保障快速性	应急采购速度、紧急收发速度、物资运送速度、配送完成速度、绿色通道机制有效性
柔性	流程柔性	计划柔性、采购柔性、存储柔性、配送柔性
	组织柔性	组织结构柔性、组织管理柔性、组织文化柔性、人力资源柔性
	资源柔性	与供应商关系柔性、设施设备柔性、动员潜力柔性
成本与效益	交易成本与效益	采购资金节约情况
	库存成本与效益	仓库资源利用程度、储存能力与质量
	运输成本与效益	运输工具绩效、单位运输费用、社会经济效益

1. 应急物流系统的内涵是什么？
2. 应急物流系统的七要素包括哪些内容？
3. 什么是应急供应链管理？

第三章　应急物流中心选址和规划

应急物流中心的主要职责是收集本区域范围内的物资供应主体所提供的应急物资，根据需求评估和收集到的应急需求信息，对汇集来的应急物资执行分拣、包装、分发等操作。应急物流中心能够提高国家应对突发公共事件的处理能力，是国家综合实力的体现，其建设关乎每个受灾民众的切身利益。应急物流中心一经建立就将长时间运营，它不仅与运行费用直接相关，而且对应急物资保障能力及控制水平产生很大影响。为了应对更加复杂的突发事件、提高工作效率、减少建设成本、降低运行费用，要充分考虑应急物流中心的合理布局，科学地选择应急物流中心的地理建设位置，合理地对其规模和内部设施进行规划。

第一节　应急物流中心选址概述

应急物流中心选址是应急物流系统建设的首要环节。大规模突发事件发生之前应急物流中心的科学选址能为灾害发生时的应急救援提供充足的救援保障，确保应急救援工作高效、及时地展开，降低灾害所造成的人员和财产损失，保障灾后家园重建工作的实施。

一、应急物流中心概述

应急物流中心是国家或者地区为应对严重自然灾害、突发性事故灾难、突发性公共卫生事件以及大规模军事冲突等突发事件而对物资进行紧急保障，建立的从事紧急物流活动的场所或组织。它是一个具有政府工作性质的物流组织指挥机构，是一个适应能力强、功能强大、反应灵敏的信息网络中心，是一个有多个物流企业加盟的工作团队。利用应急物流中心应对突发公共事件进行救灾保障，专业性更强，保障能力更强，办事效率更高，同时，也有利于减少政府协调量和工作失误。

（一）应急物流中心的组织结构

应急物流中心可分两部分：一是中心本部；二是加盟的物流中心、物流企业。其组织结构如图 3－1 所示。

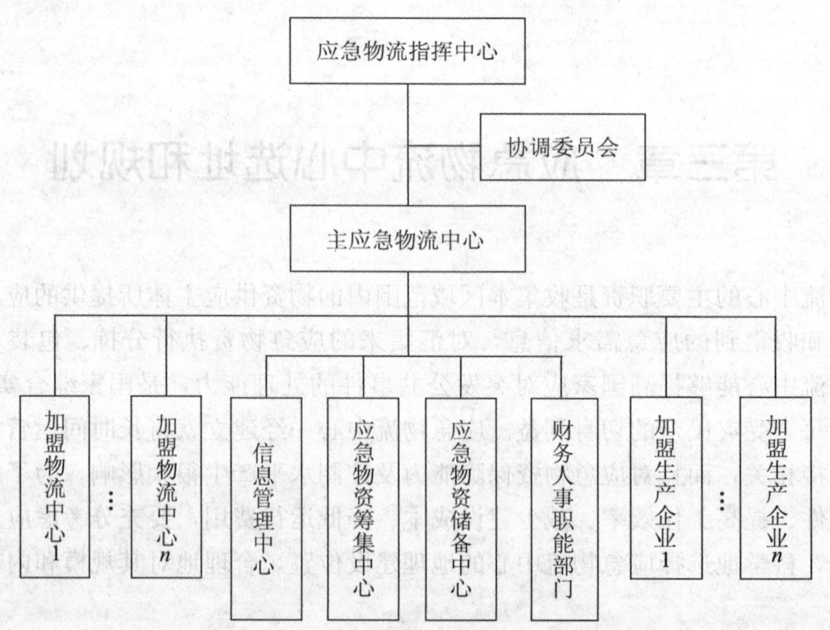

图 3-1　应急物流中心组织结构

从图 3-1 可知，应急物流中心各组成部分及其职能如下。

1. 应急物流指挥中心

应急物流指挥中心负责应急物流中心平时和救灾时期的组织领导工作。对上向主管的政府部门和该地区政府首脑负责并汇报工作，对下负责整个应急物流中心的组织管理工作，保证中心的正常运转。

2. 协调委员会

协调委员会是应急物流中心平时、灾时工作的协调机构，也可起智囊团的作用，协助应急物流指挥中心保持应急系统的高效运转。协调委员会成员由两部分组成。一是政府相关部门领导成员。其职责是给应急物流中心提供各种有用信息，对应急物流中心工作进行协调，在必要时利用行政职权支持应急物流中心工作，保证应急物流中心平时和灾时的各项工作能顺利进行。二是各加盟物流中心、物流企业的领导人员。这些人对物流行业非常了解，是物流行业中的权威和专家人士。其职责是协助应急物流指挥中心进行决策，对各种应急方案进行审议，协助应急物流中心设计合理的运作流程，在救灾时期协助物资应急保障的协调工作。为了保证各加盟商业物流中心对中心工作的绝对支持和救灾时期物资应急保障的可靠性，各加盟物流中心、物流企业的领导必须是协调委员会的主要成员。

3. 信息管理中心

信息管理中心包含两个部门。一个是情报部门。情报部门主要负责灾前、灾中、灾后的情报收集处理工作。长期与地震、气象、卫生防疫、环保等灾害监测部门保持密切、广泛的联系，及时掌握各种自然灾害、公共卫生、生产事故、环境污染等方面的情报，并做

出准确的分析判断，将信息提供给应急物流中心的其他主管部门，以便提前做好物资保障准备。另一个是信息网络管理中心。负责信息管理、网络系统的构建维护工作。应急物流中心通过该套网络系统与中心的各个部门、各个加盟的物流中心和企业网络、信息系统进行连接，以便应急物流中心各专项物资管理部门了解各个物流公司的设备情况、人员情况、运营情况、运输能力、库房容量、主要业务等。在平时与公司间建立密切的联系，掌握公司动向，指导其完善应急设施等。在应急情况下根据各物流企业的特点，有的放矢，合理安排好救灾物资的筹集、采购、运输、配送等各项工作。

4. 应急物资筹集中心

应急物资筹集中心主要负责单项物资的预算、预测和筹集工作，可分为医药类、食品类、被装类等主管部门。在收到情报部门或者其他可靠的灾情信息之后，指导相应的医药、食品、被装等物流中心预先做好物资的筹集、采购工作，以保证在灾情爆发或进入扩大阶段之前，便已有了充分的物资准备，可以在最短的时间内将应急物资送到灾区、灾民手中。

5. 应急物资储备中心

应急物资储备中心的主要职能包括两个方面：一是负责本地区（或上级代储）救灾应急物资储存、调拨、使用、回收、维修、报废等环节管理工作；二是保障本地区紧急救助物资按质按量供应。根据这些职能，物资的储备具体包括三个层次：一是救灾物资的仓储管理；二是协同应急物流中心做好救灾物资的调拨；三是救灾物资的使用和回收。

6. 财务人事等职能部门

财务人事等职能部门的主要职责是保持应急物流中心的正常运作，通过计划、组织、协调、控制等管理手段保障应急物流中心内部人力资源、资金、基础设施等方面的流畅运行，是提高应急物流中心保障能力的基础。

7. 各加盟物流中心、物流企业

加盟的物流中心、物流企业是应急物流中心得以成功运作的基础，是应急物流中心物资保障的具体执行机构。平时各自自主经营进行正常的商业活动，在应急物流中心的指导下，完善应急设施，制订应急方案，并根据情况做好救灾物资的库存管理。灾害发生后，根据应急物流中心分配的任务，利用自身的业务优势和技术优势筹集储备、配送救灾物资，以最快的速度保质保量地将救灾物资送到灾区、灾民手中。

（二）应急物流中心的运作流程

根据事前、事中和事后控制的原则，应急物流中心的运作流程按照突发事件发生的时间特性可以分为三个环节，具体如图 3－2 所示。

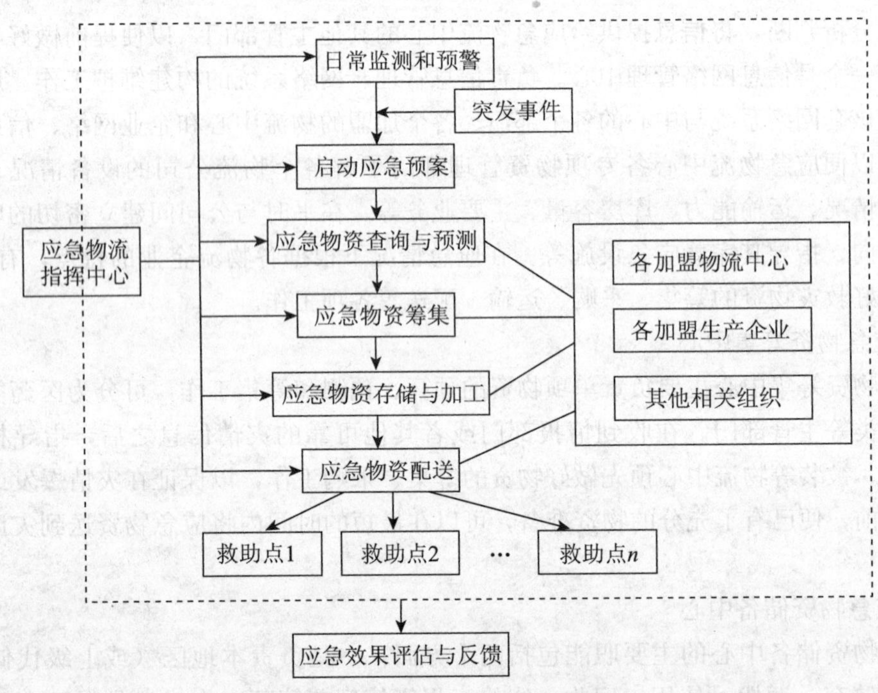

图3-2 应急物流中心运作流程

1. 突发事件发生前

在平时，应急物流中心的工作主要是做好与加盟物流中心、生产企业的合作，进行网络维护，建立供应商档案，充分了解可能用到的应急物资的生产、分布情况，以及做好应对突发事件的宣传、教育及应急预案的制定、演习等工作。要做好日常信息的监测，运用信息技术等科学手段评价可能发生的突发事件种类、概率、规模，并设置应急处置预案。

2. 突发事件发生后

当突发事件发生后，应急物流指挥中心根据事件的大小、性质、影响范围等，根据有关政策启动应急预案。对所需应急物资作初步的需求分析，通过应急物流信息系统，查询应急物资的储备、分布、品种、规格等具体情况，紧急调用各加盟物流中心、生产企业的部分或全部应急物资与设备，组织运输与配送，及时送达需求者手中。

3. 突发事件处置完毕后

整个应急事件处置完毕后，需要对应急物流系统的运行效果进行绩效评估，包括响应突发事件的速度、物资满足率、储存完好率、运输效率、部门间的衔接、信息传输、人员配合情况等，通过设置多项评价指标来全面、公正、合理地评价应急物流中心的每一项工作，从而发现存在的不足并加以改进，以提高应急效率。

（三）应急物流中心的保障机制

仅有完善的组织结构、明确的职能划分和顺畅的作业流程还不够，应急物流中心要实现高效率运作，还必须在以下几方面有健全的措施加以保障。

1. 监测预警机制

监测预警是一切应急事件救援、处置的基础。应急物流中心以及国家的各个灾害监测预警部门要依托先进的科技手段作业流程，提高对非常规突发事件的预测能力，对于早期发现的、影响可能较大的潜在隐患，以及可能发生的灾害性突发事件，要会同卫生、防疫、地质、气象、消防、防洪、环保等有关专家进行风险预测评估，及早采取应对措施，以增强灾害预防能力。

2. 预案演习机制

完备的应急物流预案可以确保应急物流反应迅速、处置果断，因此要重视预案的编制，充分考虑各种环境条件、内外界因素等，以增强预案的科学性和有效性。应急预案要明确如何分工完成各项物流活动，采取哪些步骤、措施、程序等，以提高可行性。对涉及全局、危害严重的重大事件应急预案，应聘请有关部门的领导和专家参加。

应急预案制定后，应进行多次演练、演习，以提高民众的应对能力。演习既要包括专业人员的演习以提高操作执行速度，在实际中能高效完成任务，也要包括对普通民众的演习，以提高人们居安思危的意识，能够在自救的同时配合救援人员，变单向救援为双向应急，极大地提高应急物流系统实施的效果。

3. 政府协调机制

紧急状态下处理突发事件的关键在于政府职能的有效发挥，政府协调机制主要包括：①对各种国际资源、国内资源的有效协调、组织和调用；②及时地提出解决应急事件的处理意见、措施或预案；③组织筹措、调拨应急物资、应急救灾款项；④根据需要紧急动员相关单位生产应急抢险救灾物资；⑤采取一切措施和办法协调、疏导或消除不利于应急物资保障的人为因素和非人为障碍。在全球化、区域化日益发展的今天，许多突发性灾难所产生的影响不仅局限于一个国家或地区，诸如环境问题、气候灾变、疫病、国际恐怖主义等引发的突发性灾难的全球性风险正日益增加。因此，在应对突发性灾难的过程中，加强国际间的人员合作和科技交流显得日益重要，这也是突发事件中央协调处理机构的主要任务之一。

4. 全民动员机制

全民动员机制指平时对于全体国民加强防灾、减灾以及灾害自救知识的普及，提升全民科学防灾、救灾的素养；在灾害发生后通过各种媒介告知公众受灾时间、地点、种类、范围，灾害造成的人员、财产损失，救援工作进展、救灾困难程度、救灾过程涌现的先进案例，民众参与赈灾的方式、途径等，这样可以：①达到全民参与、关心赈灾事宜，有效调动民众的主观能动性和创造性，群策群力为赈灾献计献策；②根据需要可以以有偿或无偿方式筹集应急物资或用于采购应急物资的应急款项；③为实现快速应急物流提供各种方便；④为赈灾提供必要的人力资源；⑤最大限度地创造有利的工作环境，掌握救灾工作的主动权。

5. 信息公开机制

信息公开要求各个相关部门以实事求是、科学的态度及时公布信息。公布的信息包括突发事件灾情信息、救援工作开展信息、救援物资和资金筹集和使用情况等。应该既公布正面的信息，也公布负面的信息。这样才能让公众全面、客观地了解灾情及相关情况，提高对政府部门的信任程度，对于各种传言甚至谣言做出理性的判断，既提高了灾害救援的运作效率，又促进了社会的和谐与稳定。

6. 法律保障机制

法律保障对应对处理重大自然灾害、突发性公共卫生事件及安全事件有着至关重要的作用。由于明确了突发事件发生时的处理机构和权责划分，可以使应急物流的实施有法可依、有章可循，它还可以规范个人、社团和政府部门在非常时期法律赋予的权利、职责和应尽的义务，以确保应急物流的有效实施。法律保障机制实际上是一种强制性的保障机制，如在发生突发性事件时，政府有权有偿或无偿征用民用或军用建筑、工厂、交通运输线、车辆、物资等，以解抗灾、救灾和赈灾急时之需。

二、应急物流中心选址原则

应急物流中心选址问题在应急物流系统中有着广泛的应用，是重要的长期决策之一。选址的好坏直接影响服务方式、服务质量、服务效率和服务成本等，从而影响应急救援的效率。因此，选址问题的研究有着重大的社会和经济意义。应急物流中心应本着应对突发事件、覆盖特定救援区域、利用现有资源、优化物流网络和控制建设成本的思想进行选址，具体原则主要表现在以下几方面。

1. 统一规划原则

应急物流中心不同于普通商业性物流中心按照市场规律选址建设，应由国家和各级政府管理部门根据地区易发的突发公共事件类型、储备资源特点，统一规划设计。在规划应急物流中心时，应将国家的物流网络作为一个大系统来考虑，对宏微观环境综合考量，使应急物流中心在地域分布、物流作业生产力、技术水平等方面互相协调。

2. 高效性原则

应急物流中心的建设就是要有效应对各种突发事件，要借助各种定性定量分析工具和方法以及充分的可行性调研论证选址地点，使得建成后的应急物流中心在执行各种应急任务时，能达到高效、快捷的目标。

3. 安全性原则

应急物流中心的安全是突发事件应急管理物资保障的根本。因此，应急物流中心选址要考虑安全性问题，如应急物流中心不能建在地震带上，所建的建筑物必须具有 8 级以上的抗震能力，不能建在地质灾害、洪水灾害频发地点等。

4. 交通便利性原则

应急物流中心应靠近港口、机场、铁路编组站、公路等各种运输方式的运输据点或多种运输方式的中转点，并应在交通主干道附近，且应急物流中心应有两种以上运输方式相连。由于多种运输方式衔接紧密，运输便利将成为应急物流中心主要的优势，因此在确定应急物流中心的地址时要重点考虑接近多种运输方式的交叉点。

5. 经济性原则

在应急物流中心的建立过程中仍然要考虑经济因素。应急物流中心本身的直接投资就很大，如果为了应急而铺张浪费、重复建设就会使得有限资源消耗殆尽，不利于长远的发展，应该以最小的代价实现应急物流任务。

三、应急物流中心选址的影响因素

在应急物流中心选址决策中，要综合考量多种因素，主要从以下几个方面来考虑。

1. 自然条件因素

自然条件因素包括：①气象条件，应急物流中心在选址过程中，主要考虑的气象条件有温度、风力、降水量、无霜期、冻土深度、年平均蒸发量等指标，如选址时要避开风口，因为在风口建设会加速露天堆放物品的老化；②地质条件，在建筑物倒塌范围之外，避让地震断裂带、活动断层、易砂土液化、沉降、泥石流等可能发生地质性灾害的地区，远离泄洪区、低洼地易积水地区、高压线走廊区域，以及存放易燃易爆品、化学品等的仓库周围地区；③水文条件，应急物流中心选址需远离容易泛滥的河川流域与上溢地下水的区域。因而要认真考察近年的水文资料，地下水位不能过高，洪泛区、内涝区、故河道、干河滩等区域绝对禁止使用；④地形条件，应急物流中心应地势高亢、地形平坦，且应具有适当的面积与外形。若选在完全平坦的地形上是最理想的；其次选择稍有坡度或起伏的地方；对于山区陡坡地区则应该完全避开。在外形上可选长方形，不宜选择狭长或不规则形状等。

2. 环境因素

环境因素包括：①交通条件，应急物流中心必须具备方便的交通运输条件，最好靠近交通枢纽进行布局，如紧临港口、交通主干道枢纽、铁路编组站或机场，有两种以上运输方式相连接；②公共设施状况，应急物流中心的所在地，要求城市的道路、通信等公共设施齐备，有充足的供电、水、热、燃气的能力，且场区周围要有污水、固体废弃物处理能力；③经营环境等。

3. 社会因素

社会因素包括：①可持续发展性；②环境保护要求，应急物流中心的选址需要考虑保护自然环境与人文环境等因素，尽可能降低对城市生活的干扰。应适当设置在远离市中心区的地方，使得大城市交通环境状况能够得到改善，城市的生态建设得以维持和增进等。

4. 经济因素

经济因素包括：建设成本、运营费用、运输费用等，当然应急物流中心选址主要重视非成本因素的影响，对经济因素的考虑在其次。重大灾害应急救援工作旨在第一时间展开救助，因此区别于普通的物流中心，应急物流中心对经济因素的考虑应较小。

5. 其他因素

其他因素主要有两点。①国土资源利用，应急物流中心的规划应贯彻节约用地、充分利用国土资源的原则。应急物流中心一般占地面积较大，周围还需留有足够的发展空间，防止现有设施不能满足需求时随时可以扩增。此外，应急物流中心的布局还要兼顾区域与城市规划用地的其他要素。②国家政策等其他因素。

第二节 几种常用的应急物流中心选址决策方法

应急物流中心选址决策对于有效实施应急物流至关重要，这是因为将应急物流中心置于合理的位置，不仅可以降低成本，而且还能够保证提供应急物资的时效性，从而避免可能导致的更大损失。而从整个应急过程来看，应急服务网点的合理布局对应急资源的配置和应急资源的调度可以起到事半功倍的作用。

选址涉及众多学科，如地理学、经济学、管理学、地质学、运输科学、城市规划甚至是法律政策等，同时应急物流中心选址问题往往是动态的、随机的，这也增加了选址决策的难度。最早的选址问题是由美国的 Weber 于 1909 年提出的，到现在已经从定性和定量的角度开发了多种的选址方法。下面就简要地介绍其中几种。

一、基于重心法的应急物流中心选址决策

（一）问题描述及模型构建

应急物流中心选址是否合适，对其能否较好地发挥其作用有着直接的影响。在选择应急物流中心地址时应着重考虑以下因素：一是应急服务点的需求情况；二是交通条件能否满足应急物流及物资配送的需求；三是要有一定的地幅，易于展开。当然，由于应急物流中心的建设模式不同，对选址的要求也会不一样。要新建的应急物流中心是在突发事件地域内开设的，上述因素当初都已考虑，因此主要就其经济因素进行探讨。

假设有 N 个应急服务点，其各自的坐标分别为（X_i，Y_i）（$i=1, 2, 3, \cdots, n$），现需要开设一个应急物流中心，其坐标为（X_0，Y_0），应急物流中心到应急服务点 i 的运输费为 h_i，从物流中心到应急服务点的货物运输量为 v_i，从物流中心到应急服务点的运输距离为 d_i，则物流中心到各应急服务点的总运费为：

$$T=\sum_{i=1}^{n} h_i v_i d_i=\sum_{i=1}^{n} h_i v_i\left[(x_0-x_i)^2+(y_0-y_i)^2\right]^{\frac{1}{2}} \quad (3-1)$$

$$d_i=\left[(x_0-x_i)^2+(y_0-y_i)^2\right]^{\frac{1}{2}} \quad (3-2)$$

选址的目标是使总运费最小，将式（3－1）分别求 X_0，Y_0的偏导数，并令其等于 0：

$$\frac{\partial T}{\partial y_0}=\sum_{i=1}^{n} h_i v_i (y_0-X_i)/d_i=0 \quad (3-3)$$

$$\frac{\partial T}{\partial y_0}=\sum_{i=1}^{n} h_i v_i (y_0-X_i)/d_i=0 \quad (3-4)$$

由式（3－3）、式（3－4）求得最合适的设施地址，X_0^*，Y_0^* 为：

$$X_0^* = \frac{\sum_{i=1}^{n} h_i v_i x_i / d_i}{\sum_{i=1}^{n} h_i v_i / d_i} \tag{3-5}$$

$$Y_0^* = \frac{\sum_{i=1}^{n} h_i v_i x_i / d_i}{\sum_{i=1}^{n} h_i v_i / d_i} \tag{3-6}$$

（二）模型求解

式（3-5）、式（3-6）中的右端 d_i 包含 X_0^*，Y_0^*，导致等式两端都含有未知数 X_0^*，Y_0^*，通常采用迭代法进行求解，其步骤如下。

（1）给出物流设施的初始地址（x_0^0，y_0^0），一般的做法是将各用户之间的几何重心作为初始地址（x_0^0，y_0^0），如式（3-7）、式（3-8）所示。

$$x_0^0 = \frac{\sum_{i=1}^{n} h_i v_i x_i}{\sum_{i=1}^{n} h_i v_i} \tag{3-7}$$

$$y_0^0 = \frac{\sum_{i=1}^{n} h_i v_i x_i}{\sum_{i=1}^{n} h_i v_i} \tag{3-8}$$

（2）利用式（3-1）计算出与（x_0^0，y_0^0）相对应的总运费 T^0。

（3）把（x_0^0，y_0^0）代入式（3-2）、式（3-5）、式（3-6）中，计算出物流设施的改善地址（x_0^1，y_0^1）。

（4）利用式（3-1），计算出与（x_0^1，y_0^1）相对应的总运费 T^1。

（5）将 T^0 与 T^1 进行比较，若 $T^1 \geqslant T^0$，则说明（x_0^0，y_0^0）就是最优解。如果 $T^1 < T^0$，则返回步骤（3），将（x_0^1，y_0^1）代入式（3-2）、式（3-5）、式（3-6）中，计算出物流设施的再改善地址（x_0^2，y_0^2）。如此反复迭代，直到 $T^{k+1} \geqslant T^k$，求出最优解（x_0^k，y_0^k）为止。此时的（x_0^k，y_0^k）即为物流设施的最佳地址（x_0^*，y_0^*），T^k 即为最小总运费 T^*。

二、基于集合覆盖模型的应急物流中心选址决策

（一）问题描述及模型分析

应急物流中心选址问题的研究根据不同的考虑有不同的选择重点。在基于时间限制和节点成本权衡下的应急物流中心问题选址问题的最终目标是如何以最低的成本建立一些应急物流中心，使得自然灾害发生时受灾地点能在较短时间内得到快速响应。设应急地点点集为 $F=\{F_1, F_2, \cdots, F_m\}$，$F_i$（$i=1, 2, \cdots, m$）为应急地点，$S=\{S_1, S_2, \cdots, S_n\}$为可能的应急物流中心点集。$S_j$（$j=1, 2, \cdots, n$）为可能的应急物流中心点。$d_{ij}$ 表示从应急物流中心 S_j 到达应急地点 F_i 之间的最短时间。考虑到突发事件的

特点，对于应急地点，规定其应急限制期为 t_i。

定义 3.1　对于任意的 $F_i \in F$，称 $N_i = \{j \mid d_{ij} \leqslant t_i, j=1, 2, \cdots, n\}$ 为可供应应急地点 F_i 的服务集。

考虑到各个应急地点突发事件的等级和破坏程度不同，需要应急物流中心的数目也不同，对于应急地点 F_i，如果发生事故时，需要能在规定的应急限制期 t_i 到达的应急物流中心数目至少为 b_i（b_i 为正整数），则应急物流中心的选址模型可以表示为：

$$\min z = \sum_{j=1}^{n} c_j x_j$$

$$\text{s.t.} \sum_{j \in N_i} x_j \geqslant b_i \quad i=1, 2, \cdots, m \tag{3-9}$$

$$x_j \in \{0, 1\} \quad j=1, 2, \cdots, n$$

式中，$x_j = \begin{cases} 1 & \text{在 } S_j \text{ 建立应急物流中心点} \\ 0 & \text{不在 } S_j \text{ 建立应急物流中心点} \end{cases}$

c_j——在 S_j 处建立应急物流中心的费用。

为了解决上述问题，作如下定义：定义下列一个矩阵，$\mathbf{A} = (a_{ij})_{m \times n}$，

式中，$a_{ij} = \begin{cases} 1 & d_{ij} \leqslant t_i \\ 0 & d_{ij} \geqslant t_i \end{cases}$

则上述模型可以转化为下列模型：

$$\min z = \sum_{j=1}^{n} c_j X_j$$

$$\text{s.t.} \sum_{j=1}^{n} a_{ij} X_j \geqslant b_i \quad i \in M = \{1, 2, \cdots, m\} \tag{3-10}$$

$$X_j \in \{0, 1\} \quad j \in N = \{1, 2, \cdots, m\}$$

（二）求解方法

集合覆盖问题是 NP 困难问题，不能追求总能求出最优解的多项式算法，可以参考贪婪启发式算法进行计算。如下：

(1) $R=M$，$S=\Phi$，$t=1$，$N_i = \{j \in N: a_{ij}=1\}$ $(i \in M)$。

(2) $\exists i \in M$，$|N_i| < b_i$，则无可行解，结束。否则转 (3)。

(3) 对于 $i \in M$，如果 $|N_i| = b_i$，则 $\forall j \in N_i$，$X_j = 1$，$S = S \cup \{j\}$，$b_i = b_i - a_{ij}$。如果 $b_i \leqslant 0$，则 $R = R - \{i\}$，对于所有 $i \in R$，计算 $|N_i| = |N_i| - a_{ij}$。

(4) 如果 $R = \Phi$，转 (6)，否则转 (5)。

(5) 选择 $j(t)$，以使 $f(j(t)) = \max\limits_{j \in N-S} \left\{ \dfrac{1}{c_j} \sum\limits_{i \in R} \dfrac{b_i a_{ij}}{|N_i|} \right\}$，则 $S = S \cup \{j(t)\}$，$b_i = b_i - a_{ij}$，$t = t+1$。对于 $i \in R$，如果 $b_i = 0$，则 $R = R - \{i\}$。对于所有的 $i \in R$，计算 $|N_i| = |N_i| - a_{ij}$。

(6) 将 S 中的元素按照 c_j 降序排列，依次取出 $j \in S$，如果对所有 $i \in M$，$b_i + a_{ij} < 1$，则令 $b_i = b_i + a_{ij}$，$S = S - \{j\}$，则 S 就为最优解。

三、基于改进模拟植物生长算法的应急物流中心选址决策

（一）问题的提出

在应急物资需求点位置已知的情况下，要确定若干个应急物流中心，以实现整个应急物流系统的总成本（包括应急物流中心建设成本、运输成本和灾害损失成本）达到最小。首先，当灾害发生后，以各需求点的位置、需求量、救援时间限制及各备选应急物流中心的位置数据作为约束条件建立以总成本最小为目标的选址模型；其次，运用一个启发式算法（聚类方法）求出初始方案；最后，在前面求出初始值的基础上，运用模拟植物生长算法进行迭代，从而得出最终方案。

（二）模型的描述和符号说明

应急物流中心选址的数学模型可以描述如下：设有 m 个发生灾害的需求点集合，需求点 j 所要求的服务数量为 M_j（$j=1$，2，…，m）；n 个备选的应急物流中心集合，其建设容量为 E_i（$i=1$，2，…，n）；从应急物流中心 i 到需求点 j 的应急时间为 t_{ij}，单位运输费用为 c_{ij}，以及运输量为 x_{ij}，且每个需求点只能由一个应急物流中心服务；需求点 j 要求的应急服务必须在时间 T_j 内到达。已知应急物流中心 i 的开设费用为 S_i，灾害损失函数为 $d_j(t)$，因为灾害损失是救援时间的增函数，因此令 $d_j(t)=k_j t_j^2$，k_j 为灾害损失函数参数，救援函数为 $R_j(t)$，t_j 时刻表示救援车辆到达需求点 j 的时间。当需求点 j 发生灾害，损失函数 $d_j(t)$ 快速上升，当救援队在时刻 $t_j[1]$ 到达，灾害停止扩散，损失开始下降。因此，在 $(0, t_j[1])$ 时间灾害失成本仅为损失函数 $d_j(t)$；在 $(t_j[1], t)$ 时间，灾害损失成本为损失函数和救援函数的差值，即为 $d_j(t)-R_j(t)$，其中救援函数 $R_j(t)=O_j\sum_{i=1}^{n}e^{-a_i t_{ij}}$，$O_j$ 为救援函数参数，这两个参数根据历史数据确定。

（三）模型的构建

结合自然灾害的特点，建立以总成本（包括应急服务设施点建设成本、运输成本和灾害损失成本）最小为目标的物流中心选址模型，设模型的决策变量为：

$$a_i=\begin{cases}1，在 i 处设立应急物流中心\\0，不在 i 处设立应急物流中心\end{cases}$$

则目标函数为：

$$\min Z=\sum_{n=1}^{n}s_i a_i+\sum_{j=1}^{m}\sum_{i=1}^{n}c_{ij}x_{ij}+\left[\int_{0}^{t_j[1]}k_j t_j^2+\int_{t_j[1]}^{t}\left(k_j t_j^2-o_j\sum_{i=1}^{n}e^{-a_i t_{ij}}\right)\right] \tag{3-11}$$

其中，第一项是应急物流中心的建设成本，第二项是运输成本，第三项是灾害损失成本。满足约束条件 $x_{ij}\geqslant M_j$；$t_{ij}a_i\leqslant T_j$；$E_i a_i-\sum_{i=1}^{n}x_{ij}\geqslant 0$；$a_i=0$ 或 1，$x_{ij}\geqslant 0$（$i=1$，2，…，n；$j=1$，2，…，m）。

（四）模型的初始方案求解

应急物流中心选址模型的初始方案主要利用聚类方法来求解，利用聚类的方法将需求点分成若干子类，可以较快获得初始解，并且与最优解较为接近，具体操作步骤如下。

1. 计算运输距离矩阵 $\boldsymbol{D}_{ij}$

通过距离公式 $d_{ij}=\sqrt{(x_i-x_j)^2+(y_i-y_j)^2}$ 可以计算出每个应急服务设施中心 i 到需求点 j 的距离矩阵 $\boldsymbol{D}_{ij}$。

2. 根据应急救援时间 t_{ij} 调整运输距离矩阵 $\boldsymbol{D}_{ij}$

因为对需求点 j 的救援时间有时限约束，将超出时间约束的距离矩阵 $\boldsymbol{D}_{ij}$ 中对应的元素变为无穷大，得到新的矩阵 $\boldsymbol{D'}_{ij}$。

3. 得到应急物流中心选址和需求点的分配方案

根据运输距离矩阵 $\boldsymbol{D'}_{ij}$ 的大小，将该需求点 j 分配给离它最近的应急服务设施中心 i，得到初始的应急服务设施中心选址和需求点分配方案。

4. 调整初始方案

先判断应急物流中心 i 的容量 E_i 与它所分配到的 k 个需求点的需求量之和 $\sum_{j=1}^{k}x_{ij}$ 的大小。若能全部满足，则初始方案无须修改。反之，应急服务设施中心 i 的供应量最先满足距离权值最小的需求点，然后再满足距离权值第二小的需求点，若不能满足其需求，则可考虑向离该需求点第二短距离的应急物流中心靠拢，并依此类推。

（五）改进模拟植物生长算法

近年来，智能算法在解决设施选址问题方面取得了很大的成就，而模拟植物生长算法主要是模拟植物对光源的自适应优化模式，建立随机性的动力模型，从而搜索出全局最优解。

1. 植物向光性生长模型

植物的生长过程是同化作用和异化作用相互作用的过程，当植物的同化作用大于异化作用的时候，它的根节点开始生长。植物向光性生长模型主要思想可概括为：当一株植物破土而出，从根部 x_0 长出茎干 M，假定 M 上有 k 个比根部光照条件更好的生长点 S_{M1}，S_{M2}，…，S_{Mk}，其形态素浓度 P_{M_1}，P_{M_2}，…，P_{M_k} 由式（3-12）决定，即：

$$\begin{cases}P_{M_i}=\dfrac{f(x_0)-f(S_{M_i})}{\Delta F_1} \\ \Delta F_1=\sum_{i=1}^{k}(f(x_0)-f(S_{M_i}))\end{cases}\quad i=1,2,\cdots,k \tag{3-12}$$

其中 x_0 为初始可行解（即树根，初始基点），$f(\cdot)$ 为目标函数值，式（3-12）中各生长点形态素浓度是由各点对于树根的相对位置以及该位置的环境信息（目标函数值）所确定，且根据式（3-12）可得出 $\sum_{i=1}^{K}P_{M_i}=1$，并由此构成各生长点的形态素浓度状态空间。

在确定各生长点的形态素浓度之后，就可以建立植物的向光性机制，即形态素浓度较高的生长点，将具有较大的生长机会。这里主要利用计算机在［0，1］之间产生随机数，

如果随机数落入到哪个生长点的形态素浓度状态空间中，那么它将获得优先生长的权利。假设这个随机数落入到区间 P_{M_5} 中，那么生长点 S_{M_5} 将获得优先生长，假设其上长出 q 个比根部光照条件更好的生长点 S_{m_1}、S_{m_2}、…、S_{m_q}，其形态素浓度为 P_{m_1}、P_{m_2}、…、P_{m_q}，此时，植物的生长环境发生了变化，需要根据新系统所在环境的改变重新分配各生长点的形态素浓度，计算过程如式（3－13）所示：

$$\begin{cases} P_{M_i} = \dfrac{f(x_0) - f(S_{M_i})}{\Delta F_1 + \Delta F_2} \\ P_{M_j} = \dfrac{f(x_0) - f(S_{M_i})}{\Delta F_1 + \Delta F_2} \\ \Delta F_1 = \sum\limits_{i=1}^{k} (f(x_0) - f(S_{M_i})) \\ \Delta F_2 = \sum\limits_{j=1}^{q} (f(x_0) - f(S_{M_i})) \end{cases} \quad (i=1,\ 2,\ \cdots,\ k;\ j=1,\ 2,\ \cdots,\ q) \tag{3-13}$$

同理，根据式（3－13）可得出 $\sum\limits_{i=1, i\neq 5}^{k} P_{M_i} + \sum\limits_{j=1}^{q} P_{m_j} = 1$，此时，长出新枝干的旧的生长点将被从生长集合中消去，并将新长出来的生长点加入生长集合中，反复进行该过程，直到没有新枝干产生为止，这时一株植物就长成了。

2. 改进模拟植物生长算法步骤

模拟植物生长算法虽然可以搜索到最优解，但是需要花费较长的时间对整个生长空间进行遍历，因此，本书在原模拟植物生长算法上作了改进。因为在运用模拟植物生长算法的过程中，初始值与最优值越接近，迭代的次数就越小，所以，本书针对应急物流中心选址问题先用聚类方法将需求点分成若干子类，然后进一步得到应急物流中心选址和需求点分配的初始方案，并以此为初始值运用模拟植物生长算法得出最终方案，这样可以极大地降低算法的迭代次数，从而快速得到最优解。具体步骤如下。

Step1：运用聚类方法确定初始基点 x^0（树根），确定步长λ（树枝长），求出 f（x^0）；

Step2：以 x^0 作为初始状态分别向其 $2n$ 个方向按步长生长出新的生长点，并求出各生长点的函数值；

Step3：选取优于初始值的生长点，计算它们的形态素浓度，并保留最好的生长点；

Step4：建立［0，1］之间的概率空间，并利用计算机产生的随机数选取下一次生长的生长点；

Step5：新的生长点继续分别向其 $2n$ 个方向按步长生长出新的生长点，并利用聚类方法求出分配方案，从而得出各生长点的函数值；若不再产生新的生长点（即连续 m 次最优值不变或长满整个生长空间）或达到迭代次数，则找到全局最优解，否则返回Step3。

四、基于灾害中后期的应急物流中心选址决策

(一) 问题的提出

应急物流中心选址模型与一般物流中心选址模型的差异性主要体现在目标函数与相关约束条件的不同上，构建模型时应强调时间目标的优先性，同时考虑成本目标的理念，这样才能构建科学合理的应急物流中心布局网络。

选址模型需要解决的问题是：如何在若干个备选点中，选取合适的点作为应急物流中心，在保证时效性、兼顾经济性的原则下，由应急物流中心将应急物资配送至区域内各应急救助站，以便灾民及时获得救助。

(二) 基本假设

(1) 每个应急救助站只能由一个应急物流中心负责配送，且每个救助站的地理位置确定、需求量较稳定；

(2) 备选点到各应急救助站的运输距离已知；

(3) 各备选点的应急物流中心扩建成本与日常运营成本已知；

(4) 不考虑上游供应能力限制及物流中心的容量限制；

(5) 单位重量商品的配送资费恒定，与运量成正比例关系，不受批量折扣等因素影响。

(三) 符号说明

1. 决策变量定义

$$X_i=\begin{cases}1\text{，将备选点 } i \text{ 扩建成应急物流中心}\\0\text{，不将备选点 } i \text{ 扩建成应急物流中心}\end{cases}$$

d_{ij}：应急物流中心 i 向应急救助站 j 的物资配送量。

2. 参数定义

T_{ij}：从应急物流中心 i 到应急救助站 j 的物资配送时间；

s_{ij}：从应急物流中心 i 到应急救助站 j 的物资配送距离；

F_i：扩建备选点 i 为应急物流中心的固定投资成本；

g_i：应急物流中心 i 的单位商品中转管理费用；

P_i：应急物流中心 i 的物资储备数量；

λ：规模管理效应的折扣系数；

a_{ij}：单位商品的配送费；

M_j：应急救助站 j 的每日物资需求量。

(四) 模型的构建

针对自然灾害中后期的管理目标的变化，本书建立的应急物流中心选址模型包含物流总成本的最小化与物资最长配送时间的最小化双重目标函数，并设定了相应的约束条件。

$$\min F = \sum_{i=1}^{m} X_i F_i + \sum_{i=1}^{m} X_i g_i (P_i)^{\lambda} + \sum_{i=1}^{m} \sum_{j=1}^{n} a_{ij} s_{ij} d_{ij} \quad (3-14)$$

$$\min T = \max_{i=1,j=1}^{m,n} (T_{ij}) \quad (3-15)$$

$$\text{s.t.} \sum_{j=1}^{d} d_{ij} \leqslant X_i P_i \quad (i=1,2,\cdots,m;\ j=1,2,\cdots,n) \quad (3-16)$$

$$\sum_{i=1}^{n} d_{ij} \leqslant M_i \quad (i=1,2,\cdots,m;\ j=1,2,\cdots,n) \quad (3-17)$$

$$\sum_{j=1}^{d} d_{ij} \leqslant X_i \quad (i=1,2,\cdots,m;\ j=1,2,\cdots,n) \quad (3-18)$$

$$X_i = \{0,1\} \quad (i=1,2,\cdots,m;j=1,2,\cdots,n) \quad (3-19)$$

$$d_{ij} \geqslant 0, M_j \geqslant 0 \quad (i=1,2,\cdots,m;j=1,2,\cdots,n) \quad (3-20)$$

其中，目标函数（3-14）、（3-15）分别表示物流总成本最小化和物资最长配送时间的最小化，其中式（3-14）中第一项为扩建成应急物流中心的固定投资成本，第二项为应急物流中心的物资中转管理成本，第三项为物资从应急物流中心到应急救助站的配送成本。

约束条件（3-16）表示应急救助站的需求量不能超过应急物流中心的物资储备量；约束条件（3-17）表示各个应急救助站的需求量都能得到满足；约束条件（3-18）表示只有当备选点被确定为应急物流中心时，应急物资才能由此点配送；约束条件（3-19）、（3-20）均为变量的值域约束。

（五）模型求解方法

采用主要目标法将多目标选址模型转化为单目标规划模型进行求解。主要目标法的思路是在多目标函数中选取一个目标进行最小化，而将其他目标转换成约束条件。选取物流总成本最小化为目标函数，而将物资最长配送时间最小化函数转换成模型的约束条件，如设定一个配送时限可允许值 T_0，则目标函数（3-15）可转换成约束条件：$\max\limits_{i=1,j=1}^{m,n}(T_{ij}) \leqslant T_0$，计算过程中可令 $T_{ij} = \dfrac{s_{ij}}{v_{ij}}$ 再代入运算，v_{ij} 为应急物流中心 i 到应急救助站 j 的配送速度，一般情况下，v_{ij} 的取值是一个常数。同时为体现物资配送时间的重要性原则，可通过持续改变最长配送时间约束右端的配送时限可允许值，得到不同配送时限下的应急物流中心布局方案。

第三节　应急物流中心选址决策实例

在应急物流中心选址决策中经常会遇到多指标、多方案的综合比较问题，由于经常出现多个方案互有好坏的情况，因此要从众多指标、方案中选择最佳的组合方案就成了一个较为棘手的问题。在实际应用中，尽管人们还不能很好地解决多个方案的综合比较问题，但是如果就两个方案之间进行比较还是可以判断出相对好坏的，可设法从多方案比较过渡到两两之间的比较，从而解决多方案比较的问题。

影响应急物流中心选址的因素繁多且复杂，主要包括定性因素和定量因素，且这些因素很难用具体的数据来表达。在国家规划的前提下，有若干的片区可选择其一建设应急物流中心，如何根据这些定性和定量因素来确定应急物流中心的建设位置？可以按影响因素的复杂程度、因果关系、从属关系等分成等级层次，然后进行两两比较，再进行综合评价，排出方案对目标的优劣次序，最后以此作为决策的依据，选取满意方案。

本书介绍基于层次分析法的应急物流中心决策流程，层次分析法（Analytic Hierarchy Process，AHP）是 20 世纪 70 年代由著名运筹学家 T. L. Saaty 提出的，它的基本原理是根据具有递阶结构的目标、子目标（准则）、约束条件及部门等来评价方案，来用两两比较的方法确定判断矩阵，然后把判断矩阵的最大特征根相应的特征向量的分量作为相应的系数，最后综合出各方案各自的权重（优先程度）。该方法作为一种定性和定量相结合的工具，目前已在许多行业得到了广泛的应用。以下结合实例讲解应急物流中心选址的决策过程。

一、模型建立

案例背景：为了应对自然灾害，政府决定建立一个大规模的应急物流中心，现共有三个片区 A、B、C 可供应急物流中心选择建设地址。影响应急物流中心选址的影响因素可以分为自然条件因素、环境因素、社会因素、经济因素和其他因素，这些因素有些很难被量化。

把影响应急物流中心选址的因素表述成简单递阶层次结构，具体如图 3 - 3 所示。

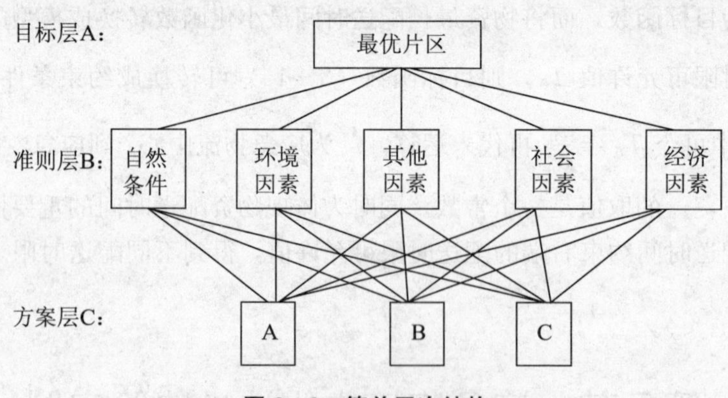

图 3 - 3　简单层次结构

如果为了得到更精确的结果，准则层可细分为两层，把影响因素的细分因素也加进来，如图 3 - 4 所示，这样可分析得更全面，得出的结果更客观，不过这需要更详细的考察和调研。

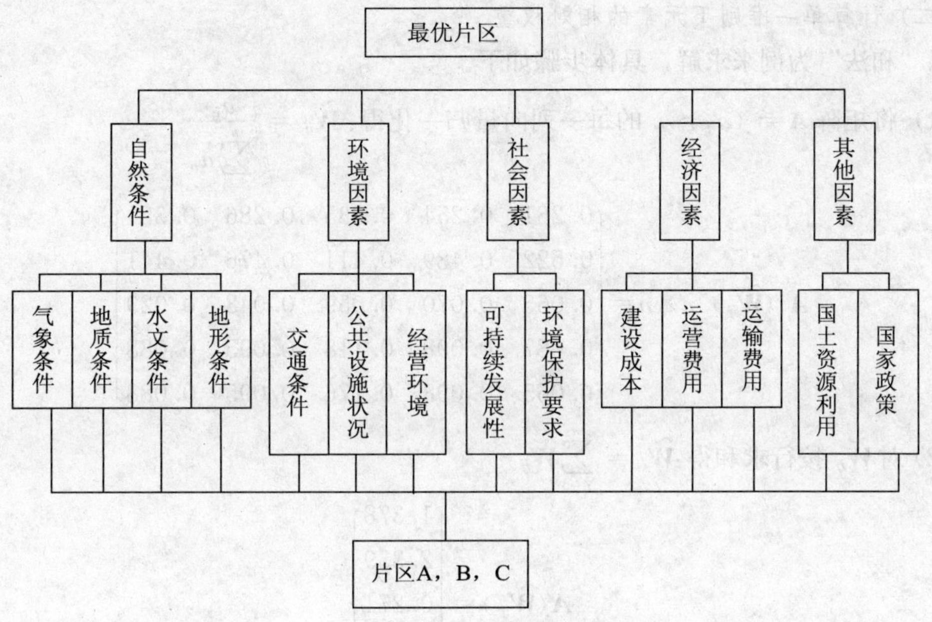

图 3-4 详细层次结构

二、计算过程

（一）构造两两比较判断矩阵

通过考察和专家的评估，根据表 2-3，对于目标层 A 来说，准则层 B 的各因素两两对比后对它的重要性表示如下：

$a_{12}=\frac{A_1}{A_2}=\frac{1}{2}$，$a_{13}=\frac{A_1}{A_3}=\frac{4}{1}=4$，$a_{14}=\frac{A_1}{A_4}=\frac{3}{1}=3$，$a_{15}=\frac{A_1}{A_5}=\frac{4}{1}=4$，$a_{23}=\frac{A_2}{A_3}=\frac{7}{1}=7$，

$a_{24}=\frac{A_2}{A_4}=\frac{5}{1}=5$，$a_{25}=\frac{A_2}{A_5}=\frac{5}{1}=5$，$a_{34}=\frac{A_3}{A_4}=\frac{1}{2}$，$a_{35}=\frac{A_3}{A_5}=\frac{1}{3}$，$a_{45}=\frac{A_4}{A_5}=\frac{1}{1}=1$

由此可得出准则层 B 对目标层 A 的判断矩阵为：

$$\boldsymbol{A}=\begin{bmatrix} 1 & \frac{1}{2} & 4 & 3 & 4 \\ 2 & 1 & 7 & 5 & 5 \\ \frac{1}{4} & \frac{1}{7} & 1 & \frac{1}{2} & \frac{1}{3} \\ \frac{1}{3} & \frac{1}{5} & 2 & 1 & 1 \\ \frac{1}{4} & \frac{1}{5} & 3 & 1 & 1 \end{bmatrix}=\begin{bmatrix} 1 & 0.5 & 4 & 3 & 4 \\ 2 & 1 & 7 & 5 & 5 \\ 0.25 & 0.143 & 1 & 0.5 & 0.333 \\ 0.333 & 0.2 & 2 & 1 & 1 \\ 0.25 & 0.2 & 3 & 1 & 1 \end{bmatrix}$$

（二）计算单一准则下元素的相对权重

以“和法”为例来求解，具体步骤如下。

（1）将矩阵 $\boldsymbol{A}=(a_{ij})_{n\times m}$ 的每一列向量归一化得：$\widetilde{\boldsymbol{W}}_{ij}=\dfrac{a_{ij}}{\sum_{i=1}^{n}a_{ij}}$

$$\boldsymbol{A}\ (\widetilde{\boldsymbol{W}}_{ij})\ n\times n=\begin{bmatrix}0.261 & 0.254 & 0.235 & 0.286 & 0.351\\ 0.522 & 0.489 & 0.411 & 0.476 & 0.441\\ 0.065 & 0.070 & 0.059 & 0.048 & 0.029\\ 0.087 & 0.098 & 0.118 & 0.095 & 0.088\\ 0.065 & 0.098 & 0.176 & 0.095 & 0.088\end{bmatrix}$$

（2）对 $\widetilde{\boldsymbol{W}}_{ij}$ 按行求和得：$\widetilde{\boldsymbol{W}}_{i}=\sum_{j=1}^{n}\widetilde{\boldsymbol{W}}_{ij}$

$$\boldsymbol{A}(\widetilde{\boldsymbol{W}}_{ij})=\begin{bmatrix}1.378\\ 2.339\\ 0.271\\ 0.486\\ 0.522\end{bmatrix}$$

（3）将 $\widetilde{\boldsymbol{W}}_{ij}$ 归一化，即有：$\overline{\boldsymbol{W}}_{i}=\dfrac{\widetilde{\boldsymbol{W}}_{i}}{\sum_{i=1}^{n}\widetilde{\boldsymbol{W}}_{i}}$，则有特征向量：$\overline{\boldsymbol{W}}=\begin{bmatrix}\boldsymbol{W}_1\\ \cdots\\ \boldsymbol{W}_n\end{bmatrix}$

$$\overline{\boldsymbol{W}}_{i}=\frac{\widetilde{\boldsymbol{W}}_{i}}{\sum_{i=1}^{n}\widetilde{\boldsymbol{W}}_{i}}=\frac{1}{4.996}\begin{bmatrix}1.378\\ 2.339\\ 0.271\\ 0.486\end{bmatrix}=\begin{bmatrix}0.276\\ 0.468\\ 0.054\\ 0.097\\ 0.104\end{bmatrix}$$

其中 $\sum_{1}^{5}\widetilde{\boldsymbol{W}}_{i}=(1.378+2.339+0.271+0.486+0.522)=4.996$

（4）计算与特征向量 $\overline{\boldsymbol{W}}=\begin{bmatrix}\boldsymbol{W}_1\\ \cdots\\ \boldsymbol{W}_n\end{bmatrix}$ 对应的最大特征根 $\lambda_{\max}$ 的近似值

$$\lambda_{\max}=\frac{1}{n}\sum_{i=1}^{n}\frac{(\boldsymbol{AW})_i}{\boldsymbol{W}_i}$$

$$=\frac{1}{5}\Big[\frac{0.276+0.234+0.216+0.291+0.416}{0.276}+\frac{0.552+0.468+0.378+0.485+0.52}{0.468}$$

$$\frac{0.069+0.0669+0.054+0.0485+0.0364}{0.054}+\frac{0.0616+0.0936+0.108+0.097+0.104}{0.097}$$

$$\frac{0.069+0.0936+0.162+0.097+0.104}{0.104}\Big]$$

$$=\frac{1}{5}\left(\frac{1.433}{0.276}+\frac{0.403}{0.468}+\frac{0.273}{0.054}+\frac{0.4945}{0.097}+\frac{0.5256}{0.104}\right)$$

$$=\frac{1}{5}(5.192+5.1346+5.0566+5.098+5.0538)$$

$$=\frac{1}{5}\times 25.535$$

$$=5.107021$$

故有最大特征根标 $\lambda_{\max}=5.107021$，对应的特征向量为 $\overline{W}=\begin{pmatrix}0.276\\0.468\\0.054\\0.097\\0.104\end{pmatrix}$

（三）一致性检验

计算判断矩阵 $\overline{A}$ 一致性检验指标：

$$C\cdot I=\frac{\lambda_{\max}-n}{n-1}=\frac{5.107021-5}{4}=\frac{0.107021}{4}=0.026755$$

$$R\cdot I=1.12$$

$$C\cdot R=\frac{0.026755}{1.12}=0.0239<0.1$$

故判断矩阵 $\overline{A}$ 通过一致性检验。

同理得出 $\boldsymbol{B}_1$，$\boldsymbol{B}_2$，$\boldsymbol{B}_3$，$\boldsymbol{B}_4$，$\boldsymbol{B}_5$ 对 $\boldsymbol{A}$，$\boldsymbol{B}$，$\boldsymbol{C}$ 作用的成对比较矩阵为：

$$\boldsymbol{B}_1=\begin{pmatrix}1&2&5\\\frac{1}{2}&1&2\\\frac{1}{5}&\frac{1}{2}&1\end{pmatrix}\quad \boldsymbol{B}_2=\begin{pmatrix}1&\frac{1}{3}&\frac{1}{8}\\3&1&\frac{1}{3}\\8&3&1\end{pmatrix}\quad \boldsymbol{B}_3=\begin{pmatrix}1&1&3\\1&1&3\\\frac{1}{3}&\frac{1}{3}&1\end{pmatrix}$$

$$\boldsymbol{B}_4=\begin{pmatrix}1&3&4\\\frac{1}{3}&1&1\\\frac{1}{4}&1&1\end{pmatrix}\quad \boldsymbol{B}_5=\begin{pmatrix}1&1&\frac{1}{4}\\1&1&\frac{1}{4}\\4&4&1\end{pmatrix}$$

通过上面的计算程序可计算出决策层 C 的各方案对于准则层 B 各因素的权重并通过一致性检验（结果如表 3－1 所示）。

表 3-1 计算结果

权值 准则层 / 决策层	$\boldsymbol{B}_1$	$\boldsymbol{B}_2$	$\boldsymbol{B}_3$	$\boldsymbol{B}_4$	$\boldsymbol{B}_5$	组合权向量
	0.276	0.468	0.054	0.097	0.104	$\boldsymbol{W}_i=\sum_{j=1}^{n}a_jb_{ij}$
A	0.595	0.082	0.429	0.633	0.166	$\boldsymbol{W}_1=\sum_{j=1}^{5}a_jb_{1j}=0.304$
B	0.277	0.236	0.429	0.193	0.166	$\boldsymbol{W}_2=\sum_{j=1}^{5}a_jb_{2j}=0.246$
C	0.129	0.682	0.142	0.175	0.668	$\boldsymbol{W}_3=\sum_{j=1}^{5}a_jb_{3j}=0.449$
λ_{max}	3.007	3.002	3	3.009	3	
$C\cdot I$	0.0035	0.001	0	0.005	0	$\boldsymbol{C\cdot I}$和$\boldsymbol{C\cdot R}$都小于0.1
$R\cdot I$	0.58	0.58	0.58	0.58	0.58	
$C\cdot R$	0.006	0.0017	0	0.0086	0	

三、结果分析

上层 A 有 M 个元素，A_1，A_2，L，A_m，且其层次总排序权向量为 a_1，a_2，L，a_m，下层 B 有 n 个元素 B_1，B_2，L，B_m，则按 B_j 对 A_i 个元素的单排序权向量的列向量为 b_{ij}，根据这样的思路把前面计算的结果整理成表 3-3 。

如果 B 层次某些元素对 A_j 单的排序的一致性指标为 $C\cdot I_j$，相应的平均随机一致性指标为 $R\cdot I_j$，则 B 层总排序随机一致性比率为：

$$C\cdot R=\frac{\sum_{j=1}^{m}a_jC\cdot I_j}{\sum_{j=1}^{m}a_jR\cdot I_j}$$

当 $C\cdot R<0.1$ 时，认为层次总排序里有满意的一致性，否则应重新调整判断矩阵的元素取值。

$$C\cdot R=\frac{\sum_{j=1}^{5}a_j\times C\cdot I_3}{\sum_{j=1}^{5}a_j\times R\cdot I_j}$$

$$=\frac{0.276\times0.0035\times0.468\times0.001\times0.054\times0+0.097\times0.005+0.104\times0}{0.276\times0.58\times0.468\times0.58+0.054\times0.58+0.097\times0.58+0.104\times0.58}$$

$$=\frac{0.000966+0.000468+0+0.000485+0}{(0.276+0.468+0.054+0.097+0.104)\ \times0.58}$$

$$=\frac{0.001919}{0.999\times 0.58}=\frac{0.001919}{0.57942}$$

$$=0.003312<0.1$$

故层次总排序一致性检验通过。

通过上面的计算得出层次总排序组合权向量为：$\overline{W}=\begin{bmatrix}WA\\WB\\WC\end{bmatrix}=\begin{bmatrix}0.304\\0.246\\0.449\end{bmatrix}$

即对于片区 A，B，C，它们建立应急物流中心的优劣权重为 C：$0.449>A$：$0.304>B$：0.246，因此应选择在片区 C 建立应急物流中心。

第四节　应急物流中心规划

应急物流中心要从国家以及各级政府备灾、救灾的实际情况出发，立足当前，兼顾发展，统筹规划，合理确定建设规模和水平，建立和完善救灾物资储备和调度体系，满足灾害救助和应急指挥所需应急救灾物资的储备和管理需要。应急物流中心规划是指为了应对各种突发事件，满足灾害应急救援的物资需求，在通过选址之后已确认的空间区域内，按照应急物流中心的作业流程，将应急救灾物资、设备和人员所需要的空间做最适当的分配和最有效的组合，使应急物流中心获得长远的、最大化的社会效益。应急物流中心规划的内容主要包括：设施规划、规模计算、平面布局和设备规划。

一、应急物流中心设施规划

应急物流中心设施规划是指为了使应急物流中心能够有效运营并且达到各种预期目标，综合考虑多种因素，所进行的分析、规划和设计，建设符合应急物资运作流程的建筑和场地等方面的活动。按照功能的不同，应急物流中心的设施主要包括库房、生产辅助用房、专用堆场、管理用房、附属用房、道路和绿化区域等。

（一）库房

库房是应急救灾物资的仓储区域，是应急物流中心最为核心的区域。它的建设的好坏直接关系到整个应急物流中心保障灾害救助能力的强弱。库房根据应急救灾物资的特性、物流运作流程等可以分为不同的区域。主要包括以下几个方面。

1. 入库区

入库区是库房一个比较重要的区域，是进货作业完成的区域，是应急救灾物资流入库房、物资性质划分、物资分拣入库的前提。入库包括车辆到达、货物接收、核实数量及状态、记录必要信息和录入计算机等过程。

2. 仓储区

仓储区是应急救灾物资存放保管的区域，是库房的核心区域。仓储区的核心功能就是提供应急救灾物资仓储功能，为应急物流中心应急救灾的迅速反应提供有力的物质保证。

3. 出库区

出库区是相对于入库区而言的，它是应急救灾物资流出库房的区域。出库包括将集中待发的应急救灾物资经过检验至装车起运全过程的相关作业。从规模大小来看，出库区应与入库区大体相同。

4. 通道

通道是库房中处于仓储区之间的，便于工作人员和物流作业设备通过的区域，设备可以在该区域存放和走行。通道会影响库房的物流作业能力和效率，可以分为作业通道和检查通道等。

5. 管理控制区

管理控制区是为了加强应急救灾物资保管、保证作业设备正常运作而为工作人员提供的工作场所。

以上分析的是单层库房的设施划分，如果库房是多层的，还必须要安装垂直起降的货运电梯或者升降平台。

（二）生产辅助用房

捐赠和回收的救灾物资需要进行必要的维修、清洗、缝补等工序。生产辅助用房是用于设备维修、清洗和缝补救灾物资的用房，可以分为回收区、废料处理区、加工区、清洗区、消毒区、缝补区、整理区、设备停放区、设备维修区等。

（三）管理用房

应急物流中心在日常工作中不仅需要处理大量的物资接收、调运等工作，还需要进行必要的行政与业务管理，包括经费预算与支出、文件处理与保管、安全保卫和会务等，因此，需要设置相应的管理用房以确保应急物流中心上述职能与工作的正常开展。管理用房主要包括办公室、会议室、财务室、档案室、监控室、警卫室、活动室和值班宿舍等。

（四）附属用房

附属用房是为了保障应急物流中心职能的正常发挥，为应急物流中心工作人员提供后勤服务的场所，主要包括车库、变/配电室、水泵房、锅炉房、食堂、浴室和卫生间等。

（五）堆场

由于应急救灾物资种类特点和物流特点，在建设室内库房的同时，还需要建设室外的专用堆场，包括室外货场、观察场、晾晒场、停车场（停机坪）等。

（1）室外货场：用于清点、装卸和临时堆放应急救灾物资的场地。

（2）观察场：用于应急救灾物资入库前对其进行清洁、整理，发现并消除应急救灾物资安全隐患的场地。

（3）晾晒场：用于防止霉变，晾晒应急救灾物资的场地。

（4）停车场：为确保应急救灾物资装卸、调运便利，用于停放货车、应急调度车和物资转运车等车辆的场地。规模较大的应急物流中心可能还会有紧急情况下可供直升机起降的停机坪。

（六）道路

道路是应急物流中心内部交通的主要设施，用于保障应急物流中心内车辆、物资和人员顺利进出，包括主干道、次干道、辅助道路和人行道等。

（七）绿化区域

应急物流中心内绿化覆盖面需达到一定值，以达到美化应急物流中心及周边的环境及减少噪声及粉尘污染的功能。根据国家规定，物流中心内部绿化属于附属绿地，绿化设计须符合城市附属绿地规划水平。

二、应急物流中心规模计算

一个应急物流中心的科学规划不仅离不开合理的选址，而且还要有一个适于这个应急物流中心发展与壮大的规模空间。应急物流中心规模的确定不仅决定着它的健康发展，而且是一个应急物流中心资源合理利用的前提条件。规模计算就是通过对未来发展预测中的应急物流中心应急救灾物资流量分析，结合应急物流中心作业流程畅通的要求和应急物流中心功能设计要求，根据物流行业相关规定及规划标准和国家在应急物流方面所设定的准则，采用定量方法和定性方法相结合的方法体系，计算应急物流中心的总体建设面积和内部各主要功能区的建筑面积。

（一）基础指标数据

1. 紧急转移安置人口数（J_1）

紧急转移安置人口数（用字母表示）指因受到灾害威胁、袭击，离开住所转移安置到其他地方，并提供紧急救助的人口数量，或因断水、断电、交通中断等原因生活困难，需提供紧急救助的人口数量（包括非常住人口以及农垦企业、国有林场、华侨农场的受灾人员）。

2. 实际救助人口数（J_2）

鉴于各地突发事件类型、经济条件等方面的差别，在紧急转移安置人口中，需政府救助的比例也有所不同。在计算应急物流中心的建筑面积时，按紧急转移安置人口的一定比例确定实际需要政府提供救助的人数及其所需救助物资，进而确定各类应急救灾物资的存储规模。所以有：

$$J_2 = J_1 \times \theta \tag{3-21}$$

式中，θ——实际救助人口比例系数，此系数一般由国家规定。

3. 救灾物资救助功能参数（δ）

应急物流中心根据其救助服务区域灾情、灾种等条件，以及国家的有关规定确定所需的救灾物资种类及数量。按《关于加强我国救灾物资储备体系建设的报告》的规定，部分常用应急救灾物资的使用及数量计算标准如下。

（1）帐篷（规格为 12m^2）：按照平均一户（按 4 人）一顶的原则，故在测算中按照实际救助人口的 1/4 计算帐篷的储备数量（δ=1/4）；

（2）单帐篷、棉帐篷：在控制总量不变的前提下，根据气候带和海拔高度等因素确定应急物流中心的单、棉帐篷的比例为 5∶1；

(3) 棉被：每2人一床，按照实际救助人口的1/2计算（$\delta=1/2$）；

(4) 睡袋：考虑到部分救助人口可用帐篷，按实际救助人口的1/6计算（$\delta=1/6$）；

(5) 救生包：每人一套（件），按照实际救助人口计算（$\delta=1$）；

(6) 折叠床：主要是灾害救助过程中的老人（65岁及以上）和少年儿童（0～14岁）使用，保证每人一张，按照第五次人口普查数据中的“人口年龄结构”数据，老人和少年儿童人口占总人口的比例约为30%，故按照实际救助人口的30%计算（$\delta=30\%$）；

(7) 移动厕所：按实际救助人口的1/100计算（$\delta=1/100$）；

(8) 救生衣：每人一件，按实际救助人口计算（$\delta=1$）；

(9) 棉衣裤：每人一套，按实际救助人口计算（$\delta=1$）；

(10) 毛毯：按实际救助人口的1/6需要，每人一条计算（$\delta=1/6$）；

(11) 净水机：按实际救助人口的1/3需要，每200人一台计算（$\delta=1/600$）。

4. 应急救灾物资规格

应急救灾物资规格指的是应急救灾物资的周边尺寸、体积、重量等数据指标。以表3-2为例，介绍部分应急救灾物资的规格尺寸和相关数据。

表3-2　主要应急救灾物资的规格尺寸和单位面积堆放数量

应急救灾物资种类		规格尺寸（m）	单个体积（m^3）	堆放高度（m）	单位面积的堆放数量
帐篷（$12m^2$）	篷架（个）	2.3×0.4×0.2	0.184	1.5×2	16.30
	篷包（个）	1.6×0.4×0.2	0.128	1.5×2	23.44
棉被（条）		0.9×0.5×0.65（每10条）	0.293	1.5×2	102.39
睡袋（个）		0.35×0.2（直径）	0.07	1.5×2	42.86
救生包（个）		0.2×0.2×0.2	0.008	1.5×2	375.00
折叠床（张）		0.5×0.44×0.2	0.044	1.5×2	68.18
移动厕所（个）		2.1×0.8×0.42	0.706	1.5×2	4.25
救生衣（件）		0.9×0.5×0.65（每20件）	0.293	1.5×2	204.78
棉衣裤（套）		0.7×0.45×0.5（每10套）	0.158	1.5×2	189.87

其他储备物资包括毛毯、毛巾被、净水机等，其所需库房面积根据主要储备物资所需库房面积的一定比例确定。

(二) 库房规模指标测算

1. 一般情况性下库房建筑面积计算

$$A=\sum_{i=1}^{n}\frac{M_i}{N_i}\times\frac{1}{\alpha\cdot\beta_1} \tag{3-22}$$

式中，A——库房建筑面积；

M_i——第 i 种应急救灾物资的数量，$M_i=J_2\times\delta_i$（δ_i——第 i 种应急救灾物资救助功能参数）；

N_i——第 i 种应急救灾物资单位面积堆放数量；

α——库房堆放面积系数，取值可参见相关标准；

β_1——库房使用面积系数，取值可参见相关标准；

n——应急救灾物资的种类数。

2. 堆码时库房建筑面积计算

当需要考虑库房内部的堆码层数时，

$$A=\sum_{i=1}^{n}\frac{M_i}{N_i\times L_i}\times\frac{1}{\alpha\cdot\beta_1} \tag{3-23}$$

式中，L_i——第 i 种应急救灾储备物资在库房中堆码层数。

3. 库房高度和地面负荷的确定

库房高度的确定取决于库房屋顶下弦与地面之间的距离。考虑到救灾物资装卸的方便性和效率，应急物流中心库房一般采用单层，其净高主要由物资的码垛高度决定，一般货架规格为 2.1m×2.1m×2.1m，单层仓库通常码两层，堆码高度为 4.2m，同时考虑到采用的机械设备垂直作业高度以及消防和通风等要求，一般来说，单层库房的净高不应小于6m。若是两层建筑，则二楼高度为 5m 左右，一楼与二楼高度总共约为 13m，若是三层建筑时，则三楼高度约为 5m，一楼、二楼与三楼高度总共约为 18m。应急救灾物资库房不宜超过三层。目前，很多应急物流中心开始采用自动立体化库房，确定其高度也是极其重要的，因为高度直接影响到库房的占地面积、长度、宽度、起重运输机械的装卸效率及其技术经济指标的选择。自动立体化库房的最佳高度取决于容量：当容量为 1000～4000t 时，高度为 12.6m；当容量为 6000t 或以上时，高度为 16.2m。

地面负荷强度是单位面积的负荷能力，由所保管的应急救灾物资的种类、比重、堆垛高度等决定。应急物流中心库房的地面负荷强度在设计过程中是有规定的，如平房建筑物的地面负荷强度为平均每平方米负荷不小于 3t。多层建筑物，即二层以上的建筑物的地面负荷是指通过建筑物墙体而由地基支撑的负荷。随着建筑物层数的增多，各层地面所承受的能力是逐渐减少的。

（三）生产辅助用房建筑面积

生产辅助用房主要由加工用房和清洗消毒用房等组成。可表示为：

$$B=\frac{B_1+B_2}{\beta_2} \tag{3-24}$$

式中，B——生产辅助用房建筑面积；

B_1——加工用房使用面积；

B_2——清洗消毒用房使用面积；

β_2——生产辅助用房使用面积系数，β_2 的标准由国家来制定。

（四）管理用房建筑面积

管理用房建筑面积按照应急物流中心各岗位工作人员配备数量构成以及管理要求分别

确定。

1. 办公室

办公室工作人员数量随应急物流中心规模不同而不同，参照《党政机关办公用房建设标准》中办公室人均使用面积 $6m^2$ 的要求计算。

2. 会议室

工作人员数量随应急物流中心规模不同而不同，按照人均会议室使用面积 $1.1m^2$ 测算。

3. 财务室

参照《党政机关办公用房建设标准》中对标准单间办公室使用面积的规定。

4. 档案室

参照《党政机关办公用房建设标准》中对标准单间办公室使用面积的规定，规模小的应急物流中心不单设档案室。

5. 监控室

根据设备所占空间以及监控工作要求计算使用面积。

6. 警卫室

考虑到救灾应急物流中心对应急救灾物资的保管、看护任务，参照《党政机关办公用房建设标准》中对标准单间办公室使用面积的规定计算。

7. 活动室

根据摆放器械和活动设施的要求，规模小的应急物流中心不单设活动室。

8. 值班宿舍

应急物流中心按工作人员总数的固定比例测算值班人员，根据《宿舍建筑设计规范》JGJ36 二类宿舍居室的人均使用面积 $8m^2$ 规定计算使用面积。

应急物流中心管理用房的建筑面积可以表示为：

$$C=\frac{C_1+C_2+C_3+C_4+C_5+C_6+C_7+C_8}{\beta_3} \tag{3-25}$$

式中，C——应急物流中心管理用房的建筑面积；

C_1——办公室使用面积；

C_2——会议室使用面积；

C_3——财务室使用面积；

C_4——档案室使用面积；

C_5——监控室使用面积；

C_6——警卫室使用面积；

C_7——活动室使用面积；

C_8——值班宿舍使用面积；

β_3——管理用房使用面积系数，根据《党政机关办公用房》对办公用房使用面积系数的规定为 0.57～0.60。

（五）附属用房建筑面积

1. 车库

此处车库是指应急物流中心配置的工作用车所使用的停车位，每车位使用面积按24m²测算。

2. 变/配电室

变/配电室使用面积均随应急物流中心规模不同而不同，小规模应急物流中心可以不单设变/配电室。

3. 水泵房

水泵房使用面积随应急物流中心规模不同而不同。

4. 锅炉房

锅炉房使用面积随应急物流中心规模不同而不同，小规模应急物流中心可以不单设锅炉房。

5. 食堂

按工作人员的80%，使用面积1.70m²/人计算，小规模应急物流中心不单设食堂。

6. 浴室

浴室使用面积随应急物流中心规模不同而不同，小规模应急物流中心不单设浴室，可与卫生间合建。

7. 卫生间

卫生间使用面积随应急物流中心规模不同而不同。

应急物流中心附属用房建筑面积可表示为：

$$D=\frac{D_1+D_2+D_3+D_4+D_5+D_6+D_7}{\beta_4} \tag{3-26}$$

式中，D——应急物流中心附属用房的建筑面积；

D_1——车库使用面积；

D_2——变/配电室使用面积；

D_3——水泵房使用面积；

D_4——锅炉房使用面积；

D_5——食堂使用面积；

D_6——浴室使用面积；

D_7——卫生间使用面积；

β_4——辅助用房使用面积系数。

（六）堆场面积

(1) 室外货场面积（E_1）、观察场面积（E_2）和晾晒场面积（E_3）计算公式可以表示为：

$$E_i=\frac{Q_i\times K_i\times T_i\times S_i}{Y},i=1,2,3 \tag{3-27}$$

式中，Q_i——第 i 个堆场日均应急救灾物资最大吞吐量；

K_i——第 i 个堆场应急救灾物资进场系数，K_i = 入场应急救灾物资吨数/场地吞吐量；

T_i——第 i 个堆场应急救灾物资平均堆存天数；

S_i——第 i 个堆场每吨应急救灾物资占地面积；

Y——有效面积利用率。

（2）停车场面积（E_4）计算公式为：

$$E_4 = Q_4 \times S_4 \times \eta \tag{3-28}$$

式中，Q_4——停车场每天停驻车辆数；

S_4——车辆投影面积；

η——车辆换算系数（η=2～3）。

为了紧急需要设置直升机停机坪时，常与堆场、停车场合建，形式依据场地布置确定。停机坪升降区平面尺寸不宜小于直升机旋翼直径的 1.5 倍，且不宜小于 20m×20m。停机坪升降区单独布置时，满足升降区 15m×15m 即可。

由以上计算公式可知，堆场面积（E）公式表示为：

$$E = E_1 + E_2 + E_3 + E_4 \tag{3-29}$$

（七）道路面积

道路面积（F）可以用以下简化公式来表示：

$$F = \sum D_i \times L_{im} \tag{3-30}$$

式中，D_i——第 i 段道路路面宽度；

L_{im}——第 i 段道路中线长度。

应急物流中心道路指标可用表 3-3 来表示。

表 3-3　道路指标

项目	内容	指标
路面宽度（m）	主干道	7.0～9.0
	次干道	6.0～7.0
	支道	3.5～4.0
	引道	视情而定
	人行道	1.0～2.0

（八）绿化面积

绿化面积（G）受应急物流中心规模、所处地块环境和当地气候等因素的影响，可以表示为：

$$G = Z \times \mu \tag{3-31}$$

式中，Z——应急物流中心总体规划面积；

μ——绿化率。

（九）总体规划面积测算

由以上计算可知，应急物流中心总体规划面积的计算公式为：

$$Z=A+B+C+D+E+F+G \tag{3-32}$$

三、应急物流中心平面布局

在进行应急物流中心平面布局规划的过程中，必须对应急物流中心内设施之间以及设施内部的物流状况和相关作业情况进行分析，以明确物流的流向与流量，提高应急物流中心的运作效率。因此，应急物流中心平面布局可以分为功能区平面布局和总平面布局。

（一）平面布局规划步骤

借鉴系统设施布置（简称 SLP）理论，建立如下应急物流中心平面布局规划步骤。

1. 作业区域功能确定

应急物流中心的功能是物流中心能够提供的各种物流服务的总称。应急物流中心可以分为以库房为核心区的物流功能区和由办公区和生活区组成的非物流功能区，如图 3-5 所示。

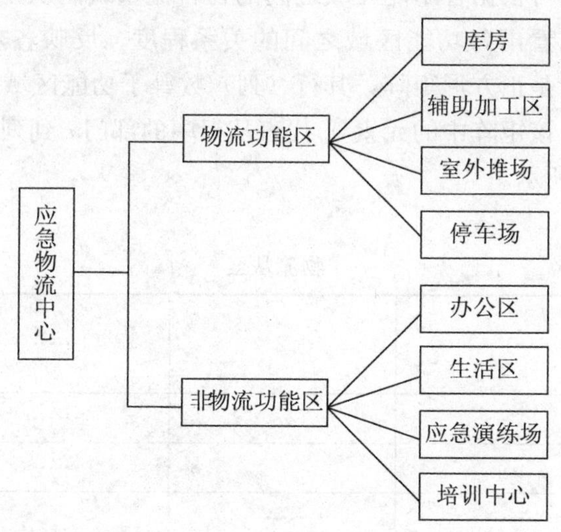

图 3-5　某应急物流中心功能区域

2. 作业流程分析

应急物流中心的作业流程就是指为完成应急物流整体目标而进行的一系列逻辑相关活动的有序集合。应急物流中心的作业流程要受到其他要素的影响和制约，一般具有多层次、多活动的特点，协调和管理的难度较大。作业流程分析就是利用作业流程分析图将功能区与功能区之间或者某功能区内部不同性质的作业加以分类，整理统计各作业阶段的储运单位及作业数量，标出各作业所在区域，即可得知各项物流作业的分布。作业流程如图3－6所示。

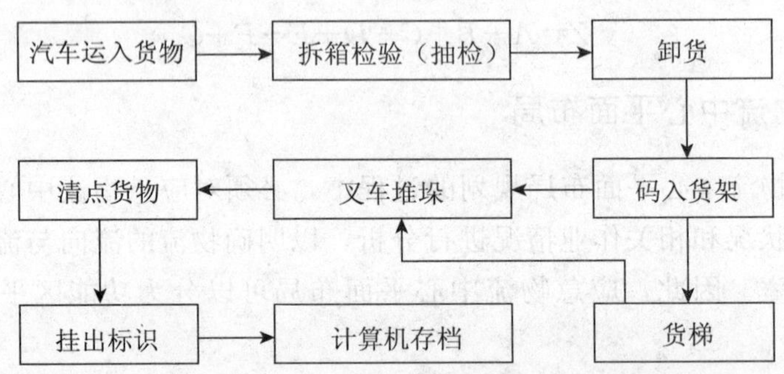

图3－6　某库房应急救灾物资入库流程

3. 物流和活动相关性分析

应急物流中心的相关性分析研究的就是各功能分区之间的相互关系，包括定量的物流关系和定性的非物流关系。

（1）物流关系分析。物流关系是指应急救灾物资从进入应急物流中心一直到离开应急物流中心的全部过程，可根据各功能区域之间的物料流量编制从至表（From－to Chart），从物料流量大小，可以看出各功能区域之间的关系程度，反映各功能区域之间的物流关系。从至表从形式上看是正方形矩阵，其行（列）数等于功能区域数，行（列）中的部门按照统一的顺序排列。该矩阵中的元素 a_{ij} 代表从行中的部门 i 到列中的部门 j 之间的物料流动总量。如表3－4所示。

表3－4　　物流从至

To / From	1	2	……	n
1		a_{12}	……	a_{1n}
2	a_{21}		……	a_{2n}
……	……	……		……
n	a_{n1}	a_{n1}	……	

（2）非物流关系分析。对于平面布局，物料流程并不是决定应急救灾物资移动主要路线的唯一依据。应急物流中心各功能区域间的布局除了受搬运量等物流因素的影响，还要受到诸如管理关系、流程关系、环境关系等非物流因素的制约。对非物流关系区域用相关程度等级表进行业务活动相关性分析，确定各功能区域之间的密切程度，绘出功能相关

图。相关程度等级如表 3－5 所示。

表 3－5　　物流关联程度等级

相关联程度等级		相关因素	
等级代号字母	接近程度说明	理由代码	接近理由
A	绝对必要（Absolutely necessary）	1	物料流动频繁
E	特别重要（Especially important）	2	共用相同的空间区域
I	重要（Important）	3	共用设施
O	普通重要（Ordinary important）	4	组织管理
U	不重要（Unimportant）	5	人员接触方便
X	不可接近（Undesirable）	6	信息交流方便
		7	提升工作效率考虑
		8	工作生活环境考虑
		……	……

其中，在总活动关系中各等级关联比例如下：A 占 5%～10%；E 占 10%～20%；I 占 20%～30%；O 占 20%～30%；U 占 20%～80%；X 占 0%～10%

在确定了应急物流中心功能区域物流相互关系和非物流相互关系后，要将物流和非物流相互关系进行合并，求出合成的相互关系表即综合相互关系表，然后从综合相互关系表出发，实现各作业单位的合理布置。

4. 平面布局

重点考虑物流费用最小化和功能区之间的相关性最大化，决定各功能区在应急物流中心的相对位置，进行平面布局。考虑修正条件（物料搬运方法、建筑特征、道路、绿化、场地环境等）和实际约束条件（给定面积、建设成本、现有条件、政策法规等）形成几个布局方案。通过评价，得到最优平面布置方案。

（二）库房平面布局

根据“（一）”的相关步骤可对应急物流中心的库房区域进行平面布局，此处只做简要介绍。由于库房主要执行应急救灾物资入库、出库以及仓储的流程。对于应急物流中心来说，为了提高突发事件的应对能力，应该提升应急救灾物资快速转运出库的效率。以应急救灾物资出库流程为例，可以用图 3－7 来表示。

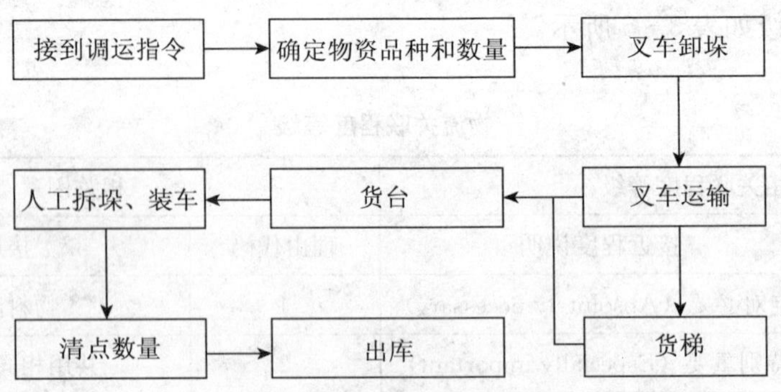

图 3-7 应急救灾物资出库流程

以单层库房为例，根据 SLP 理论，做出平面布局图，如图 3-8 所示。

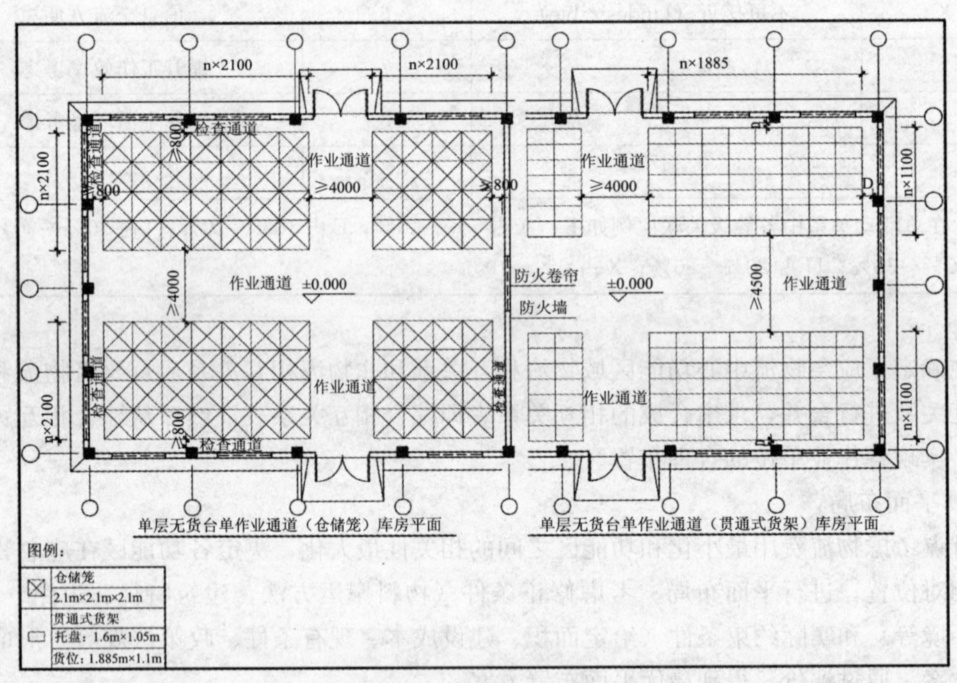

图 3-8 库房平面布局

（三）总平面布局

根据“（一）平面布局规划步骤”中的步骤同样可对应急物流中心进行总平面布局。按照“（一）平面布局规划步骤”把应急物流中心的主要区域分为应急救灾物资库房区、生产辅助区、专用堆场和办公生活区四大部分。它们之间人员流向和物资流向的关系如图 3-9 所示。

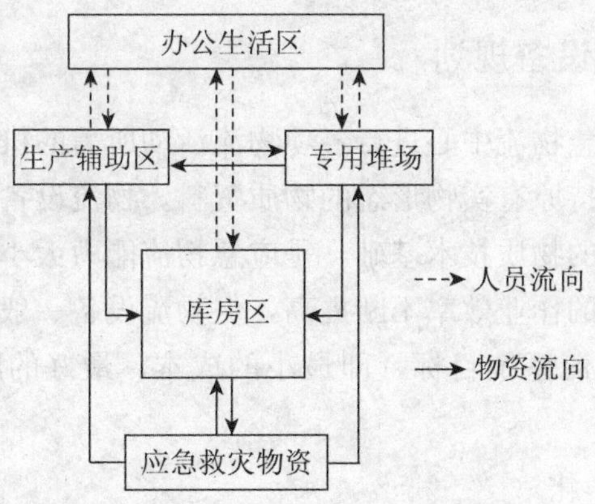

图 3－9　应急物流中心设施相互关系

同样根据 SLP 理论，做出总平面布局图，如图 3－10 所示。

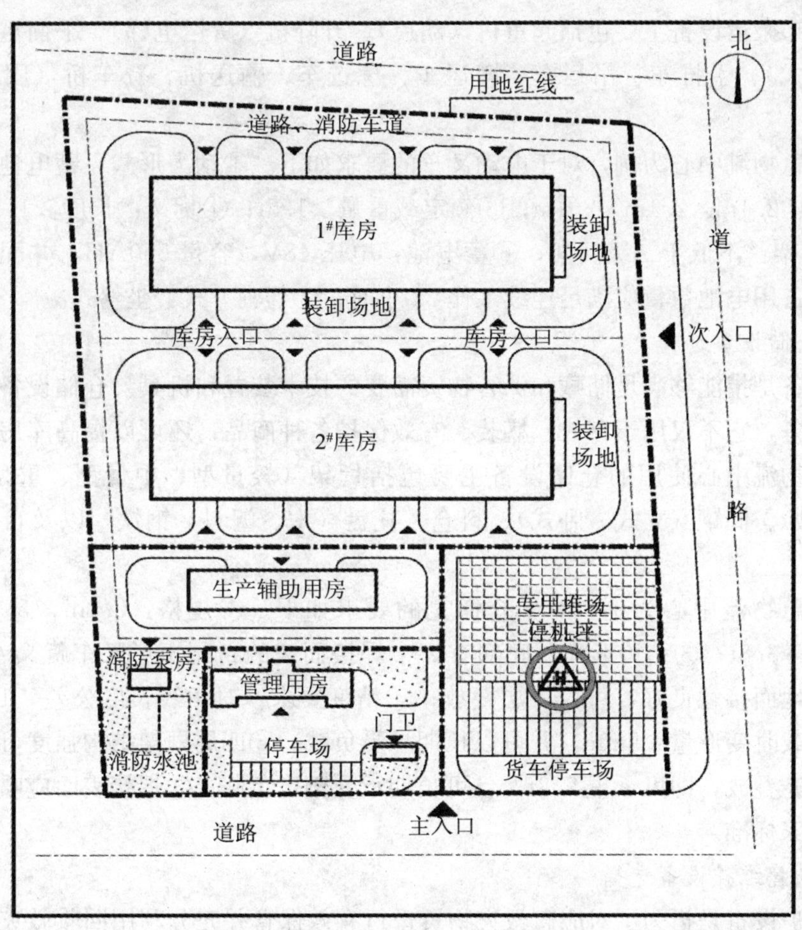

图 3－10　某应急物流中心总平面布局

四、应急物流中心设备规划

所谓物流设备是指应急物流中心进行各项物流活动所需的机械设备、器具等可供长期使用，并在使用中基本保持原有实物形态的物质资料。物流设备是应急物流中心的主要作业工具，是组织物流活动的物质技术基础，是应急物流能力大小的体现。物流设备的广泛应用，使得应急物流中心的作业效率不断提高，但物流设备一般投资大、使用期限长，因此对它的规划必须根据物流系统目标，即最小的成本、最好的服务，并结合具体实际来考虑。

（一）装卸搬运设备选择

应急救灾物资在整个物流过程中最容易发生损坏的环节就是装卸搬运，因此合理选择装卸搬运设备，安全、迅速、优质地完成应急救灾物资装卸、搬运、码垛等作业任务，直接影响到应急物流中心的效率。装卸搬运设备主要指用来搬移、升降、装卸和短距离运送物资的机械。一般可分为起重机械设备、连续运输设备、专用装卸设备等。在应急物流中心使用的装卸搬运设备主要包括起重机（葫芦）、升降机（货运电梯）、平衡重式叉车（电动式、内燃式）、手推车、吊运车、搬运车、拣选车、输送机、登车桥（固定式、移动式）等。

以某应急物流中心为例，对于电动叉车的要求如下。①动力形式：蓄电池；②叉取货物单元尺寸：2.1m×2.1m×2.1m；③额定载重量≥1.5t；④货叉：长度≥1.5m，宽度≥1.5m；⑤门架：不低于二级门架；⑥蓄电池：电压48V，容量550AH，并配有电池转换架。车辆配备用电池数量应满足连续工作24小时；⑦驾驶方式：坐驾式。

（二）仓储设备选择

仓储设备是指能够满足储藏和保管物资需要的技术装置和机具。仓储设备是物流中心最基本的设备，它不仅用于存放、盛装、有效保护各种商品，还可以提高库房空间的利用率。在应急物流中心使用的仓储设备主要包括货架（轻量型、中量型、重型）、仓储笼（普通、重型）、储罐（立式、卧式）、料仓、托盘（木、塑料、钢铁）以及自动化立体仓库等。

以某应急物流中心为例，对于仓储笼的要求如下。①规格：2.1m×2.1m×2.1m；②承载能力≥3.8t；③结构形式：底部有2个焊接而成的封闭矩形叉车货叉专用定位孔，底部支腿与地面接触良好，可以二层叠放；④精度要求：对角线长度公差≤10mm；⑤挠度要求：满载时变形量<5mm，并可以长期承受负载；⑥四周框架结构强度可至少满足二层满载仓储笼叠放，即可承重7.8t，且可长期承受额定负载；⑦焊接表面应喷塑处理，并符合相关国家标准。

（三）保管维护设备选择

保管维护设备是指为了对应急救灾物资进行有效保管并充分利用回收救灾物资而配置的设备。在应急物流中心使用的保管维护设备主要有清洗设备、消毒设备、烘干设备、缝补设备和维修设备等。

以某应急物流中心为例，对于全悬浮水洗脱干机的要求如下。①性能：水洗、脱干合一；②容量：≥50kg；③材质结构：不锈钢；④脱干率：≥65%；⑤操作系统：中文电脑显示屏。

（四）技术防护设备

考虑到应急救灾物资的安全，应急物流中心应配置技术防护设备。主要包括监控设备、自动报警装置等。

（五）交通运输工具

为保证应急救灾物资调运畅通，满足应急救灾物资的回收和紧急运送等工作需要，应急物流中心需配备交通运输工具。主要包括应急调度车、救灾物资转运车、直升机等。

（六）管理与通信设备

为了保证日常业务管理的正常进行，应急物流中心需要配置管理与通信设备。主要包括日常办公用的办公桌椅、自动化办公管理系统设备、文件保管设备、卫星电话、对讲系统等。

（七）其他设备

包括消防设备如消防栓、自动灭火装置等，后勤设备如厨房用具、卫生清洁、健身、休闲娱乐设备等。

设备选用时，除了要满足应急需求外，还应该根据实际需要、组织调配方式、运输组织方法、货物储存方式、各设备在物流系统中的作用等，考虑重新设计、制造还是购置，并进行技术经济论证，以选择最佳设备配置方案。

五、案例分析

我国西南某中央级应急物流中心主要功能是应对自然灾害，储备和调用当暴雨洪涝、山体滑坡、泥石流、地震、冰雪风暴等灾害爆发时所需的应急救灾物资。该应急物流中心辐射西南地区，可满足紧急转移安置人口 86.6 万、救助 21.65 万人（按紧急转移安置人口 25%比例计算）所急需的救灾物资储存、调运等紧急任务。总占地面积 158 亩，总建筑面积 26500m^2，总有效库容万 3.7m^3，拥有近万个货位，主要储备单帐篷、棉帐篷、棉被、棉衣裤、救生包、救生衣、睡袋、折叠床、移动厕所、毛毯、净水机、照明设备（手电筒、蜡烛等）等生活类物资（可储备帐篷 5.41 万顶、棉被 10.83 万床、棉衣裤 21.65 万套）和冲锋舟、橡皮艇、救生圈、发电机、挖掘机等应急类救援物资。

该应急物流中心有库房（3 座）、生产辅助用房、管理用房、值班宿舍、消防泵房、消防水池、门卫、罩棚货场、露天货场、观察场和可供 2 架直升机起降的停机坪等。其中，观察场面积 4000m^2，露天货场面积 7000m^2，绿化面积 4000m^2。平面布局如图 3－11 所示。

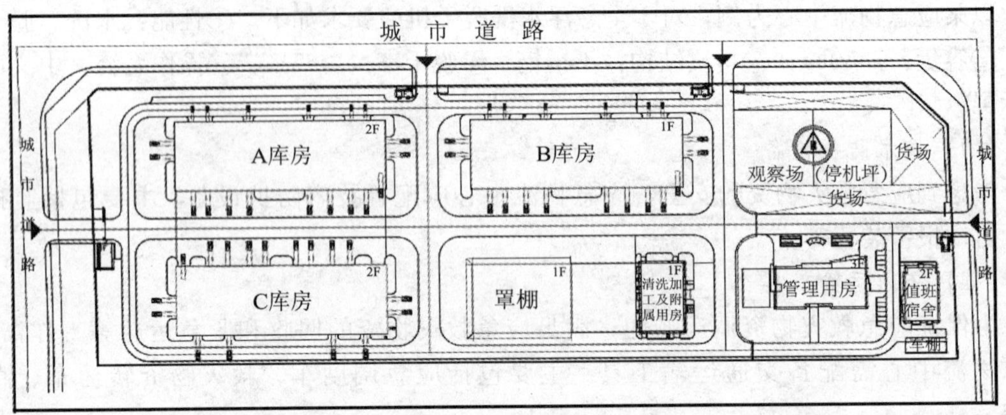

图 3-11　西南某应急物流中心总平面布局

从图 3-11 可以看出，该应急物流中心总平面布局规整，功能分区明确，方便库区的作业与管理；内路网呈环状，满足作业和消防的要求，库区路网与城市干道相连，非常利于快速转运出库作业。

A 库房是我国首次采用的新型仓储设备，集机电一体化单元设备、自动控制技术、计算机网络技术、无线通信技术及信息管理技术为一体，一整套取放应急救灾物资的流程全部由机器完成，清库只需 18 小时。库房有自动喷水灭火系统、远程视频会议系统、全自动货物堆垛识别系统、货物自动盘库系统等。

B 库房主要用于储备棉衣被等应急救灾物资，采用重型窄巷式货架储存，窄巷式叉车作业。平面布局如图 3-12 所示。

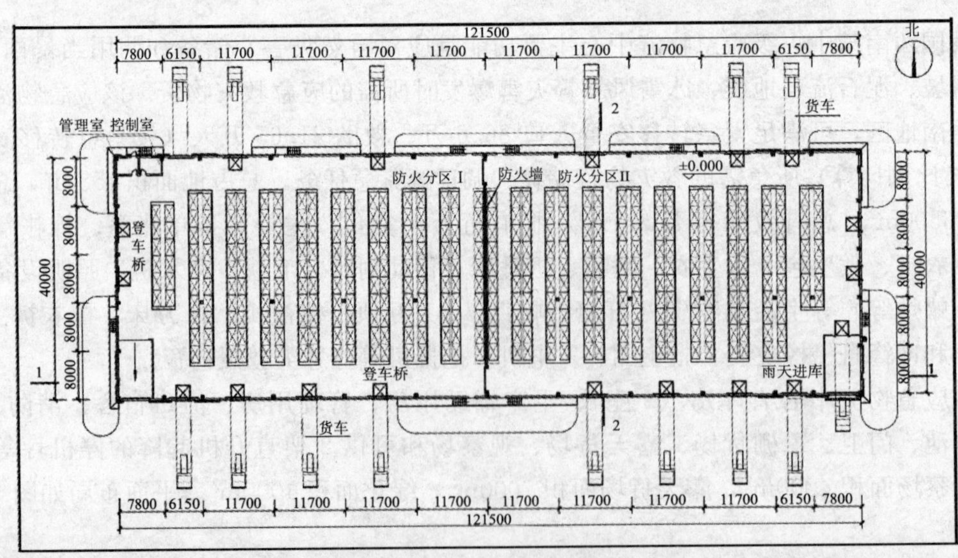

图 3-12　B 库房平面布局

B库房结构为钢结构，设有自动喷水灭火系统。建筑面积5000m²，共设2个防火分区，每个防火分区面积为2500m²。墙体采用压型钢板复合保温板，外门采用电动卷帘门、滑升门。

C库房分为2层，主要存储帐篷等应急救灾物资，一层采用仓储笼储存，叉车作业。平面布局如图3-13所示。

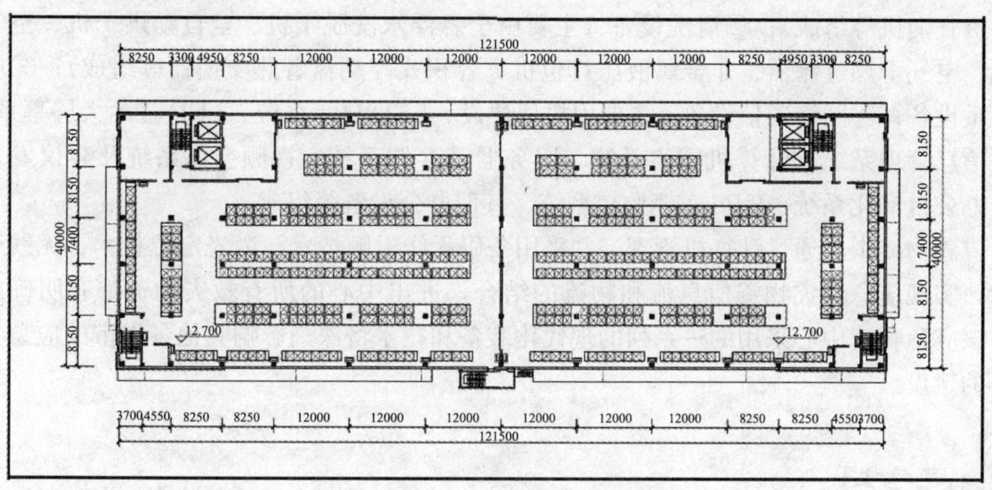

图3-13 C库房一层平面布局

C库房二层采用中量型货架储存，轻型全电动堆高车作业。平面布局如图3-14所示。

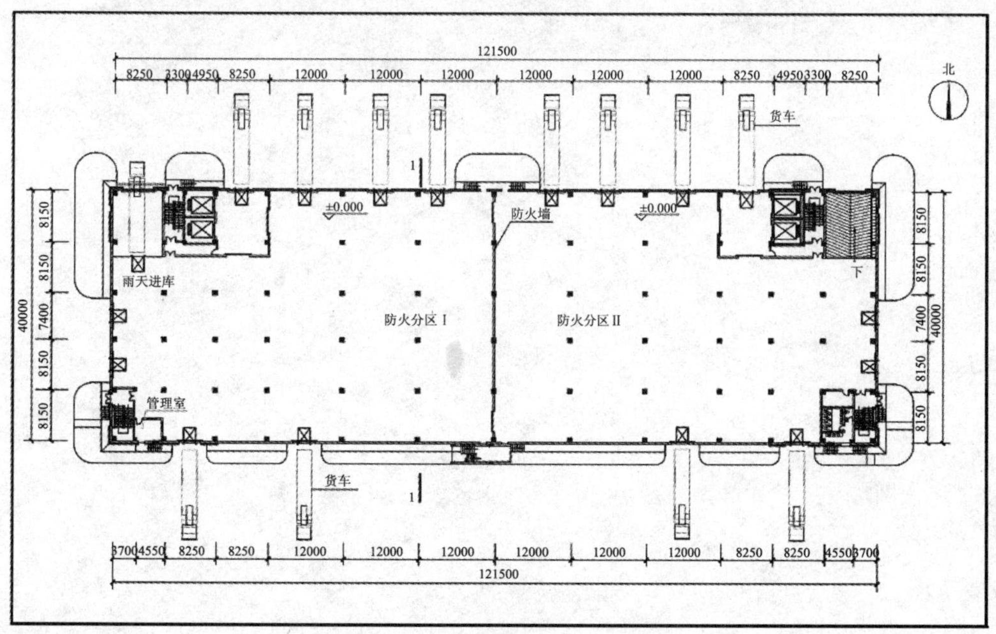

图3-14 C库房二层平面布局

C 库房外围结构为轻钢门式刚架结构，内部为现浇钢筋混凝土框架结构，设有自动喷水灭火系统。建筑面积 5000m²，每层均设 2 个防火分区，每个防火分区面积为 2500m²。墙体采用压型钢板复合保温板，外门采用电动卷帘门、滑升门。

应急物流中心使用的设备主要有：①库房工艺设备（主要由货架、钢制托盘、堆垛机系统、输送系统、地面控制系统、电动平衡重叉车、三向窄巷道叉车、全自动打包机、触摸物资查询机等组成）；②清洗设备（主要由全悬浮水洗脱干机、全自动烘干机、空气压缩机、空气干燥过滤器、非金属液压打包机、容积式浮动盘管热交换器等组成）；③电梯及起重设备；④网络通信设备（主要由机房建设、LED 显示系统、LCD 显示大屏幕系统、库房信息管理系统、计算机网络系统、服务器及存储系统、视频会议系统及会议发言系统、办公自动化系统、GPS 车辆监控系统、其他办公设备等组成）。

应急物流中心通过计算机管理，并采用条码无线射频技术、激光定位技术、无线通信技术，实现应急救灾物资信息流和物流的结合，进出中心的所有救灾物资都有明确的记录。该应急物流中心采用的一系列的现代化装备和技术将深刻影响其他各省市的应急物流中心的建设。

思考题

1. 简述应急物流中心选址的影响因素。
2. 应急物流中心的设施主要有哪些？

第四章　应急物资管理

应急物资的管理是对应急物资在需求分析、需求预测、筹集、仓储、运输、配送和使用直至消耗全过程的管理。对应急物资进行妥善的管理能够最大限度地减少自然因素和人为因素对物资理化性质的影响，保证其价值得以充分发挥，既是实现应急物流快速保障的重要物质基础，也是衡量应急物流保障水平的显著标志。

第一节　应急物资的需求分析

需求分析是应急物资管理的首要环节，是保证应急物资有效后续管理的前提，其主要工作是对应急物资需求进行有效分类并对应急物资需求的特征加以分析。

一、应急物资的含义

（一）应急物资的概念

应急物资是指为应对严重自然灾害、突发事故灾难、突发公共卫生事件、突发社会安全事件及军事冲突等突发事件应急处置过程中所必需的各种保障性资源。从广义上讲，凡是在防灾、救灾、恢复等环节所需要的各种应急保障资源都可以称为应急物资。

（二）应急物资的分类

依据不同的分类标准，应急物资有不同的分类方法，不同的分类方法对应急物资管理有不同的指导意义。

1. 依据引起应急物资需求的原因

按照引起应急物资需求的原因可分为自然灾害类应急物资、事故灾难类应急物资、公共卫生事件类应急物资、社会安全事件类应急物资。

（1）自然灾害类应急物资主要包括干旱灾害、洪涝灾害、风雹灾害、台风灾害、低温冷冻和雪灾、高温热浪灾害、火山灾害和地震灾害、滑坡和泥石流等灾害、生物灾害、森林草原火灾等灾害所需的应急物资。例如，雪灾中使用的棉衣和棉被，用于抑制蝗虫的农药和扑灭森林大火的灭火器材等。

（2）事故灾害类应急物资主要包括工矿商贸等企业的各类安全生产事故、交通事故、危险化学品事故、公共设施和设备事故、核与辐射事故、环境污染和生态破坏事件等突发事件所需的应急物资。例如，救治伤员的担架、防止辐射的防护服装和防止化学品反应的药品等。

（3）公共卫生事件类应急物资主要包括传染病疫情、群体性不明原因疾病、重大食物中毒和职业中毒、动物疫情以及其他严重影响公众健康事件等突发事件所需的应急物资。例如，用于紧急治疗的抗生素，用于解毒的药品和防止疫情传播的口罩等。

（4）社会安全事件类应急物资主要包括重大刑事案件、恐怖袭击事件、重特大火灾事件、民族宗教突发群体事件、涉外突发事件和规模较大群体性事件等突发事件所需的应急物资。例如，用于安置灾民的帐篷、防爆使用的盾牌和用于灭火的消防设备等。

2. 依据应急物资的使用范围

按照应急物资的使用范围分为通用类应急物资和专用类应急物资。在进行应急物资储备时，一定要考虑好通用物资和专用物资的比例和数量。

（1）通用类物资是指适合一般情况下救灾工作普遍需要的物资，也是比较重要的物资。这类物资几乎在各种突发事件中都需要使用到，具有通用的特征，像食品、饮用水、衣物、药品等几乎每次急救灾都是必需品。这些物资应该作为常备储备物资。

（2）专用类物资是指仅在特定的突发事件中有需求的物资，其具有特殊性，应当视应急灾害情况而定。例如，发生疫情后所需要的专门的疫苗、药品，发生洪灾后所需要的救生艇、救生衣，发生地震灾害后所需要的探测仪器、破拆工具等。这些物资并非集中储备的重点，需要根据本地灾害发生情况，灵活储备。

3. 依据应急物资使用的优先级

按照应急物资使用的优先级，分为紧急级物资、严重级物资和一般级物资三类。

（1）紧急级物资是指在突发事件发生后，能够有效保障人民群众生命安全的物资，该类物资对稳定局势具有重要作用，应当第一时间到达应急救援现场，如食品、饮用水、生命探测仪等物资。

（2）严重级物资是指对应急救援的展开具有支持作用、保障救援工作继续展开的物资，如垃圾袋、消毒车、吸油毡等物资。

（3）一般级物资是指用于减少灾害损失，恢复社会正常秩序所需的物资，如挖掘机械、水泥、运输车量等物资。

4. 依据物资的重要性以及供应市场复杂性的程度

按照物资的重要性以及供应市场复杂性的程度可以将物资分为关键物资、瓶颈物资、重要物资、普通物资四种类型。

（1）关键物资是指物资的重要性和供应市场复杂性都较高的物资，其特点是需求量相对较大，本身价值昂贵，其质量和数量都对非常规事件的应急处置产生重要影响；同时，能够提供这种物资的合格供应商不多。

（2）瓶颈物资是指物资的重要性较低但是供应市场复杂性较高的物资，其特点是获取有一定难度，如难以找到合格的供应商；与供应商的距离较远又缺乏可靠的运输保障；属于专利产品，供应商占优势地位等。

（3）重要物资是指物资的重要性较高但是供应市场复杂性较低的物资，其特点是供应市场比较充足，但该种物资昂贵、本身价格重要性高、库存占用资金大。

（4）普通物资是指物资的重要性和供应市场复杂性都较低的物资，其特点是小件物资，本身价值不高，市场上也容易获得，且在应急处置中重要性不是很高，但是这种物资往往种类繁多，很多时候占到企业全部采购库存种类的一半以上。

5. 依据应急物资的用途

按照发改委公布的《应急物资分类及产品目录》，应急物资用途可分为以下十三大类。

（1）防护用品类。是指保护灾民或者救援人员的人身安全与健康所必备的防御性装备，其具体可包括：①卫生防疫（防护服、测温计）；②化学放射污染（防毒面具）；③消防（防火服、头盔、手套、面具、消防靴）；④海难（潜水服、水下呼吸器）；⑤爆炸（防爆服）；⑥防暴（盾牌、盔甲）；⑦通用（安全帽、安全鞋、水靴、呼吸面具）。

（2）生命救助类。是指搜寻或者保护灾民生命的设备或工具，其具体可包括：①外伤（止血绷带、骨折固定托架）；②海难（救捞船、救生圈、救生衣、救生艇、救生缆索、减压舱）；③高空坠落（保护气垫、防护网、充气滑梯、云梯）；④掩埋（红外探测器、生物传感器）；⑤通用（担架、保温毯、氧气机、直升机救生吊具、生命探测仪）。

（3）生命支持类。是指保持伤者生命体征的药品或器材，其具体可包括：①窒息（便携呼吸机）；②呼吸中毒（高压氧舱）；③食物中毒（洗胃设备）；④通用（输液设备、输氧设备、急救药品、防疫药品）。

（4）救援运载类。是指通过水陆空进行救援行动的设备，其具体可包括：①防疫（隔离救护车、隔离担架）；②海难（医疗救生船）；空投（降落伞、缓冲底盘）；③通用（救护车、救生飞机）。

（5）临时食宿类。是指临时解决灾民温饱问题的物资和设备，其具体可包括：①饮食（炊事车、炊具、餐具）；②饮用水（供水车、水箱、瓶装水、过滤净化机、海水淡化机）；③食品（压缩食品、罐头、真空包装食品）；④住宿（帐篷、宿营车、移动房屋、棉衣、棉被）；⑤卫生（简易厕所、简易淋浴设备）。

（6）污染清理类。是指清除各种污染所使用的药品或装备，其具体可包括：①防疫（消毒车、喷雾器、垃圾焚烧炉）；②垃圾清理（垃圾箱、垃圾袋）；③核辐射（消毒车）；④通用（杀菌灯、消毒杀菌药品、凝油剂、吸油毡、隔油浮漂）。

（7）动力燃料类。是指能够产生动力的各种物料或设备，其具体可包括：①发电（发电车、燃油发电机组）；②配电（防爆防水电缆、配电箱、电线杆）；③气源（移动式空气压缩机、乙炔发生器、工业氧气瓶）；④燃料（煤油、柴油、汽油、液化气）；⑤通用（干电池、蓄电池、充电设备）。

（8）工程设备类。是指进行应急工程建设所使用的机械或装备，其具体可包括：①岩土（推土机、挖掘机、铲运机、压路机、破碎机、打桩机、工程钻机、凿岩机、平整机、翻土机）；②水工（抽水机、潜水泵、深水泵、吹雪机、铲雪机）；③通风（通风机、强力风扇、鼓风机）；④起重（吊车、叉车）；⑤机械（电焊机、切割机）；⑥气象（灭雹高射炮、气象雷达）；⑦牵引（牵引车、拖船、拖车、拖拉机）；⑧消防（消防车、消防船、灭火飞机）。

（9）器材工具类。是指用于应急救灾的器材或工具，其具体可包括：①起重（葫芦、索具、浮桶、绞盘、撬棍、滚杠、千斤顶）；②破碎紧固（手锤、钢钎、电钻、电锯、油锯、断线钳、张紧器、液压剪）；③消防（灭火器、灭火弹、风力灭火机）；④声光报警（警报器、照明弹、信号弹、烟雾弹、警报灯、发光标记）；⑤观察（防水望远镜、工业内窥镜、潜水镜）；⑥通用（普通五金工具、绳索）。

（10）照明设备类。是指用于不同场合的灯具，其具体可包括：①工作照明（手电、矿灯、风灯、潜水灯）；②场地照明（探照灯、应急灯、防水灯）。

（11）通信广播类。是指各种有线或无线通信器材，其具体可包括：①无线通信（海事卫星电话、电台、移动电话、对讲机）；②广播（有线广播器材、广播车、扩音器、电视转发台）。

（12）交通运输类。是指运输工具和设备，其具体可包括：①桥梁（舟桥、吊桥、钢梁桥、吊索桥）；②陆地（越野车、沙漠车、摩托雪橇）；③水上（气垫船、沼泽水橇、汽车轮渡、登陆艇）；④空中（货运、空投飞机或直升机、临时跑道）。

（13）工程材料类。是指工程建设中使用的物料，其具体可包括：①防水防雨抢修（帆布、苫布、防水卷材、快凝快硬水泥）；②临时建筑构筑物（型钢、薄钢板、厚钢板、钢丝、钢丝绳、桩、上下水管道、混凝土建筑构件、纸面石膏板、纤维水泥板、硅酸钙板、水泥、砂石料）；③防洪（编织袋、防渗布料涂料、土工布、铁丝网、铁丝、钉子、铁锹、排水管件、抽水机组）。

二、应急物资需求的含义

应急物资需求是指国家有效应对突发事件对于群众的伤害而产生的最低物资要求。所谓“有效”是指应对突发事件的效益要高，也指应急物资的使用效率要高；“最低”是指成功应对突发事件条件下需求的数量最小，即指在给定突发事件类型、强度等条件下，成功应对突发事件的最少应急物资需求量。

应急物资的需求主要从三个方面来进行表述和衡量，分别是物资的种类需求、物资的数量需求和物资的质量需求。

1. 物资的种类需求

物资的种类需求是指在不同的突发事件造成的灾害差别下，受灾群众和救援部门所需应急物资的不同种类数。每一种发生的灾害都有其独特性，要求政府应急部门在应急物资的储备过程中，除了要储备常用的被褥、药品等外，还要根据当地以往的灾害记录储备其相应的应急救援物资。例如，经常发生洪涝灾害的地区要多储备舟船和编织袋等物资，而旱灾多发的地区要多储备发电机组和水泵等物资。

2. 物资的数量需求

物资的数量需求是指突发事件发生后，为有效应对突发事件所必需的最少物资数量。这种需求和受灾人口数量、受伤人员数量以及灾区人口年龄、性别比例等指标密切相关。要求政府应急部门第一时间对灾区进行勘察，及时反馈信息，及时调配相应数量的应急物

资，保证灾区群众的生命财产安全。例如，玉树地震的初期，为了安置灾民首要的物资除了食物和饮用水之外，还需要大量的帐篷。

3. 物资的质量需求

物资的质量需求是指对于应急物资的可靠性、准时性和成本等方面的要求。政府应急部门要加强对应急物资的监管，对于保质期限较短的应急物资，如食品、饮用水和药品等要保证在保质期内使用，否则就会引起灾民的不满，影响救灾质量。例如，2014 年我国南方某地区水灾中，有关部门送来的面包已经发霉变质，不但增加了灾民的负面情绪，还影响了政府部门的形象。同时，应急部门要提高配送能力，保证灾区民众基本生活。应急救援虽然不把成本问题作为第一要务来考量，但是合理低成本管理有助于减少应急管理的浪费，提升整个国家应急管理的可持续性。

三、应急物资需求的特征

应急物资需求不同于日常普通物资的需求，它直接受到突发事件自身特性的影响，主要表现出以下特征。

1. 突发性

很多时候，在人们完全没有任何心理和物质准备的情况下，突发公共事件在很短的时间内对人类造成巨大的破坏，救灾物资的需求也随之急剧膨胀，由平时的正常需求转变为应急需要，出现了生活物资的相对短缺；同时这种状况会随着国家储备机构的不断完善和社会救灾力量的动员逐渐地回归到相对均衡的状态。例如，在 2003 年“非典”（SARS）爆发后，“非典疫苗”的需求量很大，且没有其他药物可以替代，而在当时还没有研制出这种药物；H1N1 禽流感发生后，很多医院的达菲储备远远不足。因此，这类物资是应急物资保障的难点。

2. 时效性

突发事件发生后，必须以最快的速度把应急物资运送到需求现场，以缓解受灾群众迫切的生存和生活需求。如果不能在限定的时间内发挥作用，应急物资便失去了“应急”的意义。应急物资的及时到达对应急工作的后续展开也是至关重要的，如果在最佳时机不能保障需求，就可能引发连锁反应，给后续应急救灾工作带来更大的困难。例如，救援界认为，灾难发生之后存在一个“救难黄金 72 小时”，在此时间段内，灾民的存活率较高。地震等地质灾害发生后的 72 小时期间，灾民的存活率随时间的流逝呈递减趋势。在第一天（即 24 小时内），被救出的人员存活率在 90%左右；第二天（即 48 小时内），存活率在 50%～60%；第三天（即 72 小时内），存活率在 20%～30%；而 72 小时以后的存活率不到 10%。因此，地震发生的初期是以救援为主，需要相应的救援设备和车辆能够及时到位。

3. 不确定性

由于突发事件发生的时间、地点、规模大小和影响范围难以预测，应急物资是在突发事件发生后发挥作用的，因此应急物资的需求具有不确定性特征，具体表现为需求时间、需求量、需求种类以及调运方式的不确定。当灾害发生后，救灾指挥中心往往不能及时了解受灾区实际情况（如受灾程度、伤员人数、居民自救情况等）；同时无法用常规性方法对灾情加以判断，信息存在着严重的不充分、不及时、不全面或不准确，人们无法在第一时间就准确地预测出所有可能的物资需求。突发事件发生时间的不可预测性决定了应急物资需求时间的不确定性；突发事件规模大小和影响范围不确定性决定了应急物资需求量的不确定；不同类型的突发事件决定了不同种类的应急物资需求，如公共卫生事件和自然灾害事件需求的应急物资种类有很大的差别；突发事件发生地和影响范围的不确定决定了应急物资调运方式的不确定性。

4. 社会公益性

对于突发事件的应急物流管理是以国家政府为主导的，全社会公众共同参与的社会活动。政府储备和使用应急物资的目的是保障人民群众生命财产安全，不以经济效益为目的。例如，目前全国已经建立 10 多个中央级应急物资储备库，突发事件一旦发生，应急物资可在全国范围内免费调拨。社会捐赠也是应急物资的重要筹措方式之一，如 2008 年汶川地震发生后，全国共接收国内外社会各界捐赠款物 760.22 亿元，物资折价 107.10 亿元，这都体现了应急物资的社会公益性。

5. 复杂性

应急物资需求的数量、种类与很多因素有关，不同的自然灾害，或相同的灾害在不同的季节、不同的地区发生，对“衣、食、住、行”等方面的需求是不同的。例如，洪涝灾害会增加对衣物的需求，旱灾会增加对发电器材的需求，雪灾对保暖物资的需求会增加，比较落后的地区救助需求比较大。同时，由于很多灾害发生后都会对通信系统产生重大危害，使得受灾地区的灾情不能在第一时间内被外部救援方面所获知，也导致应急物资无法准确预测。因此，应急物资需求很复杂，难以建立统一的计算模型。如果相关部门不能进行科学决策，就会使救灾行动事倍功半。例如，气温较高的南方某地区发生了台风灾害，民众迫切需求的物资除了食品外，还有发电器材等自救物资，但是某些救灾机构却发放了大量的被褥给灾民，使得这些物资在潮热的地区无法有效使用，浪费了救灾资源。又如，很多地方发生灾害后，应急部门往往集中保障食品（如方便面、饼干、矿泉水等）和保暖居住等生活物资，对于一些需求不太大的物资重视不够。而这其中可能包含一些非常紧缺的物资，例如婴幼儿的奶粉、妇女的个人卫生用品等。

6. 动态性

突发事件发生后，灾区情况一直处于动态的变化之中，使得救助需求的内容也在不断变化。不同阶段的应急物资在结果和数量上存在一定差异。例如，在汶川地震的应急物流行动中，初始阶段重点是受灾群众的救援和安置，应急物资主要集中在食物、衣物、帐篷、搜索器材、营救设备、医疗器材等物资的需求上。随着救援阶段的结束，防疫成为了重点内容，因此，应急物资的需求种类也发生了根本性变化，变成了对消毒设备、医疗药品等物资的重点需求。所以，应急物资需求预测时应考虑应急物资的供给是一个阶段性过程，且各阶段存在差异。

第二节　应急物资需求预测

预测是决策的依据，是对尚未发生或目前还不明确的事物进行预先的估计和推测。应急物资需求预测是指在突发性事件发生之前或者发生之后，应急管理部门对于应急物资的需求种类、数量等方面预先的估计，以保证应急物资能够不断满足突发事件所在地的应急物资需求。

一、预测的基本原理

（一）连续性原理

客观事物的发展具有合乎规律的连续性，未来可能处在过去和现在的“延长线”上。依照这个原理预测事物的未来，必须建立在了解事物的过去和现状的基础上，从大量历史的和现实的信息中，找出发展变化的规律性，才能据此推断未来，基于连续性原理可以采用时间序列方法进行预测。

（二）相关原理

事物的发展并不是孤立的，而是在其他事件的相互影响下发展的，事物之间的相互影响主要表现为相关关系或者因果关系。重视对影响预测目标的关系的分析，可以把握影响预测目标诸因素的不同作用，由因推果，预测出市场的必然趋势和偶然因素可能产生的干扰。基于相关原理可以采用统计预测的方法进行预测。

（三）类推原理

许多客观事物之间存在着某种类似的结构和发展模式，人们可以根据已知事物的某种类似的结构和发展模式，类推某个预测目标未来的结构和发展模式。通过对人们经验进行总结，可采用人工智能技术进行预测。

（四）质量互变原理

事物的发展变化是从量变开始的，当量变积累到一定的程度后，必然会发生质的根本改变，而质的变化，又会带来新的量变。在预测中预测者应根据事物的数量变化，探寻事物质的变化，分析现象不同发展阶段有何本质区别，未来的发展与现在相比是否会发生质的改变，而不能简单地利用预测模型进行外推预测，否则就会得出错误的预测结果，产生质的预测误差。

二、应急物资需求的预测步骤

（1）明确预测对象和目标。包括预测结果的用途、预测的时间跨度等。据此可确定预测所用信息、需要做的投入。

（2）选择合适的预测方法和预测模型。这里要充分考虑预测的目标、时间的跨度、需求的特征等因素对预测方法的影响。

(3) 收集、分析相关的资料数据。收集资料进行初步分析，观察资料结构及其性质，并以此作为选择预测方法的反馈。

(4) 预测。以预测目标为导向，不仅靠某一理论模型，要综合考虑各种复杂状况和影响因素，借助经验判断、逻辑推理、统计分析进行预测。

(5) 预测结果评价，分析预测精度和误差。将预测结果进行实际应用，根据实际发生的需求对预测进行监控。必要的时候，还需要对某些环节作出调整后重新进行预测。

三、应急物资需求的预测方法

应急物资的需求预测有多种方法，可以按照不同的原则进行归类。总体而言，可以分为定性预测和定量预测。按照使用预测工具的不同，又可以分为统计预测、专家预测和人工智能预测等。

统计预测方法就是根据统计资料或相关的定性资料，通过统计分析，应用统计模型，对未来不确定事件的数量方面或数量方面的未来前景所作的预测。常用的统计预测法有时间序列分析法和回归分析法等。

专家预测法是以专家为索取信息的对象，运用专家的知识和经验，考虑预测对象的社会环境，直接分析研究和寻求其特征规律，并推测未来的一种预测方法。主要包括专家会议法、头脑风暴法、个人判断法和集体判断法等。

人工智能预测技术是研究使计算机来模拟人的某些思维过程和智能行为（如学习、推理、思考、规划等）来进行预测的技术，现在被越来越频繁地应用在预测当中。人工智能预测有多种方法，还有新的方法在不断地开发当中。有 BP 神经网络预测和案例推理预测技术等。

四、应急物资需求的预测模型

由前面所述的应急物资需求的特征，可见对应急物资的需求进行预测是一项非常困难的工作，用传统的预测方法来预测应急物资需求效果并不好。众多学者和专家尝试着运用新的仿真技术、模型等对应急物资未来的需求做出预测。下面以灰色 Verhulst 模型为例做一介绍。

(一) 模型构建和求解

突发事件发生后，药品类应急物资（主要是常规医疗药品和急救用品）需求将会随着灾区受伤人员数量的变化而变化，因而受伤人员的数量成为决策药品类救援物资需求的一个重要因素。灰色 Verhulst 模型主要通过对大规模地震发生后受伤人员数量变化进行研究，进而对药品类救援物资的时变需求进行预测。

假设大规模地震发生后受伤人员数量序列为：

$$S^{(1)}=(S^{(1)}(1),S^{(1)}(2),\cdots,S^{(1)}(t))$$

式中，$S^{(1)}(t)$ ——t 时刻的受伤人员数量。

$S^{(0)}(t)$ 为 $S^{(1)}(t)$ 的 1－IAGO 序列，$Z^{(1)}(t)$ 为 $S^{(0)}(t)$ 的均值生成序列，则称

$$s^{(1)}(k)+az^{(1)}(k)=b\left(z^{(1)}(k)\right)^{a}$$

为 GM（1，1）幂模型。

当 $a=2$ 时，则称

$$s^{(1)}(k)+az^{(1)}(k)=b\left(z^{(1)}(k)\right)^{2}$$

为灰色 Verhulst 模型。

称

$$\frac{\mathrm{d}s^{(0)}}{\mathrm{d}t}+as^{(0)}=b\left(s^{(0)}\right)^{2} \tag{4-1}$$

为灰色 Verhulst 模型的白化方程。

采用最小二乘法来估计参数 a 和 b，设

$$E=\begin{bmatrix}-z^{(1)}(2),\left(z^{(1)}(2)\right)^{2}\\-z^{(1)}(3),\left(z^{(1)}(3)\right)^{2}\\\vdots\\-z^{(1)}(n),\left(z^{(1)}(n)\right)^{2}\end{bmatrix},Y=\begin{bmatrix}S^{(1)}(2)\\S^{(1)}(3)\\\vdots\\S^{(1)}(n)\end{bmatrix}$$

则灰色 Verhulst 模型参数列 $\hat{a}=(a,b)^{T}$ 的最小二乘估计为：

$$\hat{a}=\left(E^{(T)}E\right)^{-1}E^{T}Y$$

将式（4-1）左右同时乘以 $\left(s^{(0)}\right)^{-2}$

$$\left(s^{(0)}\right)^{-2}\frac{\mathrm{d}s^{(0)}}{\mathrm{d}t}+a\left(s^{(0)}\right)^{1-a}=b$$

令 $y^{(1)}=\left(s^{(0)}\right)^{1-a}$，求解该伯努利方程，可得灰色 Verhulst 白化方程的解为：

$$S^{(1)}(t)=\frac{1}{e^{at}\left[\frac{1}{s^{(1)}(0)}-\frac{b}{a}\left(1-e^{-at}\right)\right]}=\frac{aS^{(1)}(0)}{e^{at}\left[a-bS^{(1)}(0)\left(1-e^{-at}\right)\right]}$$

$$=\frac{aS^{(1)}(0)}{bS^{(1)}(0)+\left(a-bS^{(1)}(0)\right)e^{at}}$$

灰色 Verhulst 模型的时间响应式：

$$\hat{S}^{(1)}(k+1)=\frac{as^{(1)}(0)}{bs^{(1)}(0)=\left(a-bs^{(1)}(0)\right)e^{ak}} \tag{4-2}$$

代入的 k 值不同，即可得到相应的 $\hat{s}^{(1)}(k)$，从而实现了对大规模地震发生后受伤人员数量的预测，进而实现对药品类救援物资的时变需求的预测。

（二）误差检验及其修正

任何灰色模型预测的结果都要通过精度检验来判断结果是否合理，只有通过了精度检验的灰色预测模型才能确保其预测值的合理性和准确性。在 t 时刻受伤人员数量的实际值与预测值之差称为 t 时刻的残差。残差与实际值之比称为在 t 时刻的相对残差，通过计算每个时刻的残差以及相对残差，即可计算平均相对残差，然后查阅平均相对残差表（见表4-1）判断该灰色 Verhulst 预测模型的精度等级。

表 4-1 精度检验等级参照

精度等级 \ 指标临界值	相对误差 α
一级	0.01
二级	0.05
三级	0.10
四级	0.20

（三）实例验证

以我国 2010 年发生在青海省玉树藏族自治州的 7.1 级大地震为实例，建立灰色 Verhulst 预测模型，对以破伤风免疫球蛋白、生理盐水、抗生素、镇痛剂等医疗应急救援物资进行预测。

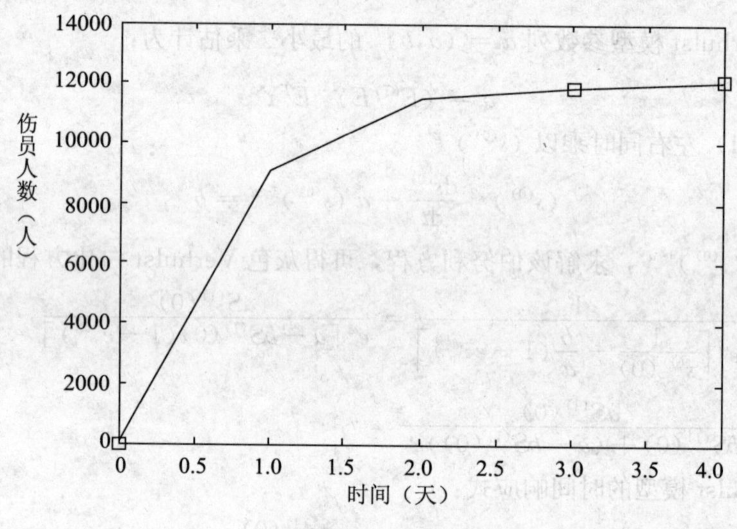

玉树地震受伤人员数量

以 1 天为时间间隔，2010 年 4 月 14 日至 4 月 17 日青海省玉树地震受伤人员数量（数据来源于 http：//news. sohu. com/s2010/yushudizhen/）原始序列为 S（1）＝［9110，11477，11849，12088］，由图 4-1 可知受伤人员数量原始序列曲线近似 S 形，直接对原始序列进行 1-IAGO（一次累减生成数列）S（0）＝［2367.00，372.00，239.00］，建立灰色 Verhulst 模型直接对 S(1)进行模拟。均值生成序列：Z（1）＝［10293.50，11663.00，11968.50］。

利用最小二乘算法，对发展系数 a 和灰色作用量 b 进行参数估计，由

$$E=\begin{bmatrix}-z^{(1)}(2) & (z^{(1)}(2))^2\\-z^{(1)}(3) & (z^{(1)}(3))^2\\-z^{(1)}(4) & (z^{(1)}(4))^2\end{bmatrix}=\begin{bmatrix}-10293.50 & 105960000\\-11663.00 & 136030000\\-11968.50 & 143240000\end{bmatrix}$$

$$Y=\begin{bmatrix}s^{(1)}(2)\\s^{(1)}(3)\\s^{(1)}(4)\end{bmatrix}=\begin{bmatrix}11477\\11849\\12088\end{bmatrix},$$

$$\hat{a}=\begin{bmatrix}a\\b\end{bmatrix}^T=(E^TE)^{-1}E^TY=\begin{bmatrix}-1.5691\\-0.0001\end{bmatrix}$$

取 $s^{(1)}(0)=s^{(1)}(1)=9110$，根据式（4－2）计算可得灰色 Verhulst 模型的时间响应式为：

$$\hat{s}^{(1)}(k+1)=\frac{-14294.2641}{-1.1884-0.3807e^{-15691k}} \tag{4-3}$$

根据式（4－3）对玉树地震受伤人员数量进行模拟和预测。2010 年 4 月 14 日至 4 月 17 日青海省玉树地震受伤人员数量的模拟值为：

$$\hat{s}^{(2)}=\frac{-14294.2641}{-1.1884-0.3807e^{-1.5691}}=\frac{-14294.2641}{-1.26767}=11276$$

$$\hat{s}^{(3)}=\frac{-14294.2641}{-1.1884-0.3807e^{-1.5691\times2}}=\frac{-14294.2641}{-1.20491}=11863$$

$$\hat{s}^{(4)}=\frac{-14294.2641}{-1.1884-0.3807e^{-1.5691\times3}}=\frac{-14294.2641}{-1.19184}=11993$$

2010 年 4 月 18 口青海省玉树地震受伤人员数量的预测值为：

$$\hat{s}^{(5)}=\frac{-14294.2641}{-1.1884-0.3807e^{-1.5691\times4}}=\frac{-14294.2641}{-1.19812}=12027 \tag{4-4}$$

而 2010 年 4 月 18 日青海省玉树地震受伤人员数量的实际值为：

$$S^{(1)}(5)=12128$$

则预测残差为：

$$\varepsilon(5)=S^{(1)}(5)-\hat{S}^{(1)}(5)=99$$

相对误差为：

$$V_6=\left|\frac{\varepsilon(5)}{S^{(1)}(6)}\right|=\frac{99}{12128}=0.82\%$$

预测精度为 99.2%。模拟数据误差如表 4－2 所示。

表 4-2　　误差检验

序号	实际数据 $S^{(1)}(k)$	模拟数据 $\hat{S}^{(1)}(k)$	残差 $\varepsilon(5)=S^{(1)}(5)-\hat{S}^{(1)}(5)$	相对误差 $\Delta_k=\left\|\frac{\varepsilon(k)}{S^{(1)}(k)}\right\|$
2	11477	11276	201	1.75%
3	11849	11863	−14	0.12%
4	12088	11993	95	0.79%
平均相对误差 $\bar{\Delta}=(\Delta_2+\Delta_3+\Delta_4)/3$				0.89%

由表 4-2 可知，灰色 Verhulst 模型的平均相对误差为 0.89%，模拟精度高达 99.1，很好地描述了青海省玉树地震受伤人员数量的变化。

大规模地震发生后，随着救援阶段的不同，受伤人员的伤情特征也会随之发生变化，从而决定了对于药品类救援物资的需求也会产生相应的变化。但是伤员中绝大多数患者属于非紧急处理患者（4～60 分钟内处理）和轻伤（5～120 分钟内处理）（汶川地震中占 81.6%），这部分患者对于石膏、夹板、晶体液、纱布、敷料、绷带及 TIG 等常规医疗用品和急救用品需求量相当大，而且几乎所有的伤员都需要这类常规医疗用品和急救用品，因此常规医疗用品和急救用品需求量可以看成全体伤员人数的函数。灰色 Verhulst 模型主要讨论伤员人数对药品类救援物资需求的影响，所以对于药品类救援物资的繁杂的类别和阶段的变化特征不做过多描述，而是将其抽象地分为常规医疗用品和急救用品（药品类应急救援物资）。

邓砚等人对一些必需应急救援物资的人均需求量进行了研究，给出了部分重要应急救援物资需求量的计算方法：

担架（付）＝0.08×受伤人数

绷带（轴）＝0.998×受伤人数

纱布（包）＝0.55×受伤人数

碘酒（克）＝13.3×受伤人数

破伤风抗毒素（支）＝1.66×受伤人数

结合式（4-4），可对以担架、绷带、纱布、碘酒、破伤风抗毒素为代表的药品类应急救援物资需求进行预测，具体结果见表 4-3。

表 4-3　　药品类救援物资需求预测

受伤人数	需求				
	担架（付）	绷带（轴）	纱布（包）	碘酒（克）	破伤风抗毒素（支）
12027	962	12003	18642	159959	19965

本节建立了受伤人数同药品类应急救援物资需求之间的联系，结合玉树地震，首先通过灰色 Verhulst 模型对受伤人数序列进行模拟预测，从而对玉树地震 4 日后药品类应急救援物资（担架、绷带、纱布、碘酒、破伤风抗毒素）需求进行了预测。预测结果证明了该模型具有良好的应用性。

第三节　应急物资的筹集管理

应急物资的筹集，是指在紧急状态下依法对突发灾害所需物资进行的紧急筹措活动。一切与突发灾害事件相关的生产资料和生活资料都属于筹集的内容，如粮食、食品、衣被、药品、设备、器材、工具等。应急物资的筹集是应急物流指挥机构顺利运行的物质基础，直接关系到突发事件应急物资保障水平和应急物流目标的实现，而且是检验应急组织指挥机构运作效率的重要标准。面对突发事件，一旦不能及时快速、品种齐全地收集到所需的应急救援物资，应急救援工作就很难开展。失去强有力的物资保障，任何应急救援工作都只能是纸上谈兵。

一、应急物资筹集的渠道

应急物资筹集作为突发事件应急管理的一项重要内容，具有一定的强制性和社会性。为确保在紧急状态下筹集到所需的应急救援物资，必须建立高效、规范、安全的应急物资筹集渠道。

1. 动用国家储备物资

国家储备物资是指国家直接掌握动用的，同国计民生有重大关系的生活资料和生产资料的物资储备，如粮食、棉花、燃料、钢铁等储备。国家储备是长期性储备，用以解决严重自然灾害、疫情、战争等突发事件需要，国民经济计划执行中的特殊需要以及援外任务中的特殊需要等。动用国家的储备物资是应急物资筹措的首选方式，不仅可以缩短物资筹集的时间，而且可避免对人民群众的正常生活和经济秩序造成过大的负面影响，是满足救灾需要、缩短物资供应时间的最佳途径。

2. 直接征用

在国家储备物资不能有效满足所有灾区人口需求的时候，对一些物资生产流通企业，依照相关法律，在事先不履行物资筹措程序的情况下，对所生产和经销的物资进行紧急征收征用，以满足救灾需要，事后根据所征用物资的品种、规格、数量和征用时间及市场均价等与供应商进行结算和补偿。

3. 应急捐赠

严重的突发灾害发生后，由政府部门或社会团体等机构有组织地向海内外各界募集资金和物资，帮助解决灾区和灾民的困难。捐赠款物来自海内外各界，包括友好国家和地区政府、国际组织、外国民间团体、企业及个人、海外华人华侨组织及个人、国内社会各界机关、团体、企事业单位、军队、学校和个人。建立经常性社会捐助体制，开辟除国家财政投入以外的另一条救援资金和物资的重要来源，能为需要救助的人群提供大量的帮助，同时也可极大地促进国家的精神文明建设。例如，汶川地震发生后，国内外个人、组织纷纷伸出援助之手，截至 2009 年 4 月 30 日，汶川地震全国共接收国内外捐款 659.96 亿元人民币，捐赠物资折合人民币 107.16 亿元。

4. 应急采购

物资应急采购，是指为应对突发事件的紧急需要，采用不同于常规采购程序和方式组织而进行的物资采购行为。由于突发事件的特殊性，《中华人民共和国招标投标法》第六十六条规定："涉及国家安全、国家秘密、抢险救灾或者属于利用扶贫资金实行以工代赈、需要使用农民工等特殊情况，不适宜进行招标的项目，按照国家有关规定可以不进行招标。"《中华人民共和国政府采购法》第八十五条规定："对因严重自然灾害和其他不可抗力事件所实施的紧急采购和涉及国家安全和秘密的采购，不适用本法。"可见，"二法"都将应急采购作为适用例外。2008 年 5 月 29 日，财政部发出《关于加强汶川地震救灾采购管理的应急通知》，对于应急采购的适用范围、执行方法、开展宗旨、实施原则、监督管理、负责制度、验收方法、责任承担等做出了一些规定，为加强汶川地震中的应急采购管理提供了依据。

5. 应急生产

某些自然灾害事件远远超过了人们已有的认知，具有较大的不确定性和未知性，在这种情况下，对一些急需物资有必要进行突击研制和生产。平时应建立救灾科研与生产的相关机制，以确保在紧急状态下能够尽快转化为实际保障与支援能力，最大限度地满足救灾对物资的需求。以汶川地震的帐篷应急生产为例，浙江、江苏等省市的企业通过突击招工、挖掘企业生产潜力，克服各种困难，千方百计增加产量，按期完成中央下达的应急生产任务。

二、应急物资的采购管理

应急物资是减轻灾害损失、进行紧急救援、安排群众生产生活的重要救灾资源，而应急物资采购是救灾物资筹措管理的基础和重要环节。应急物资采购量一般相当大，时间上要求比较高，在进行应急物资的采购时，应当开辟多种渠道，主要面向国内渠道，必要时通过海外市场采购，保证物资的数量和质量。在应急采购活动中对应急物资的供应商进行了解、评价、开发、使用和控制是保证应急物资采购质量的必要工作。

（一）应急物资采购的原则

1. 及时高效原则

这是应急物资采购最重要的原则，要满足应急物资的时效性要求，应急物资的采购工作必须及时高效。应急物资的及时供应是保障人民群众生命财产安全的前提，因此，必须高效率地进行应急物资的采购，必要时甚至可以以行政命令的方式进行采购。

2. 保证质量原则

在保证应急物资采购及时高效的前提下，还要坚持采购的应急物资具备较高质量的原

则，这就要求采购部门深入了解应急物资的生产企业，在采购过程中慎重选择供应商。

3. 多种采购方式相结合原则

应急物资种类繁多，在一次突发事件中并非每种应急物资都被需求，也并非所有的应急物资都适合提前采购，有些生产周期短、不易保存，库存条件要求高的应急物资可以使用合同采购或期权采购的方式进行采购。在应急物资采购工作中，应该根据每种应急物资的特性，灵活选择采购方式。

4. 非营利性原则

应急物资的采购具有公益性特点，采购的物资是为公众服务的，采购资金来源于公众，因此，应急物资的采购应该坚持非营利性原则。

（二）应急物资采购方式

1. 公开招标采购

应急物资公开招标采购，是指应急物资采购部门依据需要，为获得所需应急物资，在有关部门的监督下，由专门的招标机构按照法定的程序，从国内外市场上通过公开招标竞争的方式，为应急部门采购物资的活动。招标采购是应急采购的一种主要方式，有如下特点。

（1）招标程序的公开性。指整个采购程序都在公开情况下进行，公开发布投标邀请、公开开标、公布中标结果，投标商资格审查标准和最佳投标商评选标准要事先公布。

（2）招标程序的竞争性。招标就是一种引发竞争的采购程序，是竞争的一种具体方式，招标的竞争性充分体现了现代竞争的平等、信誉、正当和合法等基本原则。招标作为一种规范的、有约束的竞争，有一套严格的程序和实施办法。通过招标程序，可以最大限度地吸引和扩大投标人的竞争，从而使招标方有可能以更低的价格采购到所需的应急物资。

（3）招标程序的公正性。招标人不得对任何投标人进行歧视；不得向他人透露已获取招标文件的潜在投标人的名称、数量以及与招标投标有关的其他情况；招标人设有标底的，标底必须保密；评选中标商应按事先公布的标准进行；投标人不得相互串通投标报价，不得排挤其他投标人的公平竞争，损害招标人或者其他投标人的合法权益；投标人不得与招标人串通投标，损害国家利益、社会公共利益或者他人的合法权益。所有这些措施既保证了招标程序的完整，又可以吸引优秀的供应商参与竞争投标。

2. 有限邀请招标

有限邀请招标是指招标人以投标邀请书的方式邀请特定的法人或其他组织投标的交易行为。与公开招标相比，有限邀请招标的投标人范围仅限于招标机构确定的有限的几家供应商，信息发布方式不一定通过公告发布，而是根据已有的信息个别邀请。这种方式既可以简化对投标者资格预审及投标书审查的工作量，节省采购时间及费用，又可以节省投标者费用，提高投标者中标的概率。但其运作方式对应急物资采购部门要求高，要求应急物资采购部门对供应商市场的竞争状况有充分的了解，同时限制了投标竞争的范围，有可能排除一些具有优势的竞争者。通常情况下，有限邀请招标适用于潜在的应急物资供应商数量不多，或者采购的应急物资具有技术上复杂性或专门性特质，只能从有限范围的供应商中采购的情况；采购合同的价值较低，研究和评审大量投标书所需时间和费用与拟采购应急物资的价值不成比例，限制投标人数比较合理的情况；公开招标的结果未能产生中标单位的情况；限于保密及其他特殊要求不宜公开招标的情况。

3. 竞争性谈判采购

竞争性谈判采购是指应急物资采购部门通过与多家供应商进行谈判，从中选择确定应急物资供应商的一种物资筹集方法，是非招标采购方式中的主要采购方法，与招标采购方式具有同等重要地位。竞争性谈判采购适用于以下几种情况。

（1）招标失败。已采用公开招标或有限邀请招标但未有投标人中标，或应急物资采购部门根据法律规定拒绝了全部投标，且认为再进行新的招标也不可能达到预期效果。

（2）采购标的无法事先确定。对于特殊货物，应急物资采购部门对合同标的中的货物的详细规格及标准等无法事先进行精确描述。

（3）紧急特殊采购。应对突发紧急事件、涉及国防或国家安全的采购。

4. 询价采购

询价采购是指应急物资采购部门向至少三家以上的潜在供应商发出询价单或其他形式的报价邀请让其报价，然后对其报价进行比较并确定合格供应商的一种物资筹集方法，是非招标采购的一种方式。应急物资供应商报价的形式，可以是口头、电话、电传或其他形式。其适用条件：合同价值较低的标准化应急物资的采购。其特点：①采购范围有一定限制，限于采购估计价值低于采购条例规定的数额和标准化的现成的货物；②只允许应急物资供应商提供一个报价，而且不允许改变其报价，应急物资采购部门不得同某一供应商就其报价进行谈判；③采购合同应授予符合应急物资采购部门要求的最低报价的供应商。

5. 单一来源采购

单一来源采购是应急物资采购部门在适当的条件下向单一的应急物资供应商、承包商直接采购物资的方法，亦称直接采购。例如，应急物资采购部门的采购涉及国防或国家安全，单一来源为最适当的采购方法；设计上有特别要求从某供应商采购，并以此作为性能保证的条件等。优点：由于应急物资供应商的唯一性，使得应急物资采购部门能相对节省谈判时间、费用，提高采购效率。缺点：缺乏应急物资供应商之间的竞争，应急物资采购方处于不利的地位，有可能提高采购成本；易在作业人员之间滋生串通舞弊现象。

三、应急物资采购的供应商管理

应急物资供应商作为应急物流的始发点，是资金流的开始，又是信息流的端点，通过建立有效的应急物资供应商管理机制将有助于在应急物资采购活动中提高效益、规避风险。应急物资供应商管理是指对应急物资供应商的了解、选择、开发、使用和控制等综合性管理工作的总称，其目的是要建立起一个稳定可靠的应急物资供应商队伍，为应急物资需求部门提供可靠的应急物资供应。

（一）影响供应商的选择的因素

在进行供应商的选择时，要考虑到多种因素的影响。这些影响因素也是构建供应商选择评价指标体系的基础，主要包括以下几个方面。

1. 产品质量

在重大突发事件下，不仅应急救援对于应急物资产品质量有着特别的要求，而且社会群众的监督也必须要求应急物资具有高质量。产品质量的要求主要体现在三个方面。一是产品合格率。应急物资产品合格率反映了应急物资的质量状况，供应商的产品质量合格率越高，说明供应商提供的产品质量越稳定。二是产品退货率。产品退货率是指因产品质量而产生物资不能使用的百分比，对于应急物资来说，需要产品退货率越低越好。三是产品生产技术。对于应急物资而言，技术越高的越有保障，对于有些物资在使用后可以进行再次回收利用。

2. 产品价格

在重大灾害事件下，虽然应急物资的采购具有弱经济性，但是在有多个供应商可供选择时，供应商给出的应急物资价格也是应急物资供应商选择的一个重要的影响因素。政府应急物资采购部门对于应急物资价格的考虑主要体现在两个方面：一是价格的高低。在同等质量或者同等服务的条件下选择价格较低的有利于节约成本，充分利用政府财政资金。二是价格的稳定性。应急物资供应商提供长期稳定的价格有助于与政府应急物资采购部门建立长期的合作伙伴关系。

3. 应急能力

在应急物资供应商选择中，区别于一般供应商选择评价的一个很重要的因素即是供应商的应急能力。应急能力主要体现在五个方面。一是应急管理能力，指在重大灾害事件发生后，企业负责人能否快速组织人员安排生产。二是快速生产能力，指在短时间内可以生产的物资数量，基于重大灾害的紧急需求，要求供应商的快速生产能力越大越好。三是紧急订货能力，指企业在组织生产时，遇到生产资料不足，能否联络到原料供应商进行紧急订货保障应急物资的快速生产。四是运输能力，指供应商具有运输能力可以有效减少政府组织运输的时间，节约救灾时间。五是应急经验，指企业历史上有没有参与过应急救灾的经验，有没有参与过应急物资供应。

4. 服务水平

应急物资供应商的服务水平是指从签订采购合同开始到应急物资使用过程中提供的一系列服务。应急物资供应商的服务水平体现在四个方面。一是交货出错率。应急物资的交货是否按照指定的型号、大小、规格等生产。应急物资对于产品的规格有着严格的要求。二是交货破损率，指在应急物资运输过程中是否出现破损的情况。对于有些物资，有着严格的产品破损率要求，如工程器材、疫苗等。三是交货准时性，指应急物资供应商是否按照协议按时交货，应急物资需求对于时间有着严格的要求。若应急物资供应商交货准时性低，将会影响到后面的一系列应急救灾。四是售后服务，指应急物资在使用过程中出现损坏或者出现技术问题时，应急物资供应商是否能提供及时有效的解决方案。

5. 经营环境

经营环境是指应急物资供应商的内外部环境，其中包括企业形象、企业发展前景、企业地理环境及企业信息化水平等。经营环境对于应急物资供应商的选择主要体现在四个方面。一是企业形象。从应急物资的使用来看，企业具有良好的企业形象有助于受灾居民对于物资的放心使用。二是企业发展前景。良好的企业发展前景有助于企业的长期稳定发展，有助于与政府建立良好的长期供应合作关系。三是企业地理位置。有利的地理位置在运送应急物资时能够快速、方便地到达受灾地区，节约时间。四是企业信息化水平。通畅的企业信息化水平一方面可以时刻保持与政府部门的联络，便于政府应急物资采购部门监控物资的生产；另一方面有助于企业快速组织应急物资的生产。

（二）强化应急物资供应商管理的措施

1. 建立供需双方的信息交流和共享机制

首先，应急物资采购方和应急物资供应商双方要经常进行有关成本、质量控制、市场动态等方面信息的交流与沟通，以保持信息的一致性和准确性，便于价格的确定和质量的把关。其次，应急物资采购部门应及时将所需物资的质量变化、工艺变化、设计改变等新要求告知供方，以利于应急物资供应商能够及时调整生产，以满足应急物资采购方的要求。最后，应急物资采购方和应急物资供应商双方应该经常互访，互相沟通，及时发现和解决在合作过程中出现的问题和困难，形成良好的合作氛围。

2. 适时对供应商进行激励

要保持长期的双赢合作关系，适时对应急物资供应商进行激励非常重要，没有有效的激励机制，就难以维护良好的供需关系。激励要充分体现公平、一致、公正的原则。激励的方式主要有以下几种：①价格激励，价格的确定要充分考虑应急物资供应商的合理利润；②订单激励，对业绩好的应急物资供应商给予更多的订单；③商誉激励，对信守合同，注重信誉的供应商给予大力宣传，以赠送牌匾、多给订单等方式给予激励；④淘汰激励，通过淘汰不合格的应急物资供应商，以增强其他应急物资供应商的危机感。

3. 完善应急物资供应商的评估指标体系

逐步完善应急物资供应商评估指标体系，要从供应商具备的资格条件入手，建立全面的、多级的、权重合理的供应商评估指标体系，进而能够对应急物资供应商进行客观、准确、规范的评价。应急物资供应商的评价资料应准确、及时、有效，包括供应商的生产能力、产品的质量、产品的价格等方面。不仅要重视其应急物资产品质量的保证能力，而且要特别注重其提供产品的时效性。

4. 建立健全应急物资供应商档案

为全面掌握公司所有应急物资供应商的情况，并对应急物资供应商进行相应的资质考评，应对应急物资所有供应商按重要性和一般性分别建立供应商档案。所谓重要性应急物资供应商，指在应急物资质量、价格、交货期、配合能力、结算条件等方面均能达到应急物资采购方的接受标准，并与应急物资采购方有持常性业务往来的供应商，而一般性应急物资供应商是指只有偶发性或临时性应急物资采购的供应商。当一般性的应急物资供应商因业务需要而进行持常性往来，且经考核符合公司重要性应急物资供应商标准后，应转为重要应急物资供应商进行档案管理。

（三）应急物资供应商选择评价模型

在重大灾害事件应急物资供应商选择的评价体系中，涉及的评价指标很多，如果仅仅只是考虑一些主要因素，会失去一些重要的信息，造成结果与实际有很大的差距。为了尽可能得到较为准确的结论，需要尽可能考虑到所有影响因素，可以采用多级模糊综合评价模型对应急物资供应商选择进行评价。多级模糊综合评价就是将因素集按照某种属性和关系组成不同的层次，形成多层次的结构模型。这样每一层次代表一类因素，每一类的因素就较少了，进行综合评价时就可全面吸收所有因素提供的信息。在此基础上对最低层的各类因素进行综合评价，并以此评价结果进行类之间的高层次综合，即可得综合评价结果。

1. 模糊综合评价模型的构建

(1) 建立评价对象的因素集 $U=\{U_1,U_2,\cdots,U_m\}$；

(2) 建立评语集 $V=\{V_1,V_2,\cdots,V_n\}$。

则模糊综合评价模型为：

$$\boldsymbol{B}=\boldsymbol{W}\circ\boldsymbol{R} \tag{4-5}$$

其中，$\boldsymbol{R}=(r_{i,j})_{m\times n}=\begin{bmatrix} r_{11} & r_{12} & \cdots & r_{1m} \\ r_{21} & r_{22} & \cdots & r_{2m} \\ \cdots & \cdots & \cdots & \cdots \\ r_{n1} & r_{n2} & \cdots & r_{nm} \end{bmatrix}$

$\boldsymbol{R}$ 是 $U\times V$ 的模糊子集，通常称为模糊矩阵，由各单因素评价结果得到，$r_{i,j}$ 表示 i 个因素对第 j 个评语的隶属度；$\boldsymbol{W}=(W_1,W_2,\cdots,W_m)$ 是 U 上的模糊子集，常称为关于 U 上的权向量；$\boldsymbol{B}=(b_1,b_2,\cdots,b_n)$ 是 V 上的模糊子集，常称为综合评价结果向量；“$\circ$”为合成运算，可取为（+，×）。

2. 多级模糊评价方法

(1) 划分因素集 U

对因素集 U 作划分，即：

$$U=\{U_1,U_2,\cdots,U_N\}$$

式中 $U_i=\{u_{i1},u_{i2},\cdots,u_{ik}\}$，$i=1,2,\cdots,N$，即 U_i 中含有 k_i 个因素，$\sum_{i=1}^{N}k_i=n$，并且满足以下条件：

$$\bigcup_{i=1}^{N}U_i=U$$

(2) 初级评价

对每个 $U_i=\{u_{i1},u_{i2},\cdots,u_{ik}\}$ 中的 k_i 个因素，按初始模型作模糊评价。设 U_i 的因素重要程度模糊子集为 $\widetilde{\boldsymbol{W}}_i$，$U_i$ 的 k 个因素的总的评价矩阵为 $\boldsymbol{R}_i$，于是得到：

$$W_i\circ\boldsymbol{R}_i=B_i=(b_{i1},b_{i2},\cdots,b_{in}),\quad i=1,2,\cdots,N$$

式中，B_i——U_i 的单因素评价。

（3）二级评价

设 $U=\{U_1,U_2,\cdots,U_N\}$ 的因素重要程度模糊子集为 A，且 $A=(A_1,A_2,\cdots,A_N)$，则 U 的总的评价矩阵 $\widetilde{\boldsymbol{R}}$ 为：

$$\widetilde{R}=\begin{bmatrix}\widetilde{B}_1\\\widetilde{B}_2\\\cdots\\\widetilde{B}_N\end{bmatrix}=\begin{bmatrix}\widetilde{A}_1\circ\widetilde{R}_1\\\widetilde{A}_2\circ\widetilde{R}_2\\\cdots\\\widetilde{A}_N\circ\widetilde{R}_N\end{bmatrix}$$

则得出总的（二级）综合评价结果，即

$$\widetilde{\boldsymbol{B}}=\widetilde{\boldsymbol{W}}\circ\widetilde{\boldsymbol{R}}$$

此结果再根据最大隶属度原则，所得结果即为最后评价结果。

（四）实例验证

1. 背景介绍

2010 年 6—7 月，安徽省东北部发生大到暴雨，淮河流域面临洪灾，其中在 7 月 10 日，王家坝水位已达到 30 米，超过了最高警戒水位，而在王家坝的上游河南淮河支流也已出现警戒水位，在王家坝的下游洪泽湖的水位也在迅速上涨。同时，根据最近一个月的气象卫星预测分析，暴雨还将持续。为了应对即将到来的洪灾，安徽省应急救灾管理部门需要紧急采购一批防灾物资。下面对备选的 6 个供应商进行选择评价，通过数据模拟分析，验证应急物资供应商选择评价的有效性。

2. 应急物资供应商选择的模糊综合评价

（1）确定因素评价集 U

根据“（一）影响供应商的选择的因素”，可知影响应急物资供应商选择的第二层次因素集，即应急物资供应商的评价因素集：

$U_1=\{U_1，U_2，U_3，U_4，U_5\}=$｛产品质量，产品价格，服务水平，应急能力，经营环境｝

第二层次的评价因素集中的每一指标由第三层次的若干因素决定。因此，第二层次的各因素评价因素集为：

产品质量评价因素集

$U_1=\{u_{11}，u_{12}，u_{13}\}=$｛产品合格率，产品退货率，技术水平｝

产品价格评价因素

$U_2=\{u_{21}，u_{22}\}=$｛产品价格水平，产品价格稳定性｝

服务水平评价因素集

$U_3=\{u_{31}，u_{32}，u_{33}\}=$｛交货出错率，交货破损率，交货准时性，售后服务｝

应急能力评价因素集

$U_4=\{u_{41}，u_{42}，u_{43}，u_{44}\}$

$=$｛应急管理能力，快速生产能力，应急订货能力，运输能力，应急经验｝

经营环境评价因素集

$U_5 = \{u_{51}, u_{52}, u_{53}, u_{54}\}$

$=$｛企业环境，企业发展前景，自然地理环境，企业信息化水平｝

(2) 确定评语集 V

为了计算方便，采取 5 个等级进行评价，建立各评价因素的评语集为：

$V_1 = \{V_1, V_2, V_3, V_4, V_5\} =$｛很好，较好，一般，较差，很差｝

(3) 建立单因素评判矩阵

从一个独立的因素出发，确定评价对象对隶属于各评语等级的隶属程度，称为单因素评判法。针对应急物资供应商评价指标 U_i 下的各指标行进行单因素评价，得到单因素评价矩阵 R_i，其中 r_{ij} 表示第 i 个因素关于第 j 个评语的隶属度。隶属度采用问卷进行问卷调查而得，具体为：选取 10 位政府部门采购人员、行业专家、企业负责人对第三层次的每一评价因素按照指标的评价标准进行五等级评价。对某一评价因素，10 位人员回答的评语集的各等级元素的比例，即为该评价因素关于第二层中对应因素的隶属度模糊集。

$$\boldsymbol{R}_i = \begin{bmatrix} r_{11} & r_{12} & r_{13} & r_{14} & r_{15} \\ r_{21} & r_{22} & r_{23} & r_{24} & r_{25} \\ \vdots & \vdots & \vdots & \vdots & \vdots \\ r_{i1} & r_{i2} & r_{i3} & r_{i4} & r_{i5} \end{bmatrix} \quad (i = 1,2,3,4,5)$$

通过邀请 10 位专家按照评级体系的标准进行打分得出的应急物资供应商是第一层指标评价矩阵，如表 4－4 所示。根据专家组打分的结果，得出第一层指标评价矩阵如下。

$$\boldsymbol{R}_1 = \begin{bmatrix} 1 & 0 & 0 & 0 & 0 \\ 0 & 1 & 0 & 0 & 0 \\ 0 & 1 & 0 & 0 & 0 \end{bmatrix}, \boldsymbol{R}_2 = \begin{bmatrix} 0 & 1 & 0 & 0 & 0 \\ 0 & 1 & 0 & 0 & 0 \end{bmatrix}$$

$$\boldsymbol{R}_3 = \begin{bmatrix} 0 & 1 & 0 & 0 & 0 \\ 1 & 0 & 0 & 0 & 0 \\ 1 & 0 & 0 & 0 & 0 \\ 0.4 & 0.5 & 0.1 & 0 & 0 \end{bmatrix}, \boldsymbol{R}_4 = \begin{bmatrix} 0.1 & 0.5 & 0.3 & 0.1 & 0 \\ 0 & 0.4 & 0.6 & 0 & 0 \\ 0 & 1 & 0 & 0 & 0 \\ 0 & 0 & 0.3 & 0.5 & 0.2 \\ 0 & 0 & 1 & 0 & 0 \end{bmatrix}$$

$$\boldsymbol{R}_5 = \begin{bmatrix} 0.1 & 0.5 & 0.4 & 0 & 0 \\ 0 & 0 & 1 & 0 & 0 \\ 0.3 & 0.4 & 0.2 & 0.1 & 0 \\ 0 & 0 & 1 & 0 & 0 \end{bmatrix}$$

表 4-4 专家组评分

指标	分值									
产品合格率	5	5	5	5	5	5	5	5	5	5
产品退货率	4	4	4	4	4	4	4	4	4	4
生产技术	4	4	4	4	4	4	4	4	4	4
价格水平	4	4	4	4	4	4	4	4	4	4
价格稳定性	4	4	4	4	4	4	4	4	4	4
交货出错率	5	5	5	5	5	5	5	5	5	5
交货破碎率	5	5	5	5	5	5	5	5	5	5
交货准时性	4	4	4	4	4	4	4	4	4	4
售后服务	4	5	4	4	5	5	4	4	3	5
应急管理能力	4	4	3	3	4	3	4	5	2	4
快速生产能力	3	4	3	3	4	3	3	4	4	3
应急订货能力	4	4	4	4	4	4	4	4	4	4
运输能力	2	2	2	3	1	2	3	2	1	3
应急经验	3	3	3	3	3	3	3	3	3	3
企业形象	4	5	4	4	4	3	3	4	3	3
企业发展前景	3	3	3	3	3	3	3	3	3	3
自然地理环境	4	3	3	5	5	4	4	4	5	2
企业信息化水平	3	3	3	3	3	3	3	3	3	3

（4）确定各评价因素的权重

各评价因素的权重由改进的 AHP 法结合问卷调查法确定。设第二层次因素集 U 的权重为 $\boldsymbol{W}=\{\boldsymbol{W}_1, \boldsymbol{W}_2, \boldsymbol{W}_3, \boldsymbol{W}_4, \boldsymbol{W}_5\}$，第二层各因素的评价因素集 $U=\{U_1, U_2, U_3, U_4\}$ 的权重集为：$\boldsymbol{W}_1=\{\boldsymbol{W}_{11}, \boldsymbol{W}_{12}, \boldsymbol{W}_{13}\}$，$\boldsymbol{W}_2=\{\boldsymbol{W}_{21}, \boldsymbol{W}_{22}\}$，$\boldsymbol{W}_3=\{\boldsymbol{W}_{31}, \boldsymbol{W}_{32}, \boldsymbol{W}_{33}, \boldsymbol{W}_{34}\}$，$\boldsymbol{W}_4=\{\boldsymbol{W}_{41}, \boldsymbol{W}_{42}, \boldsymbol{W}_{43}\}$，$\boldsymbol{W}_6=\{\boldsymbol{W}_{61}, \boldsymbol{W}_{62}, \boldsymbol{W}_{63}, \boldsymbol{W}_{64}, \boldsymbol{W}_{65}, \boldsymbol{W}_{66}\}$。权重集必须满足归一化原则。根据改进层次分析法求得各个对应指标的权重为：

$\boldsymbol{W}=(0.412, 0.240, 0.102, 0.157, 0.089)$

$\boldsymbol{W}_1=(0.651, 0.223, 0.126)$

$\boldsymbol{W}_2=(0.750, 0.250)$

$\boldsymbol{W}_3=(0.347, 0.347, 0.153, 0.153)$

$\boldsymbol{W}_4=(0.290, 0.154, 0.333, 0.08, 0.143)$

$\boldsymbol{W}_5=(0.263, 0.118, 0.564, 0.055)$

（5）进行一级模糊综合评价

对于给定的 $\boldsymbol{R}_i$，结合权重矩阵 $\boldsymbol{W}_i=(W_{i1}, W_{i2}, \cdots, W_{i5})$，$(i=1, 2, \cdots, 5)$，计

算出单因素 U_i 的最终评价向量：

$$\boldsymbol{B}_i=\boldsymbol{W}_i\circ\boldsymbol{R}_i=(W_{i1},W_{i2},\cdots,W_{i5})\circ\begin{bmatrix} r_{11} & r_{12} & r_{13} & r_{14} & r_{15} \\ r_{21} & r_{22} & r_{23} & r_{24} & r_{25} \\ \cdots & \cdots & \cdots & \cdots & \cdots \\ \cdots & \cdots & \cdots & \cdots & \cdots \\ r_{i1} & r_{i2} & r_{i3} & r_{i4} & r_{i5} \end{bmatrix}=(b_{i1},b_{i2},b_{i3},b_{i4},b_{i5})$$

针对应急物资供应商甲，可得：

$$\boldsymbol{B}_1=\boldsymbol{W}_1\circ\boldsymbol{R}_1=(0.65,0.35,0,0,0)$$

$$\boldsymbol{B}_2=\boldsymbol{W}_2\circ\boldsymbol{R}_2=(0,1,0,0,0)$$

$$\boldsymbol{B}_3=\boldsymbol{W}_3\circ\boldsymbol{R}_3=(0.56,0.42,0.02,0,0)$$

$$\boldsymbol{B}_4=\boldsymbol{W}_4\circ\boldsymbol{R}_4=(0.03,0.54,0.34,0.07,0.02)$$

$$\boldsymbol{B}_5=\boldsymbol{W}_5\circ\boldsymbol{R}_5=(0.20,0.35,0.40,0.05,0)$$

将上述计算结果作为评价目标层的模糊评价矩阵 $\boldsymbol{R}_{甲}$：

$$\boldsymbol{W}=(0.412,0.240,0.102,0.157,0.089)$$

$$\boldsymbol{R}_{甲}=\begin{bmatrix} 0.65 & 0.35 & 0 & 0 & 0 \\ 0 & 1 & 0 & 0 & 0 \\ 0.56 & 0.42 & 0.02 & 0 & 0 \\ 0.03 & 0.54 & 0.34 & 0.07 & 0.02 \\ 0.20 & 0.35 & 0.40 & 0.05 & 0 \end{bmatrix}$$

（6）进行二级模糊综合评价

运用每一个 U_i 作为单独的元素，$\boldsymbol{B}_i$ 作为 U_i 的单指标评价向量，这样就构成了从 U 到 V 的应急物资采购供应商选择的一级综合模糊评价矩阵。

$$\boldsymbol{R}=(\boldsymbol{B}_1,\boldsymbol{B}_2,\cdots,\boldsymbol{B}_5)^T=(b_{ij})_{5\times5}=\begin{bmatrix} b_{11} & b_{12} & b_{13} & b_{14} & b_{15} \\ b_{21} & b_{22} & b_{23} & b_{24} & b_{25} \\ b_{31} & b_{32} & b_{33} & b_{34} & b_{35} \\ b_{41} & b_{42} & b_{43} & b_{44} & b_{45} \\ b_{51} & b_{52} & b_{53} & b_{54} & b_{55} \end{bmatrix}$$

通过对模糊矩阵的合成运算，得到应急物资供应商二级模糊综合评判集：

$$\boldsymbol{B}=\boldsymbol{W}\circ\boldsymbol{R}=(b_{i1},b_{i2},b_{i3},b_{i4},b_{i5})$$

将上面计算出的评价向量作为第二层的指标评价矩阵，由此计算出二级综合评价，结果如下：

$$\boldsymbol{B}_{甲}=\boldsymbol{W}\circ\boldsymbol{R}_{甲}=(0.35,0.54,0.09,0.02,0)$$

同理可得出其他 5 家供应商的二级综合评价结果：

$$\boldsymbol{B}_{乙}=\boldsymbol{W}\circ\boldsymbol{R}_{乙}=(0.30,0.24,0.12,0.16,0.18)$$

$$\boldsymbol{B}_{丙}=\boldsymbol{W}\circ\boldsymbol{R}_{丙}=(0.12,0.27,0.23,0.18,0.20)$$

$$\boldsymbol{B}_{丁}=\boldsymbol{W}\circ\boldsymbol{R}_{丁}=(0.33,0.35,0.08,0.19,0.05)$$

$$B_{戊}=W \circ R_{戊}=(0.10，0.21，0.29，0.26，0.14)$$

$$B_{己}=W \circ R_{己}=(0.42，0.08，0.24，0.10，0.16)$$

（7）评语结果分析

由于模糊综合评价结果 $\boldsymbol{B}$ 为向量，为了清楚地显示评价结果，一般将模糊综合评价结果量化处理。

把模糊综合评价的最终结果 $\boldsymbol{B}=(b_1, b_2, b_3, b_4, b_5)$ 归一化 $\bar{\boldsymbol{B}}=(\bar{b}_1, \bar{b}_2, \bar{b}_3, \bar{b}_4, \bar{b}_5)$；再将评语集各评语等级对应的分值分别为（100，80，60，40，20），则被评价应急物资采购供应商的综合评价值 Z 为：

$$Z=\bar{\boldsymbol{B}} \cdot \begin{pmatrix} 100 \\ 80 \\ 60 \\ 40 \\ 20 \end{pmatrix}=(\bar{b}_1, \bar{b}_2, \bar{b}_3, \bar{b}_4, \bar{b}_5) \cdot \begin{pmatrix} 100 \\ 80 \\ 60 \\ 40 \\ 20 \end{pmatrix}$$

其中，综合评价值越大，应急物资供应商的选择越优。

假定评定结果集（很好，较好，一般，较差，很差）对应的分值分别为（100，80，60，40，20），则该企业供应商的综合评分分别为：

$$Z_{甲}=\boldsymbol{B}_{甲} \circ =(100，80，60，40，20)^T=84.2$$

$$Z_{乙}=\boldsymbol{B}_{乙} \circ =(100，80，60，40，20)^T=66.4$$

$$Z_{丙}=\boldsymbol{B}_{丙} \circ =(100，80，60，40，20)^T=58.6$$

$$Z_{丁}=\boldsymbol{B}_{丁} \circ =(100，80，60，40，20)^T=74.4$$

$$Z_{戊}=\boldsymbol{B}_{戊} \circ =(100，80，60，40，20)^T=57.4$$

$$Z_{己}=\boldsymbol{B}_{己} \circ =(100，80，60，40，20)^T=70$$

用多级模糊综合评判模型对 6 家物资厂商的应急物资进行综合评价，从评价结果可以看出该六家应急物资供应商的综合实力排名如下：

$$Z_{甲}>Z_{丁}>Z_{己}>Z_{乙}>Z_{丙}>Z_{戊}$$

甲与丁应急物资供应商的综合评价值最高，为优先选择应急物资供应商，故政府应急救灾采购部门应该选择供应商甲、丁作为应急救灾的应急物资供应商；供应商已、乙、丙、戊作为储备应急物资供应商。

第四节　应急物资的仓储管理

一、应急物资的保管养护

应急物资的保管与保养是指根据物资的性能、特点，结合当地的自然条件，对物资采

取合理的储存方法。对库存物资进行维护保养，是仓库管理工作的重要职能之一。维护保养工作的好坏，直接关系到库存应急物资的安全。所以，做好库存物资的维护保养，是仓储工作人员的基本职责。保管养护工作的基本任务就是保证库存物资不变质、不受损、保持原有的使用价值。应急物资保管养护的基本要求是做到“三化”和“四保”，即做到仓库规范化、存放系列化、养护经常化和保质、保量、保急用、保安全，应急物资保管养护的基本规则如下。

(1) 危险品（易燃、易爆、易污染、易腐蚀、有害有毒及放射性物质）必须设专库分别存放、标识明显，有齐全的防燃烧、防爆炸措施，并设专人进行多级管理，定期检查，发现问题要及时处理。

(2) 精密仪器仪表、稀有金属和贵重金属及其制品应轻拿轻放，不可撞击，最好设保温库存放，未进入保温库的应采取保温措施。要求采取防盗措施，要入柜加锁或加封。

(3) 金属材料及其制品要预防锈蚀，防止受潮，避免与酸碱盐等化学物质接触。防锈蚀的主要方法是涂油防锈和气相防锈，可使用防锈油和气相缓蚀剂，在防不胜防的情况下发生锈蚀时，要立即进行防锈，以制止锈蚀发展。防锈有人工防锈、机械防锈和化学防锈三种方法。

(4) 电力器材及电工产品应存放在干燥处，注意通风，防止受潮，避免相撞和震动，绝缘导体物资应严防光热与受潮，不与酸碱等化学品接触。

(5) 化工原料，尤其是挥发性强的化学品应密封存放，酸类化工原料应在干燥通风、不与水接触的库房保管。感光的化学物品应避免光热，并注意失效期。易自燃的化学物品库应有良好的通风装置。

(6) 燃料、油料应储存在阴凉通风的地方，其容器不应与引火物、自燃物接近。挥发性油料应注意密封，防止渗漏。并根据不同类型在容器上涂以色别，并将色别说明悬挂在物资附近醒目处，以防止混用。

(7) 高分子材料与制品（如塑料、橡胶及合成纤维等），要防止其弹性或强度下降，失光和龟裂等老化变质现象，并注意其环境因素的影响，如日照、热、氧、臭氧、水和相对湿度等。

(8) 纺织品、化纤、皮革、粮食、食品和副食品等要防潮、防霉、防虫、防鼠。防潮防霉应从研究环境因素，对微生物的影响入手，采取降低乃至破坏微生物生命活动的措施。例如，控制仓库内温度、湿度和调整环境气体成分（即气调储藏）。防虫可采取化学药物杀虫。灭鼠可采取器械捕杀和毒饵诱杀等措施。

(9) 有储存期限的物资，应有明显标识，按出厂期和入库期分别存放。坚持先进先发，超期及时处理。

(10) 备品备件是保证企业安全生产的重要物资，应设专人管理，单独设库，必须有完整、科学的保管养护细则。

二、应急物资的库存管理

应急物资库存多，保障能力强，但同时占用资金多，利息负担加重，机会成本加大，同时可能会造成物资的磨损。但是如果过分降低库存，则会出现断档，不能保障突发事件发生时对物资的需求。应急物资库存管理是在保障供给的前提下，使库存应急物资的数量合理所进行的有效管理的技术经济措施。

（一）变量定义与假设条件

1. 变量定义

C：灾害事件发生前或发生时无法确切得知库存不足调运物资产生的实际成本；

D_i：灾害事件所需的库存需求量的随机值，按 $i=1,2,\cdots,n$；

$\widetilde{D}_i$：灾害事件所需的库存需求量的模糊随机值，按 $i=1,2,\cdots,n$，每个随机值可以用三角模糊数表示，即 $D_i=(\underline{d}_i,d_i,\bar{d}_i)$；

$\underline{d}_i$：随机值对应的最小需求量；

d_i：随机值对应的最有可能的需求量；

$\bar{d}_i$：随机值对应的最大需求量；

p_i：灾害发生物资需求量 D_i 对应的概率，为 $P(D_i)$ 的简写，$i=1,2,\cdots,n$；

$\widetilde{p}_i$：灾害发生物资需求量 $\widetilde{D}_i$ 对应的概率，$i=1,2,\cdots,n$；$\widetilde{p}_i=(\underline{p}_i,p_i,\bar{p}_i)$；

$\widetilde{d}_k$：模糊订货批量，该项为决策变量，用三角模糊数表示，即 $\widetilde{d}_k=(d_k,d_k,d_k)$；

d_k：订货批量；

h：单位物资库存持有成本；

k：单位物资订货成本；

$k+h$：单位物资剩余损失；

C_{add}：库存无法满足需求时，从其他地方按时送达需求地，单位货物增加的成本，$C_{add}>k>h>0$；

$\widetilde{C}_{add}$：增加的成本为模糊变量，可以用三角模糊数表示，即 $\widetilde{C}_{add}=(c_1,c_2,c_3)$；

$\widetilde{F}(d_k)$：模糊总损失；

$F(d_k)$：总损失；

SL：服务水平；

α：服务水平的预设值。

2. 假设条件

仅考虑单个应急物资库存中心；不考虑物资在库存中心的腐烂、损耗情况；库存模型中存在不确定性，模糊变量用三角模糊数来描述；单周期单一产品库存；初始库存量为零；订货提前期为零；单位库存持有成本仅当物资过剩时存在；已知应急物资的需求概率分布，需求满足应急物资的一般规律，可服从任何分布。

（二）模型建立及求解

1. 需求随机的应急物资最优订购策略

建立需求随机的应急物资库存模型如下：

$$\min E[F(d_k)]=\sum_{D_i=1}^{d_k}(k+h)(d_k-D_i)p_i+\sum_{D_i=d_k+1}^{n}C_{add}(D_i-d_k)p_i$$

$$\text{s.t. } SL=\sum_{D_i=1}^{d_k}P(D_i)\geqslant\alpha \tag{4-6}$$

上式目标函数表示库存最小损失期望值。其中，第一项表示物资剩余所产生的损失；第二项表示物资不足而产生的损失，即为了弥补缺货损失而产生的额外成本。约束条件表示最优订货量 d_k^* 应满足一定的服务水平，体现出应急物资具有的社会性和弱经济性。

考虑目标函数，最小损失期望值所对应最优订货量 d_k^* 应满足式（4－7）、式（4－8）：

$$E[F(d_{k+1})]-E[F(d_k)]\geqslant 0 \tag{4-7}$$

$$E[F(d_{k-1})]-E[F(d_k)]\geqslant 0 \tag{4-8}$$

求得最优订货量 $d_k{}^*$ 满足：

$$\sum_{D_i\leqslant d_{k-1}}p_i\leqslant\frac{C_{add}-K}{h+C_{add}}\leqslant\sum_{D_i\leqslant d_k}p_i \tag{4-9}$$

2. 需求模糊随机的应急物资最优订购策略

$\tilde{D}_i=(\underline{d}_i,d_i,\bar{d}_i)$，$u_{\tilde{D}}(x)$ 为 $\tilde{D}$ 的隶属度函数为：

$$u_{\tilde{D}}(x)=\begin{cases}\dfrac{x-\underline{d}_i}{d_i-\underline{d}_i},\underline{d}_i\leqslant x\leqslant d_i\\[2ex]\dfrac{\bar{d}_i-x}{\bar{d}_i-d_i},d_i\leqslant x\leqslant\bar{d}_i\\[2ex]0,\text{其他}\end{cases} \tag{4-10}$$

建立需求模糊随机的应急物资库存模型如下：

$$\min E[F(\tilde{d}_k,\tilde{d}_i)]=\sum_{i=1}^{k}[(k+h)(\tilde{d}_k-\tilde{d}_i)]\tilde{p}_i+\sum_{i=k+1}^{n}[C_{add}(\tilde{d}_i-\tilde{d}_k)]\tilde{p}_i \tag{4-11}$$

$$\text{s.t. } SL=\sum_{d_i=1}^{d_k}P(d_i)\geqslant\alpha \tag{4-12}$$

根据模糊理论的运算规则，展开式（4－11），如下：

$$E[\underline{F}]=E[F(\underline{d}_k,\underline{d}_i)]=(K+h)\sum_{i=1}^{k}(\underline{d}_k\underline{p}_i-\bar{d}_i\bar{p}_i)+\sum_{i=k+1}^{n}C_{add}(\underline{d}_i\underline{p}_i-\bar{d}_k\bar{p}_i) \tag{4-13}$$

$$E[F]=E[F(d_k,d_i)]=(K+h)\sum_{i=1}^{k}(d_kp_i-d_ip_i)+\sum_{i=k+1}^{n}C_{add}(d_ip_i-d_kp_i) \tag{4-14}$$

$$E[\bar{F}]=E[F(\bar{d}_k,\bar{d}_i)]=(K+h)\sum_{i=1}^{k}(\bar{d}_k\bar{p}_i-d_ip_i)+\sum_{i=k+1}^{n}C_{add}(\bar{d}_i\bar{p}_i-\bar{d}_k\bar{p}_i) \tag{4-15}$$

总损失 $\widetilde{F}(d_k)$ 是需求量的函数，故 $\widetilde{F}(d_k)$ 与需求量的隶属度相同，因此得出：

$$G(E(\widetilde{F}(\widetilde{d}_k,\widetilde{d}_i)))=\frac{E[\underline{F}]+2E[F]+E[\bar{F}]}{4}$$

最优订货量 $\widetilde{d}_k$ 应满足式（4－16）、式（4－17）：

$$G(E(\widetilde{F}(\widetilde{d}_k,\widetilde{d}_i)))<G(E(\widetilde{F}(\widetilde{d}_{k+1},\widetilde{d}_i))) \tag{4-16}$$

$$G(E(\widetilde{F}(\widetilde{d}_k,\widetilde{d}_i)))<G(E(\widetilde{F}(\widetilde{d}_{k-1},\widetilde{d}_i))) \tag{4-17}$$

得到最优的 $\widetilde{d}_k{}^*=(\underline{d}_k,d_k,\bar{d}_k)$ 满足式（4－18）：

$$\begin{cases}\dfrac{2(d_k-d_{k-1})\sum\limits_{i=1}^{k-1}p_i+(\underline{d}_k-\underline{d}_{k-1})\sum\limits_{i=1}^{k-1}\underline{p}_i+(\bar{d}_k-\bar{d}_{k-1})\sum\limits_{i=1}^{k-1}\bar{p}_i}{2(d_k-d_{k-1})\sum\limits_{i=1}^{n}p_i+(\underline{d}_k-\underline{d}_{k-1})\sum\limits_{i=1}^{n}\underline{p}_i+(\bar{d}_k-\bar{d}_{k-1})\sum\limits_{i=1}^{n}\bar{p}_i}<\dfrac{C_{add}}{k+h+C_{add}}< \\ \dfrac{2(d_{k+1}-d_k)\sum\limits_{i=1}^{k}p_i+(\underline{d}_{k+1}-\underline{d}_k)\sum\limits_{i=1}^{k}\underline{p}_i+(\bar{d}_{k+1}-\bar{d}_k)\sum\limits_{i=1}^{k}\bar{p}_i}{2(d_{k+1}-d_k)\sum\limits_{i=1}^{n}p_i+(\underline{d}_{k+1}-\underline{d}_k)\sum\limits_{i=1}^{n}\underline{p}_i+(\bar{d}_{k+1}-\bar{d}_k)\sum\limits_{i=1}^{n}\bar{p}_i} \\ \sum\limits_{d_i=1}^{d_k}P(d_i)\geqslant\alpha\end{cases} \tag{4-18}$$

式（4－18）可通过 MATLAB 软件计算得出最优策略以及该策略对应的最小损失期望值。

3. 成本模糊的应急物资最优订购策略

建立需求随机、成本模糊的应急物资库存模型如下：

$$\min E[\widetilde{F}(d_k)]=\sum_{D_i=1}^{d_k}(k+h)(d_k-D_i)p_i+\sum_{D_i=d_k+1}^{n}\widetilde{C}_{add}(D_i-d_k)p_i \tag{4-19}$$

$$\text{s. t. } SL=\sum_{D_i=1}^{d_k}P(d_i)\geqslant\alpha \tag{4-20}$$

当增加的成本用三角模糊数表示，即 $\widetilde{C}_{add}=(c_1,c_2,c_3)$，可以通过可信性理论求得总损失期望值：

$$\min E[\widetilde{F}(d_k)]=\sum_{D_i=1}^{d_k}(k+h)(d_k-D_i)p_i+\sum_{D_i=d_k+1}^{n}\frac{(c_1+2c_2+c_3)}{4}(D_i-d_k)p_i$$

根据式（4－9）可以推出：

$$\begin{cases}\sum\limits_{D_i=1}^{d_{k-1}}p_i\leqslant\dfrac{(c_1+2c_2+c_3)}{4k+4h+(c_1+2c_2+c_3)}\leqslant\sum\limits_{D_i=1}^{d_k}p_i \\ \sum\limits_{D_i=1}^{d_k}P(d_i)\geqslant\alpha\end{cases} \tag{4-21}$$

（三）实例验证

1. 问题的提出

某地区发生自然灾害事件，该灾害事件所需应急物资满足 $C_{add}=70$，$k=50$，$h=8$，假设 $C=120$，以上参数单位为元（人民币）。分别求在需求随机、需求模糊随机和需求随机、成本模糊情况下的应急物资库存。

2. 模型求解过程

将需求随机的应急物资库存模型记为模型一，需求模糊随机的应急物资库存模型记为模型二，需求随机、成本模糊的应急物资库存模型记为模型三。

已知模型一的应急物资需求满足表 4-5。

表 4-5　需求随机的应急物资库存模型的需求概率分布

需求 D_i	概率 p_i
8	0.23
16	0.23
24	0.16
32	0.11
40	0.08
48	0.06
56	0.045
64	0.035
72	0.03
80	0.02

模型一的算例分析结果见表 4-6。

表 4-6　需求随机的应急物资库存模型算例分析结果

D_i	8	16	24	32	40	48	56	64	72
$\sum_{D_i=1}^{d_{k-1}} p_i$	0	0.23	0.46	0.62	0.73	0.81	0.87	0.915	0.95
$\sum_{D_i=1}^{d_k} p_i$	0.23	0.46	0.62	0.73	0.81	0.87	0.915	0.95	0.98
$\frac{C_{add}}{k+h+C_{add}}$	0.5469	0.5469	0.5469	0.5469	0.5469	0.5469	0.5469	0.5469	0.5469
$\frac{C}{k+h+C}$	0.674	0.674	0.674	0.674	0.674	0.674	0.674	0.674	0.674

当 $C_{add}=70$，如果不考虑服务水平，则最优订货量 24 个单位，此时对应的最小总损失期望值为 871.7 元，服务水平为 62%；若 $\alpha=90\%$，则最优订货量 56 个单位，总损失期望值相应增大。

已知模型二的应急物资需求满足表 4-7。

表 4-7　需求随机模糊的应急物资库存模型的需求分布

需求 $\tilde{D}_i$	概率 $\tilde{p}_i$
(6，8，10)	(0.223，0.23，0.237)
(14，16，18)	(0.223，0.23，0.237)
(22，24，26)	(0.152，0.16，0.168)
(30，32，34)	(0.102，0.11，0.118)
(38，40，42)	(0.072，0.08，0.088)
(46，4850)	(0.053，0.06，0.067)
(54，56，58)	(0.04，0.045，0.05)
(62，64，66)	(0.03，0.035，0.04)
(70，72，74)	(0.025，0.03，0.035)
(78，80，82)	(0.015，0.02，0.025)

模型二的算例分析结果见表 4-8。

$$A=2(d_{k+1}-d_k)\sum_{i=1}^{k}p_i+(\underline{d}_{k+1}-\underline{d}_k)\sum_{i=1}^{k}\underline{p}_i+(\bar{d}_{k+1}-\bar{d}_k)\sum_{i=1}^{k}\bar{p}_i$$

$$B=2(d_{k+1}-d_k)\sum_{i=1}^{n}p_i+(\underline{d}_{k+1}-\underline{d}_k)\sum_{i=1}^{n}\underline{p}_i+(\bar{d}_{k+1}-\bar{d}_k)\sum_{i=1}^{n}\bar{p}_i$$

表 4-8　需求随机模糊的应急物资库存模型算例分析结果

$\tilde{D}_i$	(6，8，10)	(14，16，18)	(22，24，26)	(30，32，34)	(38，40，42)
A	7.36	14.72	19.94	21.6	24.64
B	32.36	32.36	32.36	32.36	32.36
$\frac{C_{add}}{k+h+C_{add}}$	0.5469	0.5469	0.5469	0.5469	0.5469
$\frac{A}{B}$	0.227	0.455	0.612	0.68	0.76

续 表

$\tilde{D}_i$	(46, 48, 50)	(54, 56, 58)	(62, 64, 66)	(70, 72, 74)	
A	27.84	29.28	30.4	31.36	
B	32.36	32.36	32.36	32.36	
$\frac{C_{add}}{k+h+C_{add}}$	0.5469	0.5469	0.5469	0.5469	
$\frac{A}{B}$	0.86	0.905	0.94	0.97	

如果不考虑服务水平，则最优订货量（22，24，26）单位，此时对应的最小总损失期望值为（802.4，871.7，941.1）元，服务水平为62%；若α=90%，则最优订货量（54，56，58）单位，总损失期望值相应增大。

已知模型三的应急物资需求同表4-6，令$\tilde{C}_{add}$=（50，70，90）。假设C=120，根据模型一的算例分析结果，表4-7可以得出满足服务水平下最优订购量为32个单位，此时对应的最小总损失期望值为1207.8元。

设$r=\frac{E(\tilde{C}_{add})-C}{C}*100\%$表示估计成本对实际成本的偏差度，设$\lambda=\frac{E[\tilde{F}(d_k)]-E[F(d_k)]}{E[F(d_k)]}*100\%$表示不确定环境下最小损失期望值对确定性环境下最小损失期望值的偏差度。

当$\tilde{C}_{add}$=（50，70，90），模型三中$\frac{(c_1+2c_2+c_3)}{4k+4h+(c_1+2c_2+c_3)}$的值为0.5469，如果不考虑服务水平，则最优订货量24个单位，此时对应的最小总损失期望值为871.7，r=−41.67%，λ=−27.83%，服务水平为62%；若α=90%，则最优订货量56个单位。

调整$\tilde{C}_{add}$=（90，110，130），则$\frac{(c_1+2c_2+c_3)}{4k+4h+(c_1+2c_2+c_3)}$的值为0.5468，如果不考虑服务水平，则最优订货量32个单位，此时对应的最小总损失期望值为1157.8，r=−8.3%，λ=−4.14%，服务水平为73%；若α=90%，则最优订货量56个单位。

调整$\tilde{C}_{add}$=（130，150，170），则$\frac{(c_1+2c_2+c_3)}{4k+4h+(c_1+2c_2+c_3)}$的值为0.7212，如果不考虑服务水平，则最优订货量32个单位，此时对应的最小总损失期望值为1357.8，r=25%，λ=12.42%，服务水平为73%；若α=90%，则最优订货量56个单位。

调整$\tilde{C}_{add}$=（50，70，120），则$\frac{(c_1+2c_2+c_3)}{4k+4h+(c_1+2c_2+c_3)}$的值为0.5720，如果不考虑服务水平，则最优订货量24个单位，此时对应的最小总损失期望值为930.8，服务水平为62%；若α=90%，则最优订货量56个单位。

调整 $\widetilde{C}_{add}=(50, 70, 180)$，则 $\dfrac{(c_1+2c_2+c_3)}{4k+4h+(c_1+2c_2+c_3)}$ 的值为 0.627，如果不考虑服务水平，则最优订货量 32 单位，此时对应的最小总损失期望值为 1095.3，服务水平为 73%；若 $\alpha=90\%$，则最优订货量 56 个单位。

3. 结论

通过以上三个模型的算例分析比较得出以下结论。

第一，应急物资的库存模型是在一定的库存服务水平下，根据最小损失期望值求得最优订购量。若计算求得的最优订购量对应的库存服务水平高于服务水平的预定值，则该解为最优解；若计算求得的最优订购量所对应的库存服务水平低于预定值，则应以库存服务水平预定值所对应的订购量为最优订购量，这体现了应急物资具有的社会性和弱经济性对最优订购量的影响。

第二，当模糊集的范围中最小值与最大值关于最有可能值对称，且最有可能值同等于确定值时，根据可信性理论的逆模糊法，得出这两种情况下的最优订购策略一致，最小损失值相同；成本确定与成本模糊的情况下，模糊集在一定范围中变动，其最优订购策略与成本确定的情况下是一致的，但模糊情况下的总损失期望值均大于确定性环境下的总损失期望值。

第三，调整 $\widetilde{C}_{add}$ 的模糊集范围，固定 c_1, c_2，由小到大变动 c_3，最优订货量由 24 个单位变为 32 个单位，得出模糊集的范围及其隶属函数形式都会影响最优订购量的决策。虽然是在模糊环境下，但充分利用一切有利信息以及正确的思维判断，科学地对未知参数进行模糊推测，准确地确定其模糊集的范围和相应的隶属函数形式非常重要。

第四，通过有规则地增加对成本值的估计，不确定环境下最小损失期望值对确定性环境下最小损失期望值的偏差度随着成本预测准确性的正向偏差的增加而减少，即对成本的预测准确性越大，越可以降低不确定环境下最小损失期望值与确定性环境下最小损失期望值的偏差。因此，应尽可能增加对模糊集的范围预测的准确性。

第五，需求模糊随机的最有可能的损失值与确定情况下需求随机的损失值相同，只是不确定情况下的损失值是在一个区间范围内。因此，尽可能增加对模糊集的范围预测的准确性有利于应急物资库存管理活动的开展。

思考题

1. 何谓应急物资？应急物资有哪些特点？
2. 应急物资需求预测有哪些方法？
3. 应急物资的筹集有哪些渠道？应该注意哪些问题？
4. 应急物资采购中要注意哪些问题？如何对供应商进行有效控制？
5. 应急物资在仓储过程中保养方法有哪些？

第五章 应急资源调度

第一节 应急资源调度概述

一、应急资源调度的含义

应急资源调度是应急物流中的一个重要环节，是应急物流中最重要的应急决策问题。应急资源的调度直接关系到应急救援的效果。当突发事件发生后，需要有关应急部门根据指挥调度系统的决策指令，根据不同应急阶段资源的需求情况，在最短时间内确定调度的应急资源需求数量，制定科学可行的运输方案，并根据紧急事态的变化情况，实时地跟踪调度资源等，这一过程即称为应急资源调度。应急资源调度的实施拉近了应急资源与受灾地点之间的空间距离，在整个应急管理物流体系中，它是实现应急资源管理目标的重要环节，是实现应急保障的关键。应急资源调度在应急管理中的作用主要体现在以下两方面。

首先，应急资源调度是应急物流效率效果实现的重要环节。应急资源调度实现了应急资源到资源需求点的转移，大规模的应急资源调度运输时间长、跨越地理空间广泛、消耗大量的能源和动力，是应急救援不可或缺的前提保障。

其次，应急资源调度保障了应急物流系统全过程的连续不断运行。它衔接了应急资源的筹措、运输与消耗，这些阶段相互促进和制约，应急资源调度作为三者之间的桥梁和纽带，使得一个完整的物流过程可以很好地完成。

二、应急资源调度的特点

与普通的资源调度相比较，应急资源调度具有如下特点。

1. 应急资源调度的突发性与紧急性

应急资源调度是由突发事件引起的，突发事件的突发性使得应急资源调度具有很强的不可预知性，这是应急资源调度与普通资源调度的最显著的区别。应急资源调度要求又急又快，在最短的时间内以最快捷的流程和最安全的方式实施调度，这就使得平时使用的普通资源调度机制不能满足应急资源调度的需要，需要制定符合突发事件类型与等级的应急资源调度运行机制。另外，应急资源事关全局，多用于拯救生命、救灾抢险，应急资源调度的快速反应可以很大程度地减少突发事件所造成的损失，具有紧急性。

2. 应急资源调度的弱经济性

在突发事件的救援过程中，人民的生命财产保障是首要考虑的问题，与普通的资源调度不同，费用与效益的考虑远远落后于应急救援时间的考虑，时间就是生命在应急救援中体现得淋漓尽致。应急救援常常不考虑成本问题，具有很强的弱经济性。

3. 应急资源调度的不确定性与动态性

突发事件的不确定性决定了应急资源调度的不确定性，突发事件的影响范围、持续时间、等级等因素的不可预知性，使得应急资源调度具有不确定性及动态性。这是因为在应急救援的不同阶段救灾任务不同，采用的应急调度方式也会有所不同。在突发事件处置初期，信息的缺失使得应急资源调度难以准确实施，往往根据应急预案、救援调度采用主动向受灾地区调度救援资源的供应推动方式。到了应急救援后期，突发事件影响范围、持续时间等能较准确预测后，可根据受灾情况建立合理而有针对性的应急资源调度方案。

4. 应急资源调度的非常规性

由于突发事件的特殊性，应急资源调度将省略很多普通资源调度的中间环节，涉及的组织机构更少，权责更加集中，调度流程也更加简单紧凑，应急资源调度行为体现了浓厚的非常规色彩，确保了应急救援的及时高效。

应急资源调度与普通资源调度的区别见表 5-1。

表 5-1　应急资源调度与普通资源调度的区别

	应急资源调度	普通资源调度
目的	最小化应急资源调度时间的基础上最小化费用	最小化费用或最大化利润
运输设施	临时调用； 结构简化，保持政府、捐赠者、临时建立机构等的联系，突发事件处理后丧失作用	常设，长期使用； 具有运输路线，保持各经济实体的联系
库存	品种、数量繁多	品种、数量同定有限
环境	信息缺失、难以掌握； 随事件发展变化，参与环节尽可能精简	信息充足；稳定无变化，按流程规范进行资源供应
状态	平时：规划资源储备； 战时：资源与车辆调度在较短时间做出尽可能快的各类决策，决策方案常会随着时间的变化而变化	长期：规划设施； 中期：车辆数量； 短期：车辆路径选择；短期内最优或最近的决策路径不变

三、应急资源调度问题概述

（一）应急物资调度问题

学者唐伟勤认为应急物资调度问题包括应急物资的静态调度和动态调度问题两种类型。

1. 静态调度问题

静态调度主要体现在应急服务点的组合优化问题上，指从多个可供选择的出救点中选择参与一次应急活动的出救点，确定相应点上的供应量，最大限度地满足物资需求。例如，Goegre（1998）在研究放射性危险品运输中认为应由离应急点最近的出救点参与应急，建立了运输优化模型，但是该模型没有考虑单个出救点不能满足需求时的情况；针对这一不足，刘春林等研究了单个出救点不能满足供应而需要多个供应点组合供应的情况下，应急物资为一次性消耗和连续消耗时调度问题，建立了以“应急开始时间最早”为目标的多出救点选择模型，并在此基础上，探讨了“应急时间最短”和“应急出救点数目最少”的多目标多出救点选择问题及相应的算法；此外，刘春林（2002）还引入模糊集的概念研究了有资源约束的多出救点应急组合调度方案的求取问题，将任何方案的应急资源数量和应急时间都对应一个需求满意度和时间满意度，运用模糊优化方法，给出了该问题的优化模型及相应求解方法。潘郁、余佳和达庆利（2007）考虑每个出救点应急资源的起始运输量，以应急系统施救成本费用和因施救不及时造成损失为目标构造模型，设计粒子群算法求解方法和步骤，实现了一步求解，讨论了不同参数组合对粒子群算法求解的影响，并用数值算例验证了所建立模型的合理性及粒子群算法的可行性和有效性；姜金贵和梁静国（2009）构建了在应急资源、应急时间和应急救援成本等多约束条件下的突发事件应急资源调度模型，并运用粒子群优化算法对模型进行求解，从而实现应急资源的高效利用与合理调度。

除了确定性问题的研究外，组合点优化问题还包括不确定问题，如刘春林（2001）考虑到天气、路况、信息不充分等不确定因素的影响导致从出救点到应急点的时间为不确定数的情形，给出了应急时间为区间数时使应急开始时间不迟于限制期的可能度最大的方案的求解算法。针对多受灾点并存的大规模突发事件的应急资源调度问题，王苏生、王岩（2008）将组合点优化问题延伸到多受灾点，兼顾及时性与公平性，建立了一种以双层决策方法为基础的多受灾点应急资源配置模型，可以说是应急物资调度研究的一大跨越，并依据应急出救的就近原则，提出一种“多受灾点—多出救点”应急资源配置动态优选策略，解决了多受灾点应急资源配置过程中出现的分配不均和资源竞争问题，可用于大规模突发事件应急物资的调度。

2. 动态调度问题

动员点的组合优化问题考虑的是静态应急物资调度问题，但实际上由于信息不充分，资源的调度往往是多阶段的，后一阶段调度的资源量与第一阶段调度的资源量以及处理效果有关。因此，在资源调度中动态的模型更有实际意义。针对上述需要，有学者提出了“动态博弈网络技术”概念与方向，把项目管理的研究思路引入了应急管理；周晓猛（2007）则根据应急点的数目，将应急资源配置过程划分为若干阶段，以每一阶段开始或上一阶段结束时已调度的应急资源数量为状态变量，结合动态规划的基本理论，构建应急资源优化配置模型，可以避免传统管理模式下应急资源配置过程中的重复、缺项以及资源利用低效等问题，提高突发事故下城市的整体应急能力。

（二）应急车辆调度问题

应急车辆调度问题是应急物资调度中的一类特殊问题。它研究每条应急路线上应分配的车辆数、运输方式和车辆路径等问题，涉及排队论、数学规划和仿真等。

1. 应急路线上应分配的车辆数、运输方式

Wael在其博士论文中认为灾害发生时运输问题属于CTDAP（The Combined Trip Distribution and Assignment Problem，CTDAP），提出了一种新的使用Cellular Automata技术建立混合路线分布与指派问题模型的方法，并用实例将精确算法与CA模型算法进行比较，得出了CA方法具有求解速度快、灵活的结论，但没有考虑运输方式、可用交通工具地点、数量等应急场景中经常出现的一些决策变量；计雷教授认为应急物资运输问题的主要目标是如何尽快地把应急资源运送到指定的受灾地区，目标函数不仅仅包括成本最小化，更要考虑运送时间最小化，属于多目标优化的运输问题，因此，建立了应急物资运输的多目标规划模型并给出了解答；宋明安（2005）将救灾物资运送分为前端物资运送与后端物资运送两部分，其中前端物资运送问题是以最小化运输时间为目标，探讨了应急物资的运输问题，整个系统通过模糊分类法解决救灾初期应急物资供需失衡的问题，尽可能减少应急物资的浪费与闲置。

对应急车辆的不确定问题研究有：吴启迪（2007）就应急物资运输问题的研究现状、模型建立的限制条件及其优缺点分类综述了国内外主要学者关于应急物资运输领域的研究模型及结论，指出遗传算法、禁忌搜索算法等亚启发式算法对于解决救援物资运输问题具有重要意义；Barbarosogiu（2004）提出了一个两阶段多运输方式、多种类货物网络流的随机线性规划模型，模拟地震救援中物资的运输计划，通过提前确定发生地震的范围与震级的概率，解决在第一轮救援行动中，没有得到详细灾情数据的情况下，物资供应与需求不平衡的问题；Linet（2004）描述了应急物资运输的限制条件如供应物资、使用运输方式与工具种类，车辆数、物资供应量、车场等各种问题参数都是随时间变化的，设计了宏观应急物资运输计划模型，解决了随时间变化的动态货物运输问题；吴启迪等（2006）分析了大规模突发性自然灾害中应急物资运输与商业运输的不同特点，设计了一种多模式分层网络，并利用延期费用和划分时段的方法构建一个多目标数学规划模型，提出一个基于拉格朗日松弛法的解决方法。

2. 应急车辆路径问题

应急车辆路径问题不同于传统的车辆路径问题。传统的车辆路径问题是为车辆设计将物资从仓库运送到各个需求客户的路径，使得总的运输费用最小。这个问题是由Dantzig和Ramser于1959年在解决一个实际汽油运输问题提出的，Laporte（1992），Toth和Vigo（2002）建立了多种变形的VRP（如有时间窗口的VRP，有多个供应点的VRP，动态选择路径的VRP）模型，并给出了相应的算法；Desrochers等（1990）认为每一种VRP可根据地址、车辆、服务策略和目的几个特点进行分类，提出了一个自动模型基础和算法选择分类法。Fisher等（1995）把车辆看成是混合运送VRP中的物资，规定每辆车在某一时刻只能执行一种命令，因此，VRP被转换成网络流问题，为了使研究简化，把装载量近似转化

成整数卡车的装载量，不能实现循环时，可以通过在一个周期内增加仓库来修正。

应急物资调运研究的主要是应急车辆如何在最短的时间内把应急物资由应急服务点运送到应急需求点，其核心问题是最短路径选择问题，研究应急车辆路径的文献有：Trudeau 等（1990）发现在一些松弛 VRP 中，同一条线路上的车辆交付完毕后可继续携带应急物资，但一次只能执行一种命令，提出了分散交付 VRP 的启发式算法；Yamada（1996）把应急路径转变为对网络最短路径的求解，在有容量限制的情况下，李帮义（2001）、谢凡荣（2000）又将其归结为网络流算法问题；刘春林等（1999）和刘春林（2000）也分别讨论了边权（时间）为区间数网络及边权（时间）为对称三角模糊数网络的情形，分别引入了超期风险和路径满意度函数的定义，并给出了最优路径的算法。

第二节　应急资源调度建模方法

一、应急资源调度的建模方法概述

对复杂系统的研究往往从模型入手，模型是服务于具体研究的，具有明确的目的性。建模的基本原则是在满足解决问题需要的前提下，所建模型要尽可能简单。应急资源调度模型是人们为了了解应急资源调度而经过抽象得到的对调度问题某个或某些方面进行的描述。从应急物流调度理论近些年的发展来看，到目前为止从建模方法上看可以大致分为四类：计算机仿真建模方法、运筹学建模方法、最优控制理论建模方法、博弈论建模方法。

1. 计算机仿真建模方法

计算机仿真建模是指以计算机为主要工具，以真实系统或预设系统的仿真模型为依据，通过运行具体仿真模型和对计算机输出信息的分析，实现对系统运行状态和变化规律的综合评价与预测，进而实现对真实系统设计与结构的改善和优化。它是分析评价现有系统运行状态或设计优化未来系统性能与功能的一种技术手段，特别适应于在实际环境中难以进行试验的情况。在工程设计、航空航天、交通运输、经济管理等领域中均有广泛的应用。计算机仿真建模方法也成功运用到应急资源调度中，取得了满意的结果。

2. 运筹学建模方法

运筹学广泛应用现有的科学技术知识和数学方法，解决实际中提出的专门问题，为决策者选择最优决策提供定量依据。该方法最初是运用在军事领域，后来在交通运输、工业、农业、邮电等方面得到了大量的应用，尤其在运输方面，从物资调运、装卸到调度等。在应急物资配送和车辆调度中，出现了不少使用运筹学中的线性规划、非线性规划、整数规划、动态规划、随机规划等进行研究的文献，取得了可喜的研究成果。

3. 最优控制理论建模方法

最优控制理论是现代控制理论中一个发展比较完善、应用较为广泛的重要分支。它所研究的中心问题是：如何根据受控系统的动态特性，在满足一定的约束条件下，寻找最优控制规律（策略），使得系统按照一定的技术要求进行运转，使其在规定的性能指标（目标函数）下具有最优值，即寻找一个容许的控制规律使动态系统从初始状态转移到设定的状态，保证所规定的性能指标达到最小（大）值。在各类模型中，目前以最优控制论建模最为成熟，在实际运用中发挥着越来越大的作用。

4. 博弈论建模方法

博弈论研究的是决策主体行为发生直接相互作用时的决策及其均衡问题，其中一个主体的效用函数不仅依赖于自己的选择，还依赖于其他主体的选择。采用博弈论的知识解决经济、管理等领域的建模问题，已经被越来越多的学者和研究人员所重视，并成为当前研究的热点。博弈论在应急管理中的研究比较少，但也有研究者在这方面取得了初步的成果。

二、应急资源调度模型的求解算法

通过采用一定的建模方法建立了应急资源调度问题的数学模型之后，采用何种算法对模型求解便成了关键问题。应急资源调度问题和一般的车辆调度问题一样是 NP 难题问题，其求解算法大致可以分为精确算法和启发式算法两大类。

1. 精确算法

精确算法为可以求出最优解的算法，主要有：分枝定界法（Branch and Bound Approach）、割平面法（Cutting Planes Approach）、网络流算法（Network Flow Approach）、动态规划方法（Dynamic Programming Approach）等。由于精确算法的计算量一般随着问题规模的增大呈指数增长，因此在实际中其应用范围有限。

精确算法在引入严格的数学算法以后，无法避开指数爆炸问题；随着运输系统的复杂化和对配送的多目标要求，获得精确解越来越困难，同时计算机用于求解 VRP 问题的开销越来越大。因此，这类算法常用来求解中小规模的确定性 VRP 问题或是配送的局部优化问题。表 5-2 对常用精确解法的特点进行了分析和总结。

表 5-2　　求解 VRP 问题的精确算法

算法	主要原理	算法分析
分支定界法	利用 VRP 和其松弛形式 $m-$TRP 间的关系，根据所给定的 m 的上界 m_u，$m-$TSP 可转化为 $1-$TSP。算法的关键是，引入 m_u-1 个伪出发点，$n'=n+m_u-1$，$V'=(1, 2, \cdots, n')$，$A'=A_u\ \{(i, j)\ \mid i, j\in V', i\neq j\}$	此算法是一种隐枚举法或部分枚举法，它不是一种有效算法，是枚举法的改进，是求解整数规划的较好方法。该算法的优点是可以求得最优解，缺点是计算时间过长，占用内存大。适用于解决小型问题

续 表

算法	主要原理	算法分析
动态规划法	此算法是一种常用的运筹学方法，它常用于解决这样的问题：某个大问题可以划分为几个阶段，每个阶段形成一个子问题，各个阶段是互相联系的，每个阶段都要做出决策，并且某个阶段的决策，常影响下一个阶段的决策，从而影响整体决策。在动态规划求解过程中，作为整个过程的最优决策具有这样的性质：无论过去的状态和决策如何，对其决策所形成的状态而言，余下的诸决策必须构成最优决策，这是动态规划的最优化原理。在求解时，各状态前面的状态和决策对其后面的子问题而言，只不过相当于其初始条件而已，并不影响后面过程的最优策略。该方法要求：转换函数易于求解，映射出来的范围小，可求得很好的下界	它的优点是可以求得最优解，缺点是计算时间过长，计算机内存空间随变量的增加而呈指数增长。适用于规模较小的问题

2. 启发式算法

启发式算法从与研究问题有关而较基本的模型及算法中寻求之间的联系，从中得到启发去发现适于解决问题的思路和途径，以求得问题解（通常是次优解或局部最优解）。由于应急资源调度问题是强 NP 难题，高效的精确算法存在的可能性不大，所以寻找近似算法是必要和现实的。为此应急物流领域的学者们将寻找解决问题方法的主要精力用在构造高质量的启发式算法上。启发式算法（Heuristics）是一种技术，能同时满足描述问题和求解的需要，但算法不一定能保证所求解的可行性和最优性，甚至在多数情况下，无法阐述所求解同最优解的近似程度。目前已提出的启发式算法主要有以下几种。

（1）构造算法（Constructive Algorithm）。根据一些准则，每一次将一个不在线路上的点增加进线路，直到所有的点都被安排在线路为止。该类算法的每一步，把当前的线路构型跟别的构型进行比较并加以改进，或是根据某个判别函数会产生最大限度地节约构型，或是以最小代价把一个不在当前构型上的需求对象插入构型，最后得到一个可行构型。这类方法的优点是一般速度快，也很灵活，但是这类方法有时找到的解与最优解相差较远。

（2）两阶段法（Two－phase Algorithm）。通过对构造算法的研究，认为由构造算法求得的解可以被进一步改进，为此提出了两阶段法。第一阶段得到一个可行解，第二阶段通过对解的调整，在始终保持解可行的情况下，力图向最优目标靠近，每一步都产生另一个可行解以代替原来的解，使目标函数值得以改进，一直继续到不能再改进目标函数值为止。一般第一阶段常用构造算法，第二阶段常用的有 2 - opt、3 - opt 和 O - opt 交换法，这是一种在解的邻域中搜索，对初始解进行某种程度优化的算法，以改进初始解。两阶段算法是目前成果最丰富，应用最多的一类方法。

（3）不完全优化算法（Incomplete Optimization Algorithm）。以启发式准则来代替精确算法中的决策准则，以缩小解搜索的空间。

(4) 改进算法(Improvement Methods)。从一个初始解开始，通过对当前解进行反复的局部扰动以得到较好的解。基于启发式的并行算法和一些称为亚启发式算法的方法都属于此类。

为解决复杂混合优化问题而出现的亚启发式算法是近二十年中运筹学领域最引人瞩目的成果之一，也是当前解决资源调度问题最具有前景的方法。亚启发式算法包括禁忌搜索算法(Tabu Search)、模拟退火算法(Stimulated Annealing)、遗传算法(Genetic Algorithm)和神经网络算法(Neutral Networks)等。

常见求解 VRP 问题的启发式算法如表 5-3 所示。

表 5-3　　常见求解 VRP 问题的启发式算法

算法	主要原理	算法分析
节约算法	将路线中只含一个配送点的 n 条路线作为初始解，其中，每条路线中第一个和最后一个配送点分别称为路线的起点和终点。考察一条路线的起点与另一条路线的终点相连合并成一条新的路线。如果合并后的路线满足约束条件(车辆容量、时间窗)，则认为这样的合并是可行的，并将合并的节约值定义为连接这两条路线的边的节约值。选择节约值最大的可行合并进行一次路线的合并。当不存在可行合并时，算法结束	优点是可提高车辆利用率，可以解决大规模问题，当规模较小时，得到的解是很精确的；缺点是解是较优的可行解，不一定是最优解，尤其是当规模大的时候
扫描法	是一种“先分组后路线”的算法。一种简单的分组方法是将以车站为原点的坐标平面划分为多个扇形区域，并初步将每个扇形区域的点分派给一辆车。而所谓的“路线”，是指在每个区域内，采用扫除选择未分配点，然后应用插入算法扩充路线。如果在进行了一次“分组—路线”的路线构造后，还存在未分配点，则再进入“分组—路线”程序。如此反复，直到所有点均被分配为止	优点是可以和多种启发式算法结合使用，从而使问题简化；缺点是扫描每一个点的速度较慢。它适用于小规模问题
遗传算法	是一种基于生物自然选择与遗传机理的随机搜索算法。它是一组随机产生的初始解，称为“染色体”。在新一代形成的过程中，是根据适值的大小选择部分后代，淘汰部分后代，从而保持种群大小是常数。适值高的染色体被选中的概率较高，经过若干代后，算法收敛于最好的染色体，它可能是最优解或次优解	优点是具有鲁棒性，全局搜索能力强；缺点是不能保证每次搜索结果都一样。它适用于解决大规模问题
禁忌搜索算法	先构造一系列的解，然后对所求解不断进行改进。利用一个禁忌表记录已经到达过的局部最优点，并在后面的搜索中，根据某种限制循环的规则和禁忌表中记录的信息在当前搜索领域中取一个合适的解	优点是可以通过规则提高搜索效率；缺点是搜索不一定能得到最优解。它适用于软时间窗问题

续 表

算法	主要原理	算法分析
蚁群算法	每只蚂蚁在问题空间独立地搜索可行解，首先收集当前环境的局部信息，包括问题本身所提供的状态信息以及蚁群所释放的非尔蒙浓度强弱的信息。通过对所获信息进行评价，依照概率选择下一状态，逐步构造问题的可行解。代表较好解的线路上的非尔蒙逐渐增多，选择该线路的蚂蚁也逐渐增多，最终整个蚁群在正反馈机制的作用下集中到代表最优解的线路上，从而找到所求问题的最优解	优点是可以将目标构造成为两组相互协调的蚁群；缺点是需要不停调整变量。它适用于多目标问题
模拟退火算法	首先对每个客户生成一条子路径，然后提供总匹配成本和负载改变匹配成本，作为归并路径的依据，同时为满足自匹配条件的集合提供分割手段，以利于跳出局部最优	它采用随机松弛技巧，但搜索结果不能保证最优。适用于对已有路径进行改造

作为强 NP 问题，对 VRP 寻找近似算法是必要和现实的。启发式算法的种类很多，但由于应急资源调度问题的 NP 难解性，很难得到全局最优解或满意解，所以，构造运算简单、寻求性能优异的启发式算法，不仅对于配送系统而且对于许多可转化为车辆路径问题求解的优化问题都具有十分重要的意义。经过对这些启发式算法的分析、比较，当遇到实际问题时，结合实际情况，就能选用较为合适的算法进行解答。

第三节　应急物资的筹措分配

大规模突发事件具有突然性、危害性、不确定性，以及受灾面积大、影响范围广、持续时间长、受灾人群多的特点，这些特点决定了突发事件的应急物资需求量大、需求时间急迫，仅靠动用储备、直接征用、市场采购、组织捐赠等常规筹集方式有时不能应对应急需求，必须组织相关厂家紧急生产缺口部分。例如，汶川地震发生后，帐篷成了许多受灾群众临时的家。而据四川抗震救灾指挥部提供的消息，到震后第 16 天，共有 44.7 万顶帐篷下拨四川灾区，尚需帐篷 157 万顶。本节介绍针对应急物资在常规筹措方式下供不应求的状况，研究应急物资的缺口部分在各厂家之间的合理分配以使不足的应急物资能更快、更经济地筹集齐全并运送到灾区。

一、应急物资筹措—分配系统分析

1. 应急物资筹措系统

应急资源的筹措包括：方式、数量、种类以及应急供应点的数量、分布、资源供应量、品种等内容。资源筹措方式主要有以下几种：资源储备、社会捐赠和征收、组织生产。应急资源储备主要是国家防患于未然，在没有发生灾害之前，选取一定的资源存储中心，将可能遇到的重大灾害所需要的各类物质提前进行存储，由于这些存量是有限的，所以还要进行其他方式的筹措。社会捐赠和征收主要是社会各界人士甚至全世界的友好人士对灾害提供的各类应急资源的捐赠，可以是实物亦可以是资金，也可以是提供一定的人力资源等。有些突发性大型灾害，可能短时间内对资源需求量极大，此时就需要国家组织有关的生产企业进行生产，需要投入大量人力物力资源，对急需资源进行生产。

2. 应急物资分配系统

在应急物资分配系统中，由输入子系统完成应急物资供求信息的输入和存储。然后，转换处理子系统确定供应点应急物资供应的紧缺状况，预测紧缺状态的持续时间、短缺量以及受灾点对应急物资的需求变化可能情况（表现为系统受外界环境的干扰和输入与输出之间的反馈），通过决策模型的应用满足应急物资供求之间的平衡。输出子系统作为转换处理子系统运行的结果，最终输出应急物资分配方案（就物资分配而言主要提供诸如参与出救的应急配送中心及其数量、参与调配的应急救援物资种类及其数量，考虑多阶段问题，还包括各阶段上述两个方面的决策信息等）。

应急指挥/决策机构根据事件的大小、性质、影响范围等，对所需应急物资作初步的需求分析，并熟悉应急物资的储备、分布、品种、规格等具体信息，决定应急物资的发放、数量、种类等，随后通过各种渠道筹措应急物资，组织运输与配送，直到送达需求者手中。图 5-1 为“汶川地震”应急物资分配系统流程。

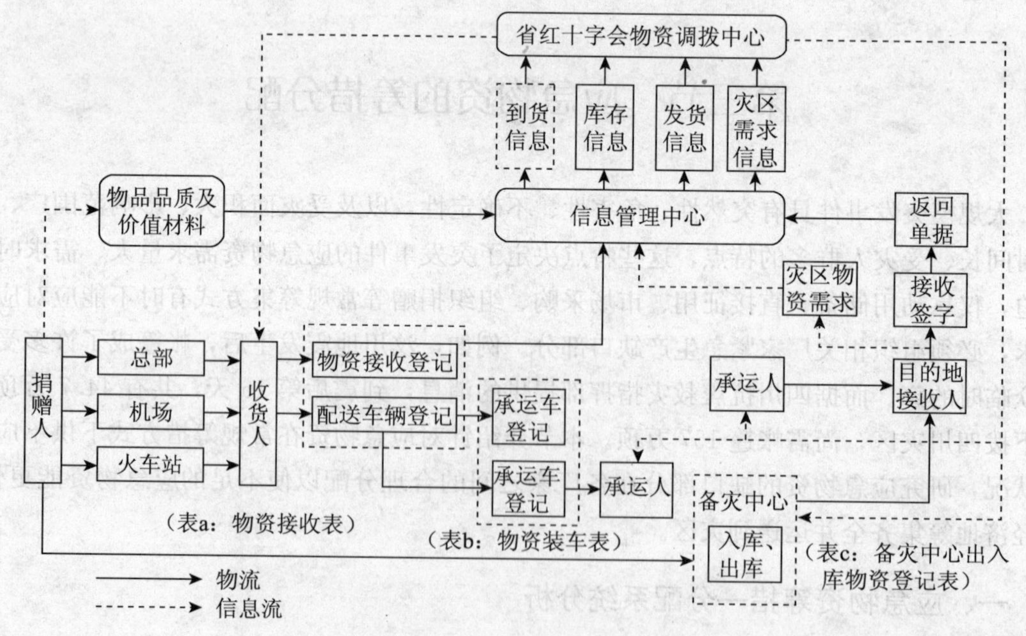

图 5-1 四川省红十字会应急物资分配流程①

① 张锦．汶川地震中应急物流组织分析与思考［C］．成都：应急物流高峰论坛，2008：24-32.

二、模型构建和求解

本章中的单位应急物资的成本既包括单位应急物资的生产成本，又包括从厂家到事发地的单位运输成本，同样计算应急物资的时间时不仅考虑应急物资的生产时间，而且考虑从厂家到事发地的运输时间。但是，当从各厂家到事发地的运输工具确定时，单位运输成本和运输时间就是确定值，而当各厂家生产单位应急物资的生产成本是确定值时，应急物资的单位成本也是确定值。

（一）模型的基本假设和基本符号

应急物资筹措模型的基本假设如下：①参与生产的厂家已确定；②应急物资的需求量已通过突发事件的规模、受灾人数预测出；③各厂家生产应急物资的单位成本是确定值；④各厂家运送应急物资的交通工具已确定，因而应急物资的运送时间是确定值。

（二）模型中所用的符号含义

应急物资筹措模型中所用符号的含义如下：

D：应急物资的欠缺量；

$F_i(i=1,2,3,\cdots,n)$：应急物资生产厂家；

P_i：厂家 F_i 的单位时间产能；

x_i：分配到厂家 F_i 的物资生产数量；

C_i：厂家 F_i 生产并运送到事发地的单位应急物资成本（包含运输成本）；

t_{i_0}：从厂家 F_i 到灾区的运送时间；

t_{i_1}：厂家 F_i 生产分配数量应急物资所需要的时间；

$T_i=t_{i_0}+t_{i_1}$：厂家 F_i 从接受任务到运送到灾区所花费的总时间。

（三）多目标模型的构建

以各厂家从开始生产到应急物资运送到灾区所花费的时间（包括生产时间和运输时间）最少和各厂家的总成本（包括生产成本和运输成本）最少为目标，建立如下多目标模型：

$$\min\begin{cases} f_1(x)=\sum_{i=1}^{n}C_i x_i \\ f_2(x)=\sum_{i=1}^{n}T_i=\sum_{i=1}^{n}\left(\frac{x_i}{P_i}+t_i\right) \end{cases} \tag{5-1}$$

$$\text{s.t.}\begin{cases} \sum x_i = D \\ x_i>0 \quad (i=1,2,\cdots,n) \end{cases}$$

约束条件表示各厂家生产的应急物资数量应为正数，而且它们的和应等于该种应急物资的欠缺量。

（四）模型求解方法

本节使用基于二维欧式距离客观赋权的模糊算法（唐伟勤，2009）。

1. 相关定义

定义 5-1：对于多目标决策问题的一般模型

$$\max/\min f(x) = [f_1(x), f_2(x), \cdots, f_m(x)] \tag{5-2}$$
$$s.t. \quad x \in f(x)$$

令
$$\begin{cases} M_i = \sup\limits_{x\in X}\{f_i(x)\} \\ m_i = \inf\limits_{x\in X}\{f_i(x)\} \end{cases} \quad i = 1,2,\cdots,m \tag{5-3}$$

则称 M_i，m_i 为目标分量 $f_i(x)$ 在 X 中的上、下确界。

定义 5-2：以 $\mu_i(x)$ 表示决策者对目标 $i(i=1,2,\cdots,m)$ 的满意度函数（或称优属度），根据目标函数类型的不同，把 $\mu_i(x)$ 定义为如下的线性函数：

对效益型目标 $f_i(x)$，优属度定义为：

$$\mu_i(x) = \frac{f_i(x) - \inf\{f_i(x)\}}{\sup\{f_i(x)\} - \inf\{f_i(x)\}} \tag{5-4}$$

对成本型目标 $f_i(x)$，优属度定义为：

$$\mu_i(x) = \frac{\sup\{f_i(x)\} - f_i(x)}{\sup\{f_i(x)\} - \inf\{f_i(x)\}} \tag{5-5}$$

定义 5-3：模糊负理想解 x^- 就是使所有目标函数 $f_i(x)$ 的优属度 $\mu_i(x)$ 均取最小值，即 $\mu_i(x)=0, i=1,2,\cdots,m$，记模糊负理想解 x^- 处的优属度向量为：

$$\alpha = (\mu_1(x^-), \mu_2(x^-), \cdots, \mu_m(x^-))^T = (0,0,\cdots,0)^T \tag{5-6}$$

定义 5-4：模糊正理想解 x^+ 就是使所有目标函数 $f_i(x)$ 的优属度 $\mu_i(x)$ 均取最大值，即 $\mu_i(x)=1, i=1,2,\cdots,m$，记模糊正理想解 x^+ 处的优属度向量为：

$$b = (\mu_1(x^+), \mu_2(x^+), \cdots, \mu_m(x^+))^T = (1,1,\cdots,1)^T \tag{5-7}$$

2. 解法步骤

第一步：求解各目标分量的上下确界 $\sup\{f_i(x)\}$ 和 $\inf\{f_i(x)\}$；

第二步：利用定义 5-2 求出各目标分量的优属度 $\mu_i(x)$；解出目标理想权重 $w=(w_1, w_2, \cdots, w_m)$ 和一组有效解 X；

第三步：将原多目标模型转化为单目标模型；

在作实际决策时，有效解的确定应尽可能远离模糊负理想解，同时要尽可能接近模糊正理想解。用二维欧式距离表示，即：使得 $\sum\limits_{i=1}^{m}\omega_i^2[\mu_i(x)-a_i]^2 = \sum\limits_{i=1}^{m}\omega_i^2\mu_i^2(x)$ 达到最大值，$\sum\limits_{i=1}^{m}\omega_i^2[b_i-\mu_i(x)]^2 = \sum\limits_{i=1}^{m}\omega_i^2[1-\mu_i(x)]^2$ 达到最小值。

因此，原多目标模型 5-2 可转化为下面的单目标模型：

$$\max\sum_{i=1}^{m}\omega_i^2\mu_i{}^2(x) + \{1 - \sum_{i=1}^{m}\omega_i^2[1-\mu_i(x)]^2\} \tag{5-8}$$

$$\text{s.t.}\begin{cases} x \in X \\ \sum\limits_{i=1}^{m}\omega_i = 1 \end{cases}$$

可以证明单目标模型 5-7 的最优解一定是多目标模型 5-1 的有效解（唐伟勤，

2009）。因此，接下来问题转化为解单目标模型。

第四步：解单目标模型：

构造拉格朗日函数：

$$F(\omega_i, x_i, \lambda)=\sum_{i=1}^{m}\omega_i^2\mu_i{}^2(x)+\left\{1-\sum_{i=1}^{m}\omega_i^2[1-\mu_i(x)]^2\right\}-\lambda\left(\sum_{i=1}^{m}\omega_i-1\right) \quad (5-9)$$

令 $$\begin{cases}\dfrac{\partial F}{\partial \omega_i}=0\\ \dfrac{\partial F}{\partial x_i}=0\\ \dfrac{\partial F}{\partial \lambda}=0\end{cases}$$

使用 Lingo 或 MATLAB 可求得原多目标函数的解。

三、实例验证

某次地震需应急帐篷 100 万顶，在地震发生后的一个星期内筹集到的帐篷仅 30 万顶，另 70 万顶帐篷需要动员全国 5 个大型帐篷生产厂家组织生产，各厂家到事发地所需的时间、单位时间的产能、生产帐篷的单位成本见表 5-4，应分配给各厂家多少数量的帐篷，才能使应急帐篷快速、经济地到达地震灾区？

表 5-4　　各厂家到灾区所需时间、单位时间的产能和单位成本

厂家编号	厂家到灾区所需时间（小时）	厂家的单位时间（天）产能	厂家的单位成本（元）
1	8	3000	2500
2	7	2500	2850
3	15	2800	2630
4	10	1900	3200
5	9	3500	2180

根据表中的数据，可得到如下模型：

$$\min\begin{cases}f_1(x)=2500x_1+2850x_2+2630x_3+3200x_4+2180x_5\\ f_2(x)=\dfrac{24x_1}{3000}+8+\dfrac{24x_2}{2500}+7+\dfrac{24x_3}{2800}+15+\dfrac{24x_4}{1900}+10+\dfrac{24x_5}{3500}+9\\ \qquad=\dfrac{24}{3000}x_1+\dfrac{24}{2500}x_2+\dfrac{24}{2800}x_3+\dfrac{24}{1900}x_4+\dfrac{24}{3500}x_5+49\end{cases}$$

$$\text{s. t.}\begin{cases}x_1+x_2+x_3+x_4+x_5=700000\\ x_i\geqslant 0 \quad i=1,2,\cdots,5\end{cases}$$

下面来对模型进行求解：

1. 用 Lingo 软件求解 $\sup\limits_{x\in X}\{f_i(x)\}$ 和 $\inf\limits_{x\in X}\{f_i(x)\}$

求得的结果为：

$$\sup_{x\in X}\{f_1(x)\}=2240000000 \qquad \sup_{x\in X}\{f_2(x)\}=8891$$

$$\inf_{x\in X}\{f_1(x)\}=1526000000 \qquad \inf_{x\in X}\{f_2(x)\}=609$$

2. 用定义 5－2 求得目标分量 $\{f_i(x)\}(i=1,2)$ 的优属度

分别为：

$$\mu_i(x)=\frac{2240000000-(2500x_1+2850x_2+2630x_3+3200x_4+2180x_5)}{714000000}$$

$$\mu_2(x)=\frac{8891-(0.04x_1+0.009x_2+0.0086x_3+0.0126x_4+0.0069x_5+49)}{8282}$$

3. 求解以下线性规划问题

$$\min\lambda\begin{cases}\lambda\geqslant 0.00002437(2500x_1+2850x_2+2630x_3+3200x_4+2180x_5-1526000000)\\ \lambda\geqslant 0.999999998\left(\dfrac{24x_1}{3000}+\dfrac{24x_2}{2500}+\dfrac{24x_3}{2800}+\dfrac{24x_4}{1900}+\dfrac{24x_5}{3500}-609\right)\\ x_1+x_2+x_3+x_4+x_5=700000\\ x_i\geqslant 0\quad i=1,2,\cdots,5\end{cases}$$

由专家给出目标分量的权重，$f_1(x)$ 的权重 $\omega_1=0.3$，$f_2(x)$ 的权重 $\omega_2=0.7$，根据模型 5－2，该模型可以转化为以下单目标模型。

$$\max\omega_1^2\left[\frac{2240000000-(2500x_1+2850x_2+2630x_3+3200x_4+2180x_5)}{357000000}\right]^2+$$

$$1-\omega_1^2\left[1-\frac{2240000000-(2500x_1+2850x_2+2630x_3+3200x_4+2180x_5)}{357000000}\right]^2+$$

$$\omega_2^2\left[\frac{4800-(0.04x_1+0.009x_2+0.0086x_3+0.0126x_4+0.0069x_5)}{11585}\right]^2+$$

$$1-\omega_2^2\left[1-\frac{4800-(0.04x_1+0.009x_2+0.0086x_3+0.0126x_4+0.0069x_5)}{11585}\right]^2$$

$$\text{s.t.}\begin{cases}x_1+x_2+x_3+x_4+x_5=700000\\ \omega_1+\omega_2=1\end{cases}$$

4. 构造拉格朗日函数，求出原模型的解

$$F(\omega_i,x_i,\lambda_1,\lambda_2)=\omega_1^2\left[\frac{2240000000-(2500x_1+2850x_2+2630x_3+3200x_4+2180x_5)}{357000000}\right]^2+$$

$$1-\omega_1^2\left[1-\frac{2240000000-(2500x_1+2850x_2+2630x_3+3200x_4+2180x_5)}{357000000}\right]^2+$$

$$\omega_2^2\left[\frac{4800-(0.04x_1+0.009x_2+0.0086x_3+0.0126x_4+0.0069x_5)}{11585}\right]^2+$$

$$1-\omega_2^2\left[1-\frac{4800-(0.04x_1+0.009x_2+0.0086x_3+0.0126x_4+0.0069x_5)}{11585}\right]^2-$$

$$\lambda_1(x_1+x_2+x_3+x_4+x_5-700000)-\lambda_2(\omega_1+\omega_2-1)$$

求偏导，可得：

$x_1=149611$；$x_2=1442241$；$x_3=132902$；$x_4=109995$；$x_5=163268$。

即：厂家1应生产149611顶帐篷，厂家2应生产144224顶帐篷，厂家3应生产132902顶帐篷，厂家4应生产109995顶帐篷，厂家5应生产163268顶帐篷。该结果和分配理论相一致，厂家1和厂家5单位时间的产能高，单位成本低，而且到灾区所需的时间较少，因此分配的生产量较大；而厂家2单位时间的产能略低，单位成本略高，因此分配的生产量略少；厂家3尽管单位时间的产能较高、单位成本较低，但由于到灾区所需的时间较多，因此分配的生产量较少；厂家4到灾区所需的时间尽管不是最低，但由于单位时间的产能最低、单位成本最高，因此分配的生产量最少。

第四节　应急物资配送的车辆调度

一、多中心配送的车辆调度

在应急物资调度中，为提高时间效益，有时候需要使用多个配送中心来进行配送，即利用多个配送中心为用户服务。调度的目标是寻求在完成用户的货运任务前提下，使用最少的车辆数并且安排各车的形式路线。

对此类问题有两类基本的算法。一类是先对用户分组后安排路线，即把用户按一定调度规则划分为不同的组，每一组对应一个配送中心，然后对每一个配送中心求解。如果任何一个配送中心的车辆不足以安排任务，就修正原来的分组，并对新的单配送中心问题进行求解。这一过程按照分组规则一直进行下去，直到得到满意的解为止。对用户进行规划的规则可以是“就地就近发送”等实际试验调度，也可以是一些对全局优化有贡献的启发式规则。另一类则先安排线路后分组，即先对所有用户求解线路安排，而不管配送中心在哪，这样就构建了一条大的路线（通常不可行），它包含了所有的用户。然后，对每一辆车的路线，指定一个配送中心。其目的是在满足配货中心的车辆限制下使得总的运输距离最小。当车辆进出配送中心的距离远小于消耗在运输货物的行驶距离时，这种方法就比较合理，求解的满意度也很高。

（一）问题描述

该问题可以表述如下：把各个受灾点及物资储备中心组成一个图G（V，E），其中V为图中所有节点的集合，$V_0\in V$为物资储备中心，E为图中所有边的集合，$e_{ij}\in E$为节点i，j之间的边，图G为无向边，即边e_{ij}是无向的。有n个受灾地区向救灾指挥中心请求救灾物资的配送，第i个受灾节点对于救灾物资的需求量为g_i，卸货时间为UT_i，最迟允许车辆到达时间为LT_i，ET_i表示允许车辆到达提前时间；物资储备中心与受灾节点、受灾节点之间的广义运输（距离）费用为c_{ij}，运输时间为$t_{ij}(i，j=0，1，2，\cdots，n)$，物资储备中心编号为0，受灾节点编号为（1，2，…，n），配送卡车单车装载容量为

q（$q>g_i$，$i=1$，2，…，n），车辆不能超载且必须在规定的时间之前把物资送到受灾节点。要求指派运输车辆，并确定每辆车运输路线，使得总运输距离最低。

（二）模型假设

采用先分组后安排路线的方法，对此类问题的求解进行讨论。设 $d_i(t)$ 表示用户 i 和配送中心 t 之间的距离，记为集合 $D_i=\{d_i(t),t=1,\cdots,p\}$，$p$ 是配送中心的个数。

计算 $r(i)=\min D_i/\text{submin}D_i$，$\min D_i$ 和 $\text{submin}D_i$ 分别表示集合 D_i 中的最大值和第二最小值，取适当的 δ，比较 r（i）和 δ 的大小，当 $r(i)<\delta$ 时，把用户 i 分配给 $\min D_i$ 对应的配送中心，如果 $r(i)\geqslant\delta$，这时用户 i 为边界点，对边界点的分配如下。

当 $r(i)\neq 1$ 时，利用节约法进行分派。首先考虑由最近的配送中心发出配送车服务每一个点，构成初始解。各点对最近配送中心的分派都是暂时的，一旦两个或多个点已被分派给一个配送中心发出的线路，这些点就不再分派给其他的配送中心。当点 i 和 j 都不与配送中心相连时，进行连接，连接的节约量是 $s_{ij}^t=(d_i^t)'+(d_j^t)'-d_{ij}$，其中，$(d_i^t)'=(2\min_i^p-d_{ij})\text{or}(d_i^p)$。根据节约值，连接用户 i 和用户 j。在这一种情况下，点 i 被分配离它最近的配送中心，总费用节约 $2\min D_i$，在第二种情况下，点 j 插入到配送中心和点 i 之间。

当 r（i）$=1$ 时，如果点 j 和点 k 已分派给一种配送中心 t。插入点 i 对配送中心 t 而言产生的附加费用是 $d_{ijk}=d_{ik}+d_{ji}-d_{jk}$，并且将用户 i 分派给使得 $d_{ijk}(t)$ 最小的配送中心。

车辆调度问题一般设有一个中心，拥有容量为 q 的车辆若干，现在有 n 项运输任务要完成，已知任务 i 的货运量是 $g_i(i=1,2,\cdots,n)$，且有 $g_i<q$，求满足货运量的费用（距离、运输成本、时间等）最小的车辆行驶路线。调度问题作为一种模型，在实际生活中有着广泛的应用，如上面提到的货物配送。车辆调度一般符合下列条件：①满足所有需求点（用户）的需求；②各种车辆类型的车辆数目一定，能满足运输要求，完成任务；③每一辆发送车辆的装载量有一定的限制，不能超载运行；④对发送车每天总运行时间（运行距离）有预定的上限；⑤要满足需求点（用户）提出的到货时间要求。

对具体问题，上面的约束条件可能全部存在，也可能只存在一部分。配送问题的最优解实际就是一个有效的车辆调度问题，它应该明确地规定在满足约束条件下派车的数量、类型和各个车辆的行驶路线，在完成运输任务的前提下，使得目标最优。

（三）模型建立

把物资储备中心和受灾节点统一看成是运输网络中的节点。设在同一路线上点 h 是点 i 前面的相邻点，车辆到达点 k 的时间为 RT_h，到达点 i 的时间为 RT_i，则有：

$$RT_i=RT_h+UT_h+t_{hi} \tag{5-10}$$

为建立调度模型，定义二进制变量 x_{ijk}、y_{ki}：

$$x_{ijk}=\begin{cases}1 & \text{车 } k \text{ 从节点 } i \text{ 驶到节点 } j\\0 & \text{否则}\end{cases} \tag{5-11}$$

$$y_{ki}=\begin{cases}1 & \text{车}\,k\,\text{停靠节点}\,i\\0 & \text{否则}\end{cases} \tag{5-12}$$

带单边硬时间窗约束的配载车辆调度模型为：

目标函数：

$$\min Z=\sum_{i=0}^{l}\sum_{j=0}^{l}\sum_{k=0}^{m}C_{ij}X_{ijk} \tag{5-13}$$

约束条件：

$$\sum_{i}g_{i}y_{ki}\leqslant q \quad (i=0,\ 1,\ 2,\ \cdots,\ n) \tag{5-14}$$

$$RT_{i}\leqslant LT_{i} \quad (i=0,\ 1,\ 2,\ \cdots,\ n) \tag{5-15}$$

$$\sum_{y}y_{ki}=1 \tag{5-16}$$

$$\sum_{i}x_{ijk}=y_{ki} \quad (i,\ j=,\ 1,\ 2,\ \cdots,\ n) \tag{5-17}$$

$$\sum_{j}x_{ijk}=y_{ki} \quad (i,\ j=0,\ 1,\ 2,\ \cdots,\ n) \tag{5-18}$$

$$X=(x_{ik})\in D \tag{5-19}$$

在上述模型中，式（5－13）为模型的目标函数，即使车辆在完成全部配送任务时的所需要的最短的运行距离或运行时间；式（5－14）为车辆的载重约束，即某辆车所访问的全部客户的需求量不能超过车辆本身的载重量；式（5－15）为客户对配送车辆的时间窗约束；式（5－16）为点 i 的客户由车辆 k 完成的唯一性约束；式（5－17）、式(5－18）为到达某个客户的车辆唯一性约束；式（5－19）表示所有点都是通的。

在实际配送活动中，还会存在很多复杂的条件，需要考虑的约束会更多，本节考虑的是比较理想的情况。

二、实例验证

（一）案例背景介绍

我国西南地区特别是贵州省从 2009 年 7 月开始，持续干旱少雨，发生夏秋冬连旱叠加春旱的严重旱情，旱情持续时间之长、影响范围之广、受灾程度之深历史罕见。全省 88 个县（区、市）中累计出现重旱以上的有 78 个县（区、市），其中特重旱 55 个县（区、市）。到 2010 年 3 月 7 日，达到重旱以上的县（区、市）比例一直维持在 85%以上，干旱的范围和强度均突破了气象历史的最高值。3 月 10 日，贵州省气象局将干旱灾害气象服务Ⅱ级应急响应提升为Ⅰ级应急响应。截至 2010 年 3 月 11 日的统计，贵州省 88 个县中 86 个县受灾，受灾人口达 1700 万人，占全省总人口的 46%。500 万人、300 万头大牲畜饮水困难，农作物受灾面积 748292 公顷。尤以黔西南州、六盘水市、毕节地区、黔南州等旱灾最为严重。

《国家防洪抗旱应急预案》中规定，关于物资保障要求防洪抗旱指挥机构、重点防洪工程管理单位以及受洪水威胁的其他单位应按规范储备防洪抢险物资，并做好生产流程和生产能力储备的有关工作。干旱频繁发生地区的县级以上地方人民政府应当储备一定数量的抗旱物资，由本级防洪抗旱指挥机构负责调用。

国家防汛抗旱总指挥部发出“举全行业之力支援西南重旱区抗旱减灾工作”的号召，京、津、鄂、皖4省（市）紧急行动，第一时间组织了总价值1030万元的抗旱物资，包括46台运水车、650台水泵、64台发电机、20万片净水消毒片等，并日夜兼程分送到贵州各重旱区。同时，黄河水利委员会、太湖流域管理局、中国水利水电科学研究院等水利部直属单位也立即行动起来，派出了80余名水利抗旱专家和技术人员驰援贵州。

（二）问题简化及数学描述

问题简化描述如下：西南地区发生旱灾，国家确定的帮扶点有北京市、天津市、湖北省、安徽省4个省市，受灾点为贵州省的遵义市、铜仁地、毕节地区、六盘水市、贵阳市、黔东南地区、安顺市、黔南地区和黔西南地区共9个地区。其中设帮扶点依次为节点1，2，3，4；受灾点 i（$i=5$，6，…，13）的需求量为 g_i，卸货时间为 UT_i，物资最晚送到时间为 LT_i，配送卡车装在容量为20吨，水泵为潜水泵，其重量按100kg计算，平均车速为70km/h。车辆不能超载且必须在规定的时间之前把物资（即水泵）送到受灾点。

送往各节点的水泵数是根据各地区的人口数之比，再考虑受灾严重程度而定的。帮扶节点与受灾节点之间、各受灾节点之间的距离和时间见表5-5，各节点的水泵需求数及帮扶点筹备到的水泵数见表5-6、表5-7、表5-8，各节点的关系如图5-2所示，要求合理的安排车辆调度，达到节省更多的费用。

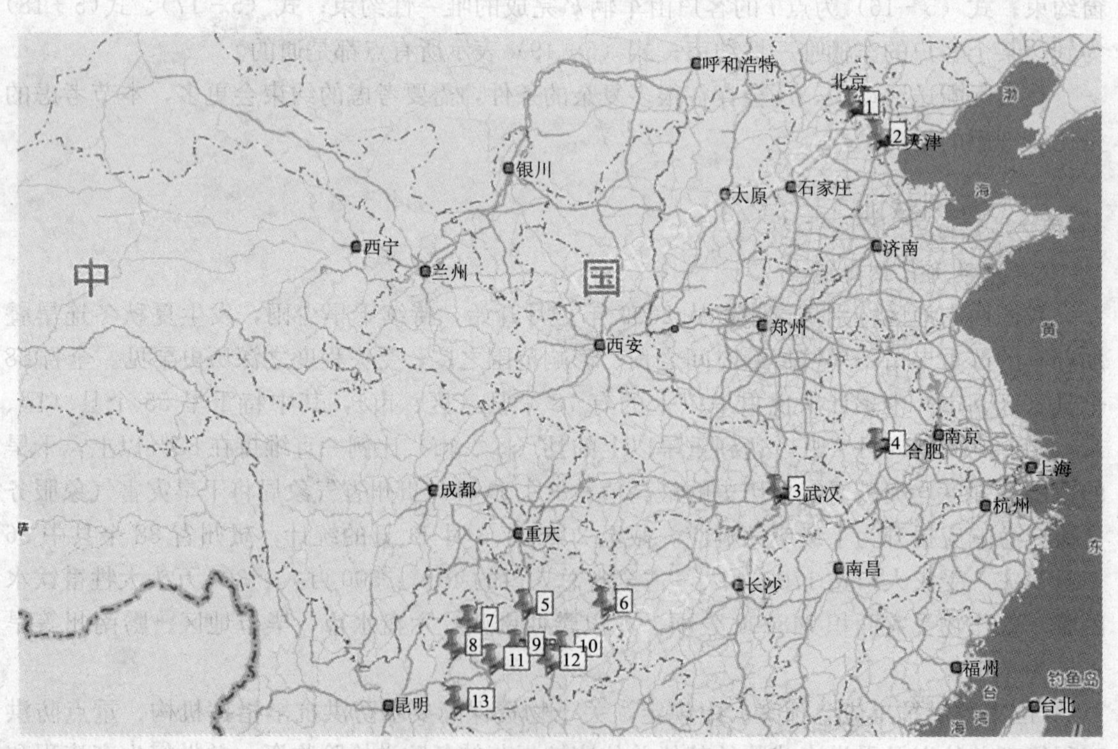

图5-2 供应及需求节点示意

表 5-5 距离(km)/时间(h)矩阵

	遵义 5	铜仁 6	毕节 7	六盘水 8	贵阳 9	黔东南 10	安顺 11	黔南 12	黔西南 13
北京 1	2235/29	1848/25	2361/32	2527/35	2201/30	2021/28	2274/31	2095/29	2512/37
天津 2	2251/30	1787/25	2374/33	2415/35	2178/30	1997/28	2251/31	2071/29	2489/37
武汉 3	1302/17. 3	750/12	1371/27	1412/20. 5	1143/15. 7	994/13. 2	1217/16. 7	1068/14. 2	1486/26
合肥 4	1716/23	1196/17. 7	1782/25	1830/26	1593/21. 3	1412/18. 8	1666/22. 4	1486/19. 8	1904/28
遵义 5	0	395/7. 7	235/5. 7	395/7. 2	145/2. 2	314/4. 3	231/3. 4	297/4. 2	469/8. 8
铜仁 6	395/7. 7	0	589/14. 8	633/11	392/6. 1	214/3. 7	468/7. 2	289/4. 7	706/12. 7
毕节 7	235/5. 7	589/14. 8	0	172/4. 4	214/4. 6	383/6. 8	225/5. 8	366/6. 6	465/11. 1
六盘水 8	395/7. 2	633/11	172/4. 4	0	252/5. 2	425/7. 5	167/4	408/7. 4	304/7. 8
贵阳 9	145/2. 2	392/6. 1	214/4. 6	252/5. 2	0	185/2. 7	88. 4/1. 5	152/2. 6	326/6. 9
黔东南 10	314/4. 3	214/3. 7	383/6. 8	425/7. 5	185/2. 7	0	260/3. 8	80. 5/1. 3	498/9. 2
安顺 11	231/3. 4	468/7. 2	225/5. 8	167/4	88. 4/1. 5	260/3. 8	0	249/3. 7	241/5. 7
黔南 12	297/4. 2	289/4. 7	366/6. 6	408/7. 4	152/2. 6	80. 5/1. 3	249/3. 7	0	483/9. 1
黔西南 13	469/8. 8	706/12. 7	465/11. 1	304/7. 8	326/6. 9	498/9. 2	241/5. 7	483/9. 1	0

表 5-6　救灾帮扶点供应量

帮扶点 i	1	2	3	4
供应量（台）	20	50	10	570

表 5-7　救灾节点需求

受灾点 i	5	6	7	8	9	10	11	12	13
需求量（台）	65	20	163	97	19	39	19	130	98

表 5-8　配送要求

用户 i	需求量/台	卸货时间/h	允许最迟到达时间/h
5	65	0.6	[0, 48]
6	20	0.4	[0, 48]
7	163	2.5	[0, 36]
8	97	1.5	[0, 36]
9	19	0.3	[0, 48]
10	39	0.8	[0, 48]
11	19	0.3	[0, 48]
12	130	2.0	[0, 36]
13	98	1.5	[0, 36]

（三）问题求解

实际中解决方案是：有关部门是将四个省市的物资都运往贵阳市，然后再由贵阳向其他的地方分派物资。很明显，这样不仅浪费时间，而且使得总路程更长。所以，这个问题中，不采用将物资先集合成一点，再由一个中心分派的方案，具体分配如下。

针对现实问题，首先改进一下多配送车辆调度问题。

由于问题中帮扶点所筹集的物资是有限的，而物资的数量不是无限的，所以在将受灾点分配给帮扶点时，改进方法如下。

步骤一：计算 $r(i)$，根据从小到大的顺序将 $r(i)$ 排序；

步骤二：依次将 i 分给对应的最近的帮扶点，同时要累计被分配到 i 帮扶点的所有受灾点的需求量，判断累计的值与帮扶点的供应量，如果累计值大于帮扶点的供应量，则停止对该帮扶点的分派任务，并将到达该帮扶点的值记为无穷大；

步骤三：重新计算 $r(i)$ 值，重复上述操作，直到将所有的受灾点都分派给帮扶点。

根据上述改进方案，计算的 $r(i)$ 值如表 5-9 所示。

表 5－9　　**r（i）值**

i	5	6	7	8	9	10	11	12	13
min D_i	17.3	12	25	20.5	15.7	13.2	16.7	14.2	26
submin D_i	23	17.7	27	26	21.3	18.8	22.4	19.8	28
r（i）	0.75	0.68	0.93	0.79	0.74	0.70	0.75	0.72	0.93

根据数据将 6 受灾点分派给帮扶点 3，即供需量为：6（3）＝10，然后将 3 点的值设为无穷大，再计算 r（i），如表 5－10 所示。

表 5－10　　**修正 r（i）值**

i	5	6	7	8	9	10	11	12	13
min D_i	23	17.7	27	26	21.3	18.8	22.4	19.8	28
submin D_i	29	25	32	35	30	28	31	29	37
r（i）	0.79	0.71	0.78	0.74	0.71	0.67	0.72	0.68	0.76

分配结果和顺序为：10（4）＝39，12（4）＝130，6（4）＝10，9（4）＝19，11（4）＝19，8（4）＝97，13（4）＝98，7（4）＝158；将帮扶点 4 的值记为无穷大，再计算 r（i），如表 5－11 所示。

表 5－11　　**再修正 r（i）值**

i	5	7
min D_i	29	32
submin D_i	30	33
r（i）	0.9667	0.9697

分派结果与顺序为：5（1）＝20，5（2）＝45，7（2）＝5。

受灾点分派给帮扶点的最后的分配结果如表 5－12 所示。

表 5－12　　**最终分配结果**

	5	6	7	8	9	10	11	12	13
1	20 台								
2	45 台		5						
3		10 台							
4		10 台	163 台	97 台	19 台	39 台	19 台	130 台	98 台

针对每组的分配情况分别用节约算法进行车辆的优化调度计算，求出最优解。结果如表5－13、表5－14所示。

表5－13　1～3组的车辆调度

车辆号	行驶路线	到达给点的时刻/h	货运量/台	行驶里程/km
1	1—5—1	0—29.6—58.6	20	4470
2	2—7—5—2	0—35.5—41.8—71.8	50	4860
3	3—6—3	0—12.4—24.4	10	1500

表5－14　第4组的车辆调度

车辆号	行驶路线	到达各点的时刻/h	货运量/台	行驶里程/km
1	4—8—4	0—27.5—53.5	97	3660
2	4—7—4	0—27.5—52.5	163	3564
3	4—12—4	0—21.8—41.6	130	2972
4	4—6—9—13—11—10—4	0—18.1—24.5—32.9—38.9—43.5—62.3	195	3827

最终的方案是：由北京向遵义市运输20台水泵，到达需29.6个小时，行驶路程为4470km；由天津出发的运输车辆行驶路线为先向毕节地区运送5台水泵，到达毕节地区时间为35.5小时，再由毕节地区驶向遵义地区，运送45台水泵，到达时间为41.8小时，行驶总距离为4860km；由武汉出发的运输车辆向铜仁地区运送10台水泵，到达时间为12.4小时，总行驶路程为1500km；由安徽出发的车辆分四条路线走：①安徽向六盘水市输送97台水泵，到达时间为27.5小时，路程为3660km；②安徽向毕节地区送163台水泵，到达时间为27.5小时，行驶路程为3564km；③安徽向黔南地区送130台水泵，到达时间为29.8小时，行驶距离为2972km；④安徽—铜仁地区—贵阳—黔西南地区—安顺市—黔东南地区，一次送的水泵数量为：20—19—98—19—39，到达时间依次为：18.1—24.5—32.9—38.9—43.5小时，行驶总里程为3827km。

第五节　应急物资调度中的动态博弈

突发事件发生后，往往需要同时使用多种运输方式，如空运、公路和水路运输等把应急资源快速、高效调度到灾区。本节以博弈论为工具，从尽量减少灾害所造成的损失角度，介绍一种反映多种运输方式联合调度应急资源的基于合作博弈的应急资源调度策略和模型（杨继君，2007）。在该调度模型中，把不同的运输方式映射为博弈模型的局中人，把可能的资源调度方式组合方案映射为策略集，把不同的运输方式调度应急资源所造成的损失映射为效用函数，将应急资源的合理调度问题转化为对合作博弈调度模型的核心求解问题。

一、应急资源调度的多模式分层网络

应急资源调度网络一般由应急资源中心、资源中转站和灾区需求中心组成。其应急资源流转如图 5-3 所示。

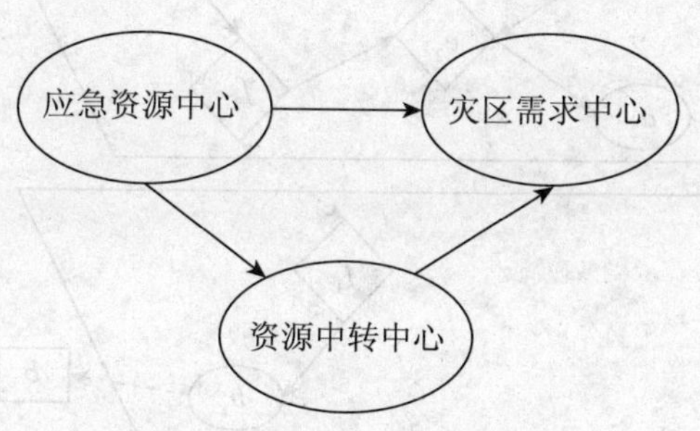

图 5-3　应急资源流转模型

应急资源中心的每种资源从起点运送到灾民手中都可能包括多个应急物流中心和需求中心，而且根据灾区灾情的严重情况，往往同时使用多种运输方式，如空运、公路运输和水路运输等，由此设计了多模式分层网络。

在设计的多模式分层网络中，将每种运输方式分成一个网络层，称为一个模式层，在层与层之间通过模式转换边连接。在多模式分层网络中有四类顶点，分别是供应点、需求点、中转点、映像点。网络中的弧分为三类，即载重弧、转换弧、映像弧。映像弧是连接映像点与供应点或需求点之间的弧，没有相关联的费用与容量，也不消耗时间。

图 5-4 是三模式分层网络示例图，其中 a、b 是需求点；c、d 是供应点；e、f 是中转点，整个运输网络有三种运输方式，所以示例图中有三个模式层，c 点可以通过运输方式一、方式二向外运输资源，所以它在模式层一、模式层二上有映像点 c_1、c_2，代理它发送资源。运输方式二与运输方式三可以在中转点 f 进行转运，在模式层二、模式层三上分别有 f_2、f_3 两个点，代表在运输方式二、方式三上的 f 点，并在它们之间有转换弧连接，表示资源可在此点进行运输方式二、方式三的转运。

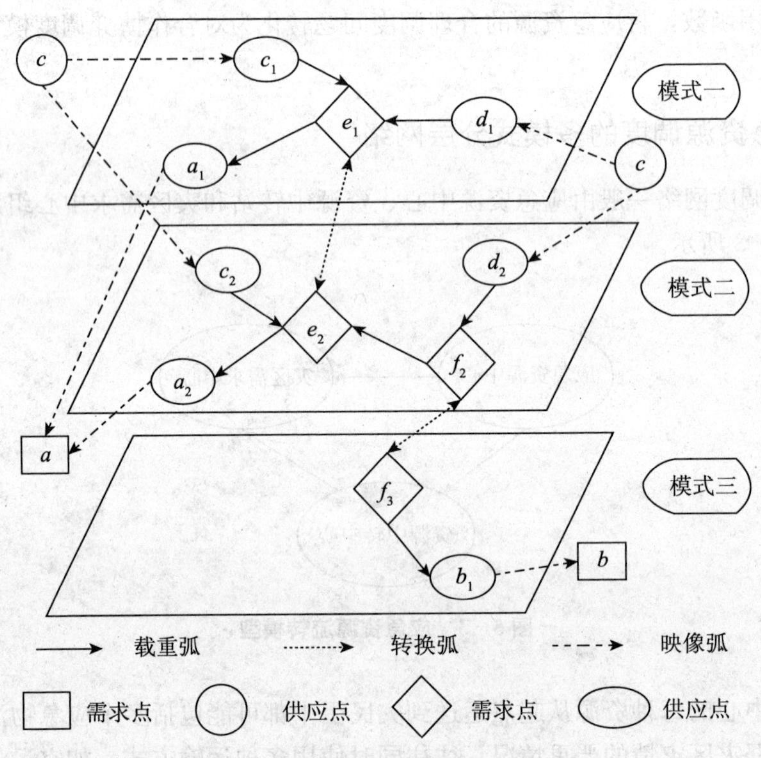

图 5-4 多模式分层网络调度模型

二、基于多模式分层网络的合作博弈调度

(一) 模型假设

在应急资源的调度过程中，依据灾区的实际情况，需要多种运输方式的相互配合，因而具有合作的性质，即各运输方式的相互配合就可认为是合作博弈的，博弈的目的在于满足灾区需求的情况下尽量以最小的损失调度资源。

为了便于说明问题，在建立应急资源调度合作博弈模型之前，需要作如下假设。

(1) 为了满足灾区的需求，需要多种运输方式配合来完成。

(2) 应急资源中心到资源中转站之间的运输不存在运输损失；中转站到灾区需求中心因受交通路况等因素的影响而存在运输损失；应急资源由资源应急中心直接运到灾区需求中心同样存在运输损失。

(3) 资源中转站之间进行资源转运不存在损失，同时若到达资源中转站的应急资源无法运到灾区，则这部分资源全记为损失。

(4) 根据灾害的类型和严重程度，不同的运输方式其损失率不同。就航空运输、水路运输、公路运输三种运输方式而言，一般情况下，使用空运方式直接把救援资源空投到灾区速度最快，同时其资源调度损失率也最大，其次是公路运输，最后为水路运输。

（二）合作博弈调度模型描述

1. 运输方式（局中人）

假设有 n 种运输方式，应急资源调度中的运输方式构成博弈的局中人集合可以表示为：$N=\{1, 2, \cdots, n\}$。

2. 博弈策略

在由各种运输方式组建的调度联盟中（联盟用 A 表示），其中任意一个调度联盟就构成博弈策略。

3. 博弈收益

对某种特定的运输方式来讲，与其他运输方式的不同组合可以形成不同的调度联盟，这些不同的调度联盟将会产生一定的收益（该支付代表其调度到灾区的资源量）。调度联盟的支付情况可以使用一个收益函数进行描述，记为：$P(A)$。

4. 调度联盟博弈的收益函数

定义收益函数为：设 $N=\{1, 2, \cdots, n\}$，$P(A)$ 是定义在 N 的一切子集 A（调度联盟）上的实值函数，且满足条件：

$$\begin{cases} P(\notin)=0, 若 A=\notin \\ P(N)\geqslant \sum_{i=1}^{n} P(\{i\}) \end{cases}$$

则 $P(A)$ 为该调度联盟的收益函数。

设 A，$M\in N$，且 $A\cap M=\not\subset$，调度联盟 A 能保证得到的最大收益为 $P(A)$，调度联盟 M 能保证得到的最大收益为 $P(M)$。即使 A 和 M 互相不合作的情况下也能取得 $P(A)+P(M)$ 的收益，因此，假设 $A\cup M$，

$$P(A\cup M)>P(A)+P(M)$$

上式表示收益函数的超可加性，这在经济学上称为协同效应，即所谓"1+1>2"。如果一个联盟不满足超可加性，那么其成员就没有动机形成联盟，即使已经形成的联盟都将面临解散的威胁。

另外，$P(A\cup M)=P(A)+P(M)$ 表示收益函数的可加性。

可以证明，n 个局中人合作博弈 $G=\{N,(S_i)_{i\in N},(U_i)_{i\in N},P(A)\}$ 的收益函数 $P(N)$ 具有可加性的充要条件为：

$$P(N)=\sum_{i=1}^{n} P(i)$$

该式表明合作博弈具有可加性的条件是局中人的任何合作都不会产生新的收益，这种博弈称为非实质性博弈。由于合作不产生任何作用，因而各个局中人所得到的分配也就是 $P(i)$；如果满足条件 $P(N)>\sum_{i=1}^{n} P(i)$，即合作的收益大于不合作时各个局中人的收益之和，则称这种博弈为实质性博弈。

5. 博弈模型

调度联盟是在非常规突发事件发生后，使用不同的调度方式来满足灾区需求而进行合

作博弈的结果，其模型可以表示为在 t 时刻 n 种运输方式间的动态合作博弈：

$$G=\{t,N,(S_i)_{i\in N},(U_i)_{i\in N},P(A)\} \tag{5-20}$$

其中，N 表示在 t 时刻组建联合调度的运输方式集合，S_i 为运输方式 i 在 t 时刻所有可行纯策略的有限集；在应急资源调度中，效用函数 U_i 用应急资源的调度损失来表示；A 为 N 的任意子集，即 $A\in N$；P（A）为调度联盟 A 在 t 时刻的总支付，称为支付函数。在不同的合作时段，P（A）可能是不同的，因而导致 U_i 可能随之变化。

6. 调度联盟的博弈目标

应急资源调度的目标是在满足灾区对救援物资需求的情况下，使整体应急资源调度损失最小化。目标函数定义如下：

$$f(U_i)=\min\sum_{i=1}^{n}U_i \tag{5-21}$$

（三）模型求解算法

合作博弈模型求解的目的在于使各种运输方式相互配合，在满足灾区需要的情况下尽量使运输损失最小化。

对于 n 个人合作博弈 $G=\{N,(S_i)_{i\in N},(U_i)_{i\in N},P(A)\}$，分配集 P（N）中不被任何分配优超的分配全体称为核心（core）。合作博弈的核心是由下面满足方程式（5－22）和方程式（5－23）的全体支付向量组成，记为 $G=\{N,(S_i)_{i\in N},(U_i)_{i\in N},P(A)\}$

$$\sum_{i\in A}x_i\geqslant P(A) \tag{5-22}$$

$$\sum_{i\in N}x_i=P(n) \tag{5-23}$$

式（5－22）表明 x 提供给 A 的分配不少于 A 自身所得的总收益 P（A），成为联盟中个体合理性条件；式（5－23）为集体理性条件，表明满足式（5－23）的支付向量使合作成员最大限度地获得了合作带来的好处。

对于合作博弈调度模型的求取，本书采用 Shapley 值法对所建立的模型进行求解。Shapley 值法是 Shapley 在 1953 年研究多人合作对策问题时提出的。该方法的出发点是：如果局中人感到某个分配方案对于“胜利果实”分配不公，他们就难以达成有约束力的合作联盟；比较客观的做法为：按照局中人对于合作联盟的贡献来进行收益分配。

一个博弈 G 中的 Shapley 值法应该满足下面三个公理：①有效性公理；②对称性公理；③可加性公理。如果满足上述三个公理，则 Shapley 值存在唯一解：

$$\Psi_i(P)=\sum_{i=A}\frac{(A-1)!(n-A)!}{n!}[P(A)-P(A/i)] \tag{5-24}$$

其中 P（A）为联盟 A 的总收益，$P(A/i)$ 表示局中人 i 离开联盟 A 后联盟的收益值。

三、实例分析

以某地区发生地震灾害为例。由三种运输方式 T_1（公路运输）、T_2（水路运输）、T_3（空运）把应急资源从应急资源中心 c 运到灾区需求中心 d，全体局中人集合记为 $N=$

$\{T_1, T_2, T_3\}$；e，f，g 为资源中转站，它们之间进行资源转运不存在资源损失。假设 T_1、T_2、T_3 的调度损失率分别为 10%、5%、15%，应急资源中心需要调度的资源量为 100 个单位，各运输方式的调运量如图 5-5 所示。

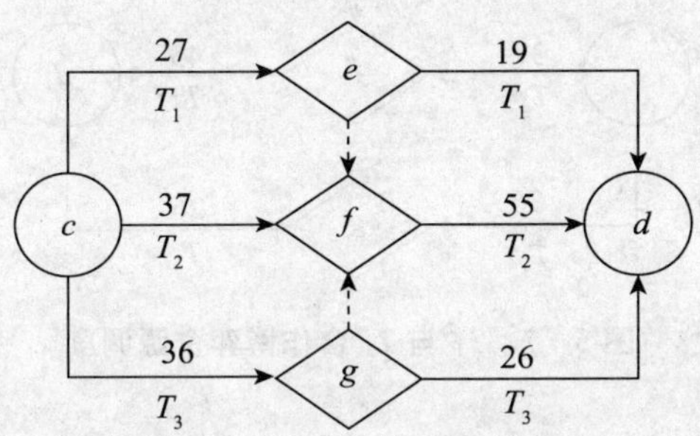

图 5-5 多模式资源调度网络

应急资源调度以如下三种情况进行分析。

（一）非合作博弈

非合作博弈即各种运输方式单独进行资源调度，相互之间不存在合作，其调度方式如图 5-6 所示。

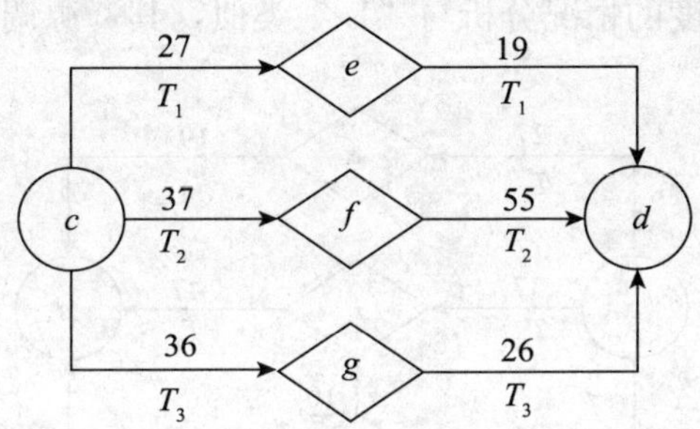

图 5-6 非合作博弈调度网络

T_1 的资源损失为：$U(T_1)=27-19\times(1-10\%)=9.9$

T_2 的资源损失为：$U(T_2)=37-37\times(1-5\%)=1.85$

T_3 的资源损失为：$U(T_3)=36-26\times(1-15\%)=13.9$

资源调度损失总量：

$$f_{no-cooperative}=U(T_1)+U(T_2)+U(T_3)=25.65$$

（二）部分合作博弈

部分合作博弈又分三种情况：①T_1 与 T_2 合作；②T_2 与 T_3 合作；③T_1 与 T_3 合作。

1. T_1 与 T_2 合作博弈

首先由 T_1 从 c 调运 27 个单位应急物资到 e，接着从 e 转运 8 个单位的应急资源给 f，

然后统一由 T_2 完成调度，其资源调度如图 5-7 所示。

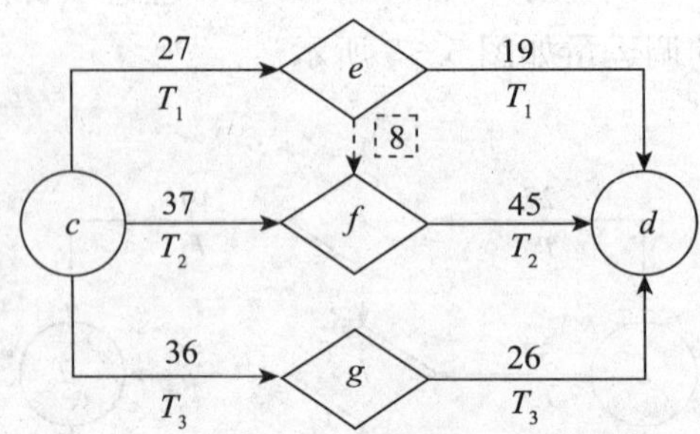

图 5-7 T_1 与 T_2 合作博弈资源调度

T_1 与 T_2 合作博弈调度资源损失为：

$U(T_1, T_2)=27+37-19\times(1-10\%)-(37+8)\times(1-5\%)=4.15$

T_3 的资源损失为：

$U(T_3)=36-26\times(1-15\%)=13.9$

资源调度损失总量：

$f_1=U(T_1, T_2)+U(T_3)=4.15+13.9=18.05$

2. T_2 与 T_3 合作博弈

T_2 与 T_3 合作博弈调度的情况分析与“1.”类似，其资源调度如图 5-8 所示。

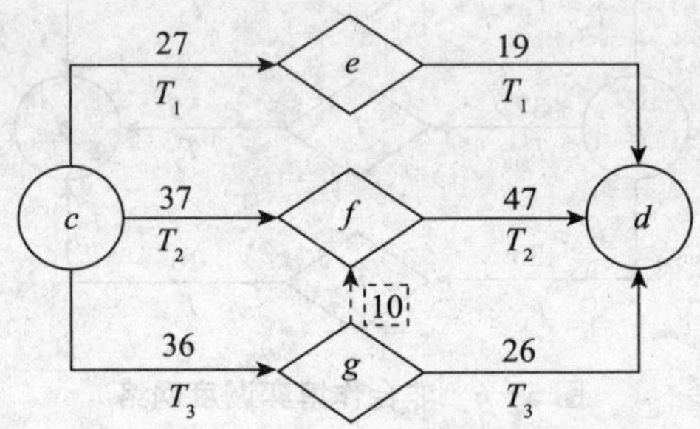

图 5-8 T_2 与 T_3 合作博弈资源调度

T_2 与 T_3 合作博弈调度损失为：

$U(T_2, T_3)=37+36-26\times(1-15\%)-(37+10)\times(1-5\%)=6.25$

T_1 的资源损失为：

$U(T_1)=27-19\times(1-10\%)$

资源调度损失总量：

$f_2=U(T_2, T_3)+U(T_1)=6.25+9.9=16.15$

3. T_1 与 T_3 合作博弈

由于这两种运输方式之间不存在资源的转运，故该种方式与非合作博弈情况是相同的，其资源调度损失总量为：

$f_3 = f_{no\text{-}cooperative} = 25.65$

由于 $f_2 < f_1 < f_3$，故部分博弈调度中，T_2 与 T_3 合作是较优的。

4. 完全合作博弈

采用 Shapley 值法求解最优调度方案并计算出调度损失。

首先，在不考虑损失的情况下，不同联盟的收益函数如下：

$P(\{T_1\}) = 19$，$P(\{T_2\}) = 37$，$P(\{T_3\}) = 26$，

$P(\{T_1, T_2\}) = 64$，$P(\{T_1, T_3\}) = 45$，$P(\{T_2, T_3\}) = 73$，

$P(\{T_1, T_2, T_3\}) = 100$。

根据式（5－23）求解如下：

$$\Psi_{T_1} = \frac{0!2!}{3!}[P(\{T\}) - P(\not\subset)] + \frac{1!1!}{3!}[P(\{T_1, T_2\}) - P(\{T_2\})] + \frac{1!1!}{3!}$$

$$[P(\{T_1, T_3\}) - P(\{T_3\})] + \frac{2!0!}{3!}[P(\{T_1, T_2, T_3\}) - P(\{T_1, T_2\})]$$

$$= 23$$

同理可求 Ψ_{T_2}，Ψ_{T_3}，即 $\Psi_{T_2} = 46$，$\Psi_{T_3} = 31$。进而 $\Psi = (23, 46, 31)$ 可作为三方博弈的调度方案。可以验证 Ψ 满足式（5－22）和式（5－23），因此 Ψ 是该博弈的核心，从而 $\Psi = (23, 46, 31)$ 为三种运输方式的最优调度方案。

再考虑资源调度损失，调度到灾区的资源量为：

$P = 23 \times (1 - 10\%) + 46 \times (1 - 5\%) + 31 \times (1 - 15\%) = 90.75$

其资源调度损失总量为：

$f_{cooperative} = 100 - 90.75 = 9.25$

通过对以上不同情况的具体分析得知：$f_{cooperative} < f_2 < f_{no\text{-}cooperative}$，即按照 Shapley 值法求解的调度方案使得资源调度总损失量最小，故为最优调度方案。

思考题

1. 应急资源调度有哪些特点？
2. 应急资源调度的常用建模方法有哪些？

第六章　应急物流信息系统

本章首先对物流信息技术进行了介绍，然后重点分析了应急物流信息系统的建设、应急物流信息系统的设计和开发以及应急物流信息的数据管理技术，最后以玉树地震为例讲述了应急物流信息系统的应用。

第一节　物流信息技术概述

一、物流信息技术及其组成

物流信息技术（Logistics Information Technology）是现代信息技术在物流各个作业环节中的综合应用，是现代物流区别于传统物流的根本标志，也是物流技术中发展最快的领域，尤其是计算机网络技术的广泛应用使物流信息技术达到了较高的应用水平。

物流信息技术是物流现代化的重要标志，也是物流技术中发展最快的领域，从数据采集的条码系统，到办公自动化系统中的微机、互联网，各种终端设备等硬件以及计算机软件都在日新月异地发展。同时，随着物流信息技术的不断发展，产生了一系列新的物流理念和新的物流经营方式，推进了物流的变革。在供应链管理方面，物流信息技术的发展也改变了企业应用供应链管理获得竞争优势的方式，成功的企业通过应用信息技术来支持它的经营战略并选择它的经营业务。通过利用信息技术来提高供应链活动的效率性，增强整个供应链的经营决策能力。根据物流的功能以及特点，物流信息技术包括计算机技术、网络技术、信息分类编码技术、条码技术、射频识别技术、电子数据交换技术、全球定位系统、地理信息系统、物联网、大数据等方面。

1. 条码技术

条码技术是在计算机的应用实践中产生和发展起来的一种自动识别技术，为我们提供了一种对物流中的货物进行标识和描述的方法。条码是实现 POS 系统、EDI、电子商务、供应链管理的技术基础，是物流管理现代化、提高企业管理水平和竞争能力的重要技术手段。国内大部分超市都在使用一维条码技术。但一维条码表示的数据有限，条码扫描器读取条码信息的距离也要求很近，而且条码上损污后可读性极差，所以限制了它的进一步推广应用，同时一些其他信息存储容量更大、识读可靠性更好的识读技术开始出现。由于一维条码的信息容量很小，如商品上的条码仅能容纳几位或者十几位阿拉伯数字或字母，商品的详细描述只能依赖数据库提供，离开了预先建立的数据库，一维条码的使用就受到了

局限。基于这个原因，人们发明一种新的码制，除具备一维条码的优点外，同时还有信息容量大（根据不同的编码技术，容量是一维的几倍到几十倍，从而可以存放个人的自然情况及指纹、照片等信息）、可靠性高（在损污50%时仍可读取完整信息）、保密防伪性强等优点。这就是在水平和垂直方向的二维空间存储信息的二维条码技术。二维条码继承了一维条码的特点，条码系统价格便宜，识读率强且使用方便，所以在国内银行、车辆等管理信息系统上开始应用。

2. EDI技术

EDI（Electronic Data Interchange）是指通过电子方式，采用标准化的格式，利用计算机网络进行结构化数据的传输和交换。构成EDI系统的三个要素是EDI软硬件、通信网络以及数据标准化。工作方式大体如下：用户在计算机上进行原始数据的编辑处理，通过EDI转换软件将原始数据格式转换为平面文件，平面文件是用户原始资料格式与EDI标准格式之间的对照性文件。通过翻译软件将平面文件变成EDI标准格式文件。然后在文件外层加上通信信封，通过通信软件（EDI系统交换中心邮箱）发送到增值服务网络或直接传送给对方用户，对方用户则进行相反的处理过程，最后成为用户应用系统能够接收的文件格式。

3. 射频识别技术

射频识别技术（RFID）是一种非接触式的自动识别技术，它通过射频信号自动识别目标对象来获取相关数据。识别工作无须人工干预，可工作于各种恶劣环境。短距离射频产品不怕油渍、灰尘污染等恶劣的环境，可以替代条码，如用在工厂的流水线上跟踪物体。长距射频产品多用于交通上，识别距离可达几十米，如自动收费或识别车辆身份等。射频识别技术由射频标签（Tag）、读写器（Reader）和数据管理系统组成。其中射频标签由天线和芯片组成，每个芯片都有唯一的识别码，一般保持着约定的电子数据，在实际的应用中，射频标签粘贴在待识别物体的表面。读写器根据需要并使用根据相应协议进行读取和写入标签的信息的设备，它通过网络系统进行通信，从而完成对射频标签信息的获取、解码、识别和数据管理，可分为手持式和固定式两种。数据管理系统主要完成对数据信息的存储和管理，并可以对标签进行读写的控制。射频标签和读写器之间通过耦合元件实现射频信号的空间（非接触）耦合，在耦合通道内，根据时序关系，实现能量的传递和数据的交换。RFID标签具有体积小、容量大、寿命长、可重复使用等特点，可支持快速读写、非可视识别、移动识别、多目标识别、定位及长期跟踪管理。RFID技术与互联网、通信等技术相结合，可实现全球范围内物品跟踪与信息共享。

4. 地理信息系统技术

地理信息系统（Geographical Information System，GIS）是多种学科交叉的产物，它以地理空间数据为基础，采用地理模型分析方法，适时地提供多种空间的和动态的地理信息，是一种为地理研究和地理决策服务的计算机技术系统。其基本功能是将表格型数据（无论它来自数据库、电子表格文件或直接在程序中输入）转换为地理图形显示，然后对显示结果浏览、操作和分析。其显示范围可以从洲际地图到非常详细的街区地图，显示对象包括人口、销售情况、运输线路和其他内容。

5. 全球定位系统技术

全球定位系统（Global Positioning System，GPS）具有在海、陆、空进行全方位实时三维导航与定位能力。GPS在物流领域可以应用于汽车自定位、跟踪调度，用于铁路运输管理与军事物流。

6. 管理软件

物流管理软件包括运输管理系统、仓储管理系统、货代管理系统、供应链管理系统等。运输管理系统，是一种“供应链”分组下的基于网络的操作软件。它能通过多种方法和其他相关的操作一起提高物流的管理能力，包括管理装运单位，指定企业内、国内和国外的发货计划，管理运输模型、基准和费用，维护运输数据，生成提单，优化运输计划，选择承运人及服务方式，招标和投标，审计和支付货运账单，处理货损索赔，安排劳力和场所，管理文件（尤其当国际运输时）和管理第三方物流。仓储管理系统是一个实时的计算机软件系统，它能够按照运作的业务规则和运算法则，对信息、资源、行为、存货和分销运作进行更完美的管理，使其最大化满足有效产出和精确性的要求，包括收货处理、上架管理、拣货作业、月台管理、补货管理、库内作业、越库操作、循环盘点、RF操作、加工管理、矩阵式收费等。货代管理系统是针对货代行业所特有的业务规范和管理流程，利用现代信息技术以及信息化的理论和方法，开发出的能够对货代企业的操作层、管理层和战略决策层提供有效支持与帮助的管理系统，提供的是一个功能完整，集操作、管理、服务为一体的解决方案，功能覆盖货代公司运营的各个方面，有效支持市场部门、业务运作部门、财务部门的业务操作和管理，形成统一的企业应用平台。业务覆盖海空运进出口业务、本地增值服务业务、支持空运一代、空运二代、海运出口整柜、拼箱业务、海运进口整柜、海运进口分拨操作模式。货代管理系统关注企业的集中化管理和货代服务模式的创新，以海、空运进出口的服务和核心作业流程为主线，全面整合企业内外部的客户、合作伙伴、价格、业务和财务信息。供应链管理系统是原材料、零部件制造者、装配厂商以及配送企业和服务企业之间过程和信息技术的集成。它创建了协同计划、预测与补货的管理模式，通过基于Web的联合预测计划改进了连续补货的标准，使供应链伙伴能够利用Internet来共享预测、检测主要的变化、交换知识和协调解决分歧，最终双方取得一个共同的预测和补货计划来增加供应链的响应速度，降低成本，提高服务水平。

7. 物联网技术

物联网是新一代信息技术的重要组成部分，其英文名称是：“The Internet of things。”

国际电信联盟（ITU）发布的ITU互联网报告，对物联网做了如下定义：通过二维码识读设备、射频识别（RFID）装置、红外感应器、全球定位系统和激光扫描器等信息传感设备，按约定的协议，把任何物品与互联网相连接，进行信息交换和通信，以实现智能化识别、定位、跟踪、监控和管理的一种网络。顾名思义，物联网就是物物相连的互联网。这有两层意思：其一，物联网的核心和基础仍然是互联网，是在互联网基础上的延伸和扩展的网络；其二，其用户端延伸和扩展到了任何物品与物品之间，进行信息交换和通

信，也就是物物相息。物联网就是“物物相连的互联网”。物联网通过智能感知、识别技术与普适计算广泛应用于网络的融合中，也因此被称为继计算机、互联网之后世界信息产业发展的第三次浪潮。物联网是互联网的应用拓展，与其说物联网是网络，不如说物联网是业务和应用。因此，应用创新是物联网发展的核心，以用户体验为核心的创新 2.0 是物联网发展的灵魂。

8. 大数据

巨量资料（Big Data)，或称大数据、海量资料，指的是所涉及的资料量规模巨大到无法透过目前主流软件工具，在合理时间内达到撷取、管理、处理，并整理成为帮助企业经营决策更积极目的的资讯。大数据的 4V 特点：Volume（大量）、Velocity（高速）、Variety（多样）、Value（价值）。大数据的 4 个“V”，或者说特点有四个层面：第一，数据体量巨大。从 TB 级别，跃升到 PB 级别。第二，数据类型繁多。前文提到的网络日志、视频、图片、地理位置信息等。第三，价值密度低。以视频为例，连续不间断监控过程中，可能有用的数据仅仅有一两秒。第四，处理速度快。“大数据”是由数量巨大、结构复杂、类型众多数据构成的数据集合，是基于云计算的数据处理与应用模式，通过数据的整合共享，交叉复用，形成的智力资源和知识服务能力。大数据最核心的价值在于对海量数据进行存储和分析。相比现有的其他技术而言，大数据的“廉价、迅速、优化”三方面的综合成本是最优的。

根据前瞻产业研究院发布的《2014—2018 年中国大数据产业发展前景与投资战略规划分析报告》分析，目前在对数据的价值的态度上，除了 6.9％的企业认为数据没有价值以外，绝大多数企业都认为数据具有或可能具有很高的价值，可见大数据的价值已经在企业中获得了广泛的认可。未来随着越来越多的大数据分析平台和工具的广泛应用，大数据的价值将会被进一步释放并获得企业认可。大数据是继云计算、物联网之后 IT 产业又一次颠覆性的技术变革。云计算主要为数据资产提供了保管、访问的场所和渠道，而数据才是真正有价值的资产。企业内部的经营交易信息、物联网世界中的商品物流信息，互联网世界中的人与人交互信息、位置信息等，其数量将远远超越现有企业 IT 架构和基础设施的承载能力，实时性要求也将大大超越现有的计算能力。如何盘活这些数据资产，使其为国家治理、企业决策乃至个人生活服务，是大数据的核心议题，也是云计算内在的灵魂和必然的升级方向。

二、物流信息技术的应用现状

在国内，各种物流信息应用技术已经广泛应用于物流活动的各个环节，对企业的物流活动产生了深远的影响。

1. 基于物流信息的物流设备跟踪技术

目前，物流设备跟踪主要是指对物流的运输载体及物流活动中涉及的物品所在地进行跟踪。物流设备跟踪的手段有多种，可以用传统的通信手段如电话等进行被动跟踪，可以用射频技术手段进行阶段性的跟踪，但目前国内用的最多得还是利用 GPS 技术跟踪。

GPS技术跟踪利用GPS物流监控管理系统，主要跟踪货运车辆与货物的运输情况，使货主及车主随时了解车辆与货物的位置与状态，保障整个物流过程的有效监控与快速运转。物流GPS监控管理系统的构成主要包括运输工具上的GPS定位设备、跟踪服务平台（含地理信息系统和相应的软件）、信息通信机制和其他设备（如货物上的电子标签或条码、报警装置等）。在国内，部分物流企业为了提高企业的管理水平和提升对客户的服务能力也应用这项技术，如沈阳等地方政府曾要求下属交通部门对营运客车安装GPS设备工作进行了部署，从而加强了对营运客车的监管。

2. 物流动态信息采集技术的应用

企业竞争的全球化发展、产品生命周期的缩短和用户交货期的缩短等都对物流服务的可得性与可控性提出了更高的要求，实时物流理念也由此诞生。如何保证对物流过程的完全掌控，物流动态信息采集应用技术是必需的要素。动态的货物或移动载体本身具有很多有用的信息，如货物的名称、数量、重量、质量、出产地，或者移动载体（如车辆、轮船等）的名称、牌号、位置、状态等一系列信息。这些信息可能在物流中反复的使用，因此，正确、快速读取动态货物或载体的信息并加以利用可以明显地提高物流的效率。在目前流行的物流动态信息采集技术应用中，一、二维条码技术应用范围最广，此外还有磁条（卡）、语音识别、便携式数据终端、射频识别（RFID）等技术。从物流信息应用技术的应用及全球物流信息化发展趋势来看，物流动态信息采集技术应用正成为全球范围内重点研究的领域。我国作为物流发展中国家，已在物流动态信息采集技术应用方面积累了一定的经验，如条码技术、接触式磁条（卡）技术的应用已经十分普遍。但在一些新型的前沿技术，如RFID技术等领域的研究和应用方面还比较落后。

三、物流信息技术的发展趋势

1. RFID将成为未来物流领域的关键技术

专家分析认为，RFID技术应用于物流行业，可大幅提高物流管理与运作效率，降低物流成本。另外，从全球发展趋势来看，随着RFID相关技术的不断完善和成熟，RFID产业将成为一个新兴的高技术产业群，成为国民经济新的增长点。因此，RFID技术有望成为推动现代物流加速发展的新品润滑剂。

2. 物流动态信息采集技术将成为物流发展的突破点

在全球供应链管理趋势下，及时掌握货物的动态信息和品质信息已成为企业盈利的关键因素。但是由于受到自然、天气、通信、技术、法规等方面的影响，物流动态信息采集技术的发展一直受到很大制约，远远不能满足现代物流发展的需求。借助新的科技手段，完善物流动态信息采集技术，成为物流领域下一个技术突破点。

3. 物流信息安全技术将日益被重视

借助网络技术发展起来的物流信息技术，在享受网络飞速发展带来巨大好处的同时，也时刻饱受着可能遭受的安全危机，如网络黑客无孔不入地恶意攻击、病毒的肆虐、信息的泄密等。应用安全防范技术，保障企业的物流信息系统或平台安全、稳定地运行，是企

业长期面临的一项重大挑战。

第二节　应急物流信息系统及其建设

一、应急物流信息的特点

应急物流有许多区别于普通物流的特点，因此，进行应急物流信息系统的建设，必须首先对应急物流信息的特点进行仔细分析。总结起来，应急物流的信息具有以下特点。

1. 信息的突发性

应急物流发生时间不确定，很难在事先进行准确预测，所以应急物流信息必然是突发性的。

2. 极强的时效性

应急物流信息往往关系抢险救灾大局，关系无数生命安全，不能有丝毫延误，且应急物流的信息变化极快，一旦错过时效，可能就会给指挥决策提供错误的信息，带来严重后果。信息的传输处理过程必须以时间为主要约束条件。

3. 信息量巨大

应急物流信息涉及的空间范围广，时间跨度长，地域上往往包括好几个省市乃至全国；时间往往是几个月乃至数年。又由于信息的变化更新极快，所以每一个应急物流行动所涉及的信息都可以用海量来形容。

4. 信息种类复杂

应急物流信息不仅包括了普通物流活动的几乎所有信息种类，还包括极为复杂的灾情信息。

5. 信息量不均衡

应急物流的突发性和随机性决定了应急物流信息量的不均衡性。可能在极短时间内通过（输入、处理、输出）极大的信息量，也可能在较长的时间段仅有少量的信息。

二、应急物流信息系统的建设原则

根据应急物流的特点，信息系统的建设必须有针对性地遵循以下几个原则：

1. 系统性原则

现代物流的最终目标是要达到人流、物流、资金流和信息流的最佳融合，一个单一的信息系统是难以完成这项任务的。因此物流信息化的过程必须贯穿系统化原则，将信息系统建设与指挥、采购、配送、仓储系统通盘考虑，达到信息的无缝连接。应急物流是常规物流的特殊形态，其信息保障同样要求满足系统化要求。

2. 规范性原则

一是应急物流的信息来源较之常规物流更加复杂，为了使信息流在各系统之间畅通无阻，必须制定统一的标准和格式，企业应当无条件遵守，从而在应急状态下使信息能够在不同系统之间达到实时交换。二是应急物流信息保障系统在非常时期的扩充和使用必须有法可依，依法实行。国家动员法律的完善，必须将企业信息设施的动员和征用加以明确规定。

3. 社会性原则

首先，应急物流通常是国家或者社会非营利性机构组织的社会活动，整个过程大都是在社会大环境中完成的，因此其信息系统建设必须以社会公共信息平台为基础。其次，应急物流是临时性的行为，单纯地建立专门为应急物流服务的信息保障系统既不经济，也没必要，因此应急物流信息保障必须依托于社会现有力量。最后，高效的物流必然要走专业化道路，相应的信息保障应当交给社会上的专门机构去处理。

4. 科学化原则

应急物流追求“最短时间”，为了缩短反应时间，必然通过多种科学技术手段来减少不必要或者可能会造成时间损失的环节。但这并不意味着技术越先进越好，如在“5·12”汶川地震救援中最初两天救援物资和人员都是通过步行进入，而并不是通过空降手段进入的，因为技术越先进对于环境的要求也越高，因此，应急物流信息系统应满足科学化原则，要求物流系统科学有效。

5. 经济性原则

为了确保完成应急保障目标，应急物流往往是高成本甚至不计成本运作的。但这并不是应急物流的本质属性。物流的本质追求是降低成本、提高效率。因此应急物流信息保障系统的设计必须自始至终贯穿经济性的理念，这既是信息系统运行的目标，也是信息系统自身建设过程中应遵循的原则。

三、应急物流信息系统建设的目标

应急物流信息系统必须要提供及时、准确、充足的信息，还要能够对信息进行科学的组织管理，能够辅助指挥决策的进行，并能够及时反馈评估。应急物流信息系统建设的目标包括以下几点。

第一，系统能够获取并处理各类应急信息，及时充分地提供和发布应急事件的具体信息，应急物资需求的方向、种类、数量等信息。

第二，系统能够获取并处理应急物流资源的信息。包括各类应急经费、物资、装备的数量、质量、分布，以及运输能力、应急物流配送中心的存储收发能力等相关信息。

第三，系统能够进行动态控制与指挥。包括对应急物流人员、装备、应急物资和运输工具的类别、数量、质量、位置、状态变化情况处置和运输组织等信息的获取与处理，并能够对途中的运输过程进行指挥调度。

第四，系统能够为应急物流情况收集分析、拟制计划、物流供应链关系划分、物流业务组织与协调、应急救灾工作等提供信息处理手段。

第五，系统能进行一般的应急物流业务处理。包括应急物流作业相关信息的获取与处

理，如网上统计、请领、计划、调拨、结算、公文处理等。

第六，系统能够辅助指挥决策。能建立起应急物流的各种模型，为应急指挥机构和人员提供优化决策和选择。

第七，系统能进行反馈评估。对应急物流行动能够及时反馈和评估，建立应急物流行动记录数据库，为后续的行动提供事例和经验。

四、应急物流信息系统的建设内容

应急物流信息系统的建设包括预警反应机制、应急转换机制、决策处理机制、安全保障机制、反馈评估机制，它们之间相互制约相互促进，共同实现应急物流信息系统的作用。其系统框架如图 6-1 所示，分别介绍如下。

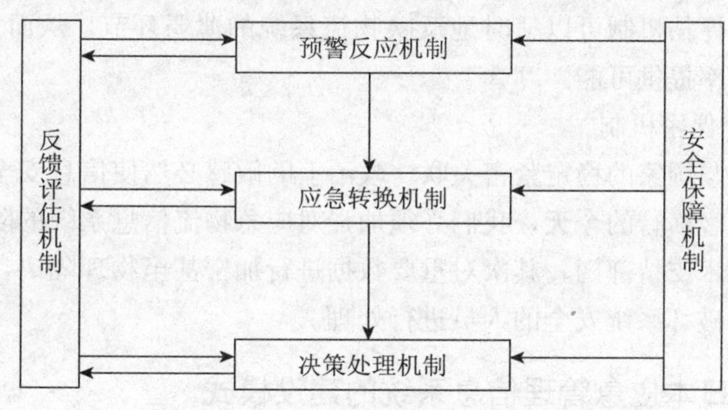

图 6-1　应急物流信息系统框架

1. 灵敏的预警反应机制

应急物流产生之前往往会有一些前兆，如 2003 年“非典”爆发的初期，深圳市白醋、板蓝根等抗非用品的价格出现非理性上涨。这就给信息系统的预警提供了可能。因此，我们要加强对各种临界指标的研究，使信息系统具有灵敏的预警反应能力，从而为顺利开展应急物流提供主动权。“如果不去预先考虑未来的问题和机会，我们将从危机走向危机”。这是美国未来学家阿尔夫·托夫勒在非典发生后对我们的忠告。尽管在非典的冲击面前，中国的物流经受了考验，但是从那时起，也暴露出了中国物流在应对大规模公共危机时，缺少足够的经验。更重要的是缺少一个专业的预警机制、处理以及管理的机制，造成我们对危机的预测和预警应对措施是滞后的。一个好的危机预警体系应由图三部分组成，首先是危机爆发前，应该建立危机管理的知识系统和信息系统，专门收集各种危机的信息以及相关知识，同时建立危机管理的计划系统，在此基础上建立危机管理的预警系统。其次，在危机爆发阶段，一旦危机出现，要有危机管理的指挥系统，而且政府要有专门的反危机基金，同时要建立危机管理的监测系统，随时对危机的变化作出分析判断，然后成立危机管理的行动系统，去解除危机。最后，危机结束后，需要有危机评估系统，搞清楚危机造成的损害。

2. 规范的应急转换机制

应急物流大量的工作和信息发生在平时向应急状态转换的结合部，这既是信息保障的重点，也是难点。虽然不同的应急任务对应的信息流的内容、流量有所差别，但是信息系统的展开和运行流程是相似的。因此我们有必要也有可能建立规范的信息保障转换机制，防止混乱和无序的产生。

3. 科学的决策处理机制

提供应急物流各环节的信息只是信息保障的第一层功能，信息系统应更广泛地参与到决策处理中来。应在充分了解物流运作原理的基础上，通过分析大量的数据和信息，建立优化模块，优化物流流程和日常管理，从而提高应急物流的保障效率。

4. 及时的反馈评估机制

应急物流各环节运行是否有效、有无瓶颈或短板的存在，都有待于做出及时、正确的回答。有效的反馈评估机制可以适时地反映物流系统的薄弱环节，从而为及时改正错误、改进流程、提高效率提供可能。

5. 稳妥的安全保密机制

应急物流往往与国家的稳定紧密关联，政治上的敏感必然使信息安全受到关注。在计算机病毒和网络黑客横行的今天，我们必须加强对应急物流信息系统的防护。首先要建立安全防护机构和技术支持部门，其次对重要数据进行加密甚至物理隔离，最后要充分运用法律武器对泄密和破坏系统安全的人员进行处理。

五、案例：日本应急管理信息系统的建设模式

日本是一个面临突发公共事件威胁严重的国家，也是世界上应急管理最富有成效的国家之一。我国台湾基本上“照搬”了日本的应急管理体系。日本的应急信息化建设从完善基础设施建设入手，充分利用各种先进的信息通信技术，构筑起了高效、严密、适合实际国情的应急信息化体系。

1. 防灾通信网络

在突发公共事件应急信息化发展方面，日本政府从应急信息化基础设施抓起，建立起覆盖全国、功能完善、技术先进的防灾通信网络。在经历了阪神大地震的浩劫之后，日本政府深刻地认识到防灾信息化建设在应急过程中的极端重要性。为了准确迅速地收集、处理、分析、传递有关灾害信息，更有效地实施灾害预防、灾害应急以及灾后重建，日本政府于1996年5月11日正式设立内阁信息中心，以24小时全天候编制，负责迅速收集并传达与灾害相关的信息，并把防灾通信网络的建设作为一项重要任务。目前，日本政府基本建立起了发达、完善的防灾通信网络体系，包括以政府各职能部门为主，由固定通信线路（包括影像传输线路）、卫星通信线路和移动通信线路组成的“中央防灾无线网”；以全国消防机构为主的“消防防灾无线网”；以自治体防灾机构和当地居民为主的都道府县府、市町村的“防灾行政无线网”；以及在应急过程中实现互联互通的防灾相互通信用无线网等。此外，还建立起各种专业类型的通信网，包括水防通信网、紧急联络通信网、警用通

信网、防卫用通信网、海上保安通信网以及气象用通信网等。

2. 专用无线通信网

由于自然地理的原因，加上无线通信技术的广泛普及，日本的防灾通信网络基本依托无线通信技术。专门用于灾害对策的无线通信网络包括中央防灾无线网、消防防灾无线网、都道府县防灾行政无线网以及市町村防灾行政无线网等。

中央防灾无线网是日本防灾通信网的“骨架网”。它的建设目的在于，当发生大规模灾害时，或因电信运营商线路中断，或因民众纷纷拨打查询电话而造成通信线路拥塞甚至通信瘫痪时，则以这一网络接收与传输紧急灾害对策总部、指定行政机关以及指定公共机关等的灾害数据。中央防灾无线网由固定通信网络（包含影像传输线路）、卫星通信线路、移动通信线路所构成。

消防防灾无线网属于连接消防署与都道府县的无线网。这一无线网络由地面系统和卫星系统构成。一是地面系统，除电话或传真通报全国都道府县之外，也用于收集与传达灾害信息；二是卫星系统（地区卫星通信网路），它是连接消防署及全国约4200个地方公共团体的卫星通信网络，以电话或传真通报都道府县和市町村及消防总部，还可用于个别通信以收集与传达灾害信息（包括影像信息），并可充实防灾通信体制，以弥补地面系统功能的不足。

防灾行政无线网分为都道府县和市町村两级，用于连接都道府县和市町村与指定行政机关及其有关防灾当局之间的通信，以收集和传递相关的灾害信息。目前市町村级的防灾行政无线网已延伸到街区一级，通过这一系统，政府可以把各种灾害信息及时传递给家庭、学校、医院等机构，成为灾害发生时的重要的通信渠道和手段。

3. 防灾相互通信网

为解决出现地震、台风等大规模灾害的现场通信问题，日本政府专门建成了防灾相互通信网，可以在现场迅速让警察署、海上保安厅、国土交通厅、消防厅等各防灾相关机构彼此交换各种现场救灾信息，以更有效地、更有针对性地进行灾害的救援和指挥。目前，这一系统已被引至日本的各个地方公共团体、电力公司、铁路公司等。

4. 现代信息通信技术的应用

日本是世界上信息通信技术最为发达的国家之一，信息通信技术在突发公共事件应急中的应用同样走在了国际的前列。

5. 移动通信技术的应用

日本是世界移动通信应用的大国，手机普及率非常高。日本SGI等公司开发出一种在自然灾害发生后确认人身安全的系统，这一系统的功能由可以上网并带有全球定位功能的手机来实现。中央和地方救灾总部通过网络向手机的主人发送确认是否安全的电子邮件，手机主人根据提问用手机邮件回复。这样，在救灾总部的信息终端上就会显示出每一个受访者的位置和基本的状况，对做好灾害紧急救助工作有很大的帮助。

6. 无线射频识别技术的应用

无线射频识别技术在日本的应用较为广泛，在防灾救灾的应用中也较为成熟。譬如，在发生灾害时，在避难的道路路面上贴上无线射频识别标签，避难者通过便携装置可以清楚地知道安全避难场所的具体位置；又如，如果有人被埋在废墟堆里不能动弹或呼叫的话，内置无线射频识别标签的手机会告诉搜救人员被埋者所处的具体位置，使搜救者能以最快的速度展开营救工作。此外，无线射频识别标签还可以实现人和物、人和场所之间的对话。在救援物资上贴上这种标签，就可以把握救灾物资的数量，根据每个避难场所的避难人数分配和发放救灾物资，尽可能做到合理、科学地分配。还有一个重要的应用是，当无法辨认伤员或死者的身份时，可以通过其身上携带的无线射频识别标签获得相关信息，以准确地判别其身份。这一点，在重大灾害应对处理时起着重要的作用。

7. 临时无线基站的应用

当出现强烈地震、海啸等严重自然灾害时，无线基站很容易遭到破坏，从而使移动通信系统处于瘫痪状态。为了在紧急状态下仍能发挥移动通信的作用，日本的相关公司开发出了可由摩托车运载，能临时充当无线基站的无线通信设置，解决移动通信的信号传输问题。这种“基站”可以接收受害者的手机信号，确认他们的安全情况，并把相关情况通过这一装置传递给急救车上的救护人员。这种装置用充电电池可以连续工作 4 小时，而且摩托车可为充电电池充电，电波传输范围直径可达 1 千米，基本能满足现场通信的迫切需要。

8. 网络技术的应用

在地震发生前迅速作出预报，对采取有效应对措施意义十分重大。日本气象厅已开始利用网络技术实现“紧急地震迅速预报”，以减轻受灾程度。具体说来，就是把家庭和办公室的家电产品、房门等和 Internet 连接起来，由电脑自动控制，当地震计捕捉到震源的纵波以后，可在 3～5 秒后发布紧急预报，系统接到紧急地震迅速预报以后，能即刻切断火源。一般来说，离震源数十千米至上百千米的地方地震横波大约 30 秒后才到。这样，在地震发生前的 30 秒内离震源较远的地方可提前采取对策，从而可以有效减轻由地震造成的损失。目前，这一系统正在日本全国范围内推广应用。与此同时，网络技术在建筑物减震方面也开始一显身手。日本大成建筑公司正尝试应用网络技术最大限度地减少地震给建筑物带来的损坏。他们在建筑物楼顶或离大楼较近的地方安装感知器，在建筑物和地面之间安装被称为“调节器”的伸缩装置和橡胶等。当感知器一感知到由地震引起的建筑物摇晃，便通过网络直接把详细数据传输给计算机，计算机根据摇晃程度控制通往“调节器”的电流，调整伸缩程度，减轻大楼的摇晃程度，从而对建筑物起到减震作用。另外，应用网络技术的救助机器人也已在各种灾害救助中发挥着越来越重要的作用。例如，利用飞行机器人搭载全球定位系统，制成无人检测台风和地震灾害的系统，可有效预测风灾和震灾。今后，能够接受救灾总部指挥，能与救助者进行通信联络的新型机器人，将会在地面、空中和室内的救灾中发挥越来越重要的作用。

案例点评：

日本在突发公共事件应急信息化发展方面，不仅建立起了完善的应急信息化基础设施，而且在长期的应急实践中，积累了丰富的利用现代信息技术实现有效应急管理的经验。日本的经验和做法，对我们更好地把握应急信息化发展的方向和趋势，加快应急信息化发展的建设步伐大有裨益。

第三节　应急物流信息系统的设计

一、应急物流信息系统功能分析

1. 信息处理功能

系统能对各种形式的信息进行收集、加工整理、存储和传输，以便向各级管理者及时、准确、全面地提供各种信息服务。应急物流信息系统最主要的功能目标就是要将输入的数据加工成物流信息。信息处理不仅是一般简单的汇总计算、排序查询，还要能够建立复杂的模型，以便对现实情况进行分析、决策及预测。

2. 计划功能

系统针对不同的管理层提出的不同要求，能为应急物流各相关部门提供不同的信息并对其工作进行科学合理的计划安排，如应急物资采购计划、运输计划、发放计划等，从而有利于保证指挥管理工作的效果。

3. 控制功能

系统能对应急物流的各个环节的运行情况进行监测、检查，比较其过程实际执行情况与计划的差异，及时发现问题。然后再根据偏差分析原因，采用适当的方法加以纠正，确保预期目标的实现。

4. 事务处理功能

系统要能够进行部分日常性事务管理工作，如应急物流资金管理、财务处理、统计报表等。这样既节省了人力资源，又提高了管理效率。

5. 辅助决策和决策优化功能

系统不但要能为管理者提供相关的决策信息，达到辅助决策的目的，而且要综合运用运筹学、系统模拟、专家系统技术等方法，利用各种半结构化或非结构化的决策模型进行决策优化，为各级指挥管理者提供最优解、次优解或满意解、可行解，以提高指挥管理决策的科学性，合理有效地利用应急物流的各项资源。

二、应急物流信息系统功能模块

基于应急物流信息系统的功能分析，其基本的功能模块应当包括基础信息管理模块、日常管理辅助决策模块、指挥监控模块、应急救援辅助决策模块、应急物流行动记录模块、系统管理模块，其功能模块结构如图 6-2 所示。

1. 基础信息管理模块

用于输入、编辑、输出应急资金信息、应急物资信息、灾害信息、地理气象信息、交通道路信息、人口财产信息等；还包括应急物资数据库和应急物流中心数据库及相关法律法规数据库的数据输入、编辑和输出。

2. 日常管理模块

提供日常性事务管理工作支持，同时为应急物流各部门提供不同的信息并对其工作制订计划，还能为应急物流系统物资筹措、储运及资金管理等日常管理活动提供优化方案。

3. 指挥监控模块

提供动态的监视、控制和指挥支持。通过文字、语音、视频等方式，实时掌握应急物流行动的过程状况及进度，及时发现处理问题，确保预期目标的实现。

4. 应急救援辅助决策模块

提供应急救援辅助决策支持，包括应急物资、设备、人员等各类应急救援力量查询及调度，突发事故应急救援过程记录，突发事故应急救援预案编辑和管理等。

5. 应急物流行动记录模块

主要记录本次应急物流中每一次重要行动的计划、实施过程、结果、影响及经验总结等，为后续的应急物流指挥提供可参考的经验教训。

6. 系统管理模块

主要实现用户管理、系统设置及数据整理、备份、修改、恢复等功能，供系统管理员使用。

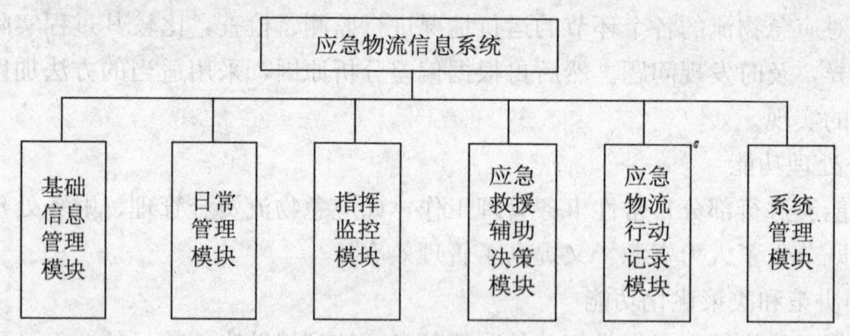

图 6-2　应急物流信息系统功能模块

三、应急物流信息系统功能的实施基础——公共信息平台

应急物流信息系统功能的实施依靠公共信息平台的建设。公共信息平台的特点决定了其必然是以政府为主导的跨部门、跨行业、跨地域的综合行动。应急物流的信息也必须要求能在较大的社会范围内快速有效流动。因此，必须以公共物流信息平台建设为先行，依托公共物流信息平台软硬件资源，逐步进行应急物流信息系统的建设。

在政府部门和企业支持下，以物流信息标准化技术为支撑，通过对社会物流公用信息（如交通流背景信息、物流枢纽货物跟踪信息、政府部门间共用信息等）进行收集、分析及处理，促进不同物流信息平台之间的信息共享和整合的平台。为物流企业信息系统完成各类功能（如车辆调度、货物跟踪及运输计划制定等）提供支撑功能；为政府相关部门的信息沟通提供信息枢纽作用；为政府提供宏观决策支持。其本质在于收集、处理公共物流信息，为社会、企业提供物流基础资料，并为公共信息的流动提供支撑。

一个有效集成的公共物流信息平台，可以为物流服务提供商、货主、制造商、交通、银行及海关、税务等政府相关部门提供一个统一高效的沟通界面，为客户提供完整、综合的供给链解决方案。可以实现普通物流的综合信息服务、异构数据交换、物流业务交易支持、货物跟踪、行业应用托管服务等诸多功能，当然也能为应急物流的指挥提供巨大的帮助。

公共物流信息平台的功能主要体现在三个分系统方面：信息分系统、管理分系统、服务分系统。主要功能如图 6－3 所示。

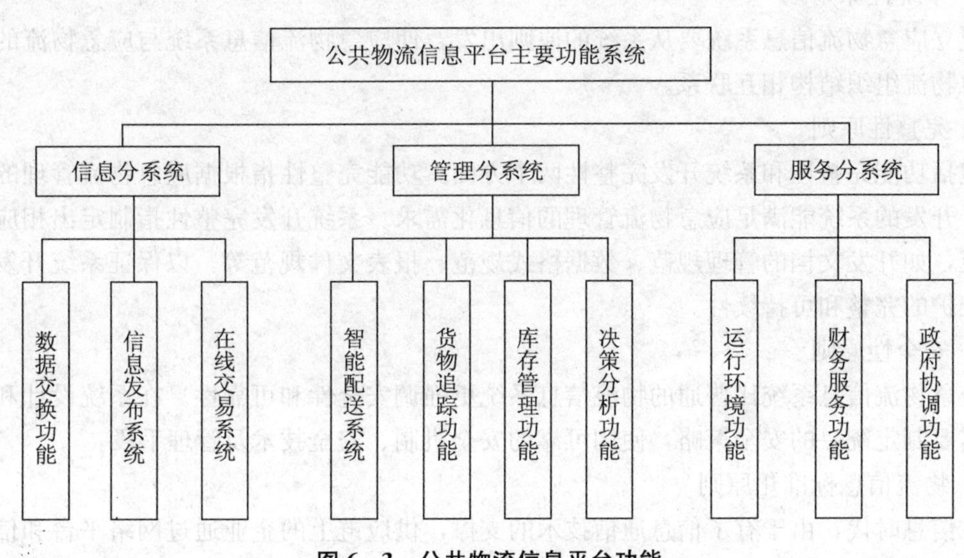

图 6－3　公共物流信息平台功能

公共物流信息平台在应急物流中起到很重要的作用。首先，通过公共物流信息平台，应急物流可方便地获得所需的整合的公共信息资源。公共物流信息平台整合了诸如企业、货主、生产经销商、铁路公路、银行、海关、工商税务等不同来源、不同种类的海量公共物流信息，可以方便地发挥为应急物流的实施提供综合信息基础服务的作用。其次，为应急物流指挥平台提供了软环境。例如，应急物流信息平台可以根据公共物流信息平台提供的系统建设模板进行规划设计，并可以沿用公共物流信息平台的技术方案、标准等，以实现规范统一和节约成本。最后，为应急物流信息平台的建设打下了硬件条件的基础。成熟的公共物流信息平台涵盖了应急物流信息平台建设所需的基本硬件设备设施，在此基础上只需要根据应急物流的特点，增加一定的应急物流专业设备即可。

目前，我国公共物流信息平台的建设还处于起步阶段，虽然有很多区域、城市都在积极规划建设，但其技术装备水平还有待进一步提高，覆盖范围还很有限，与国外先进水平还存在很大差距。公共物流信息平台的建设不能只依靠企业市场或小范围地区的自发行为，这样会造成无序的重复建设和资源浪费。国家和政府要及早统筹规划，依靠政策和管理制度系统化，统筹构建一个协调发展的物流信息平台，同时为应急物流信息网络的建设打下良好的基础。

第四节　应急物流信息系统的开发

一、开发原则

1. 系统性原则

建立应急物流信息系统要从系统的原则出发，使应急物流信息系统与应急物流的职能和应急物流组织结构相互联系。

2. 完整性原则

包括功能完整性和系统开发完整性两个方面。功能完整性指根据应急物流管理的实际需要，开发的系统能满足应急物流管理的信息化需求。系统开发完整性指制定出相应的管理规范，如开发文档的管理规范、数据格式规范、报表文件规范等，以保证系统开发、操作、维护的完整和可持续性。

3. 安全性原则

应急物流信息系统比普通的物流信息系统更强调安全性和可靠性。在系统设计和应用中，需要制定统一的安全策略，使用可靠的安全机制、安全技术及管理手段。

4. 物流信息标准化原则

在信息时代，由于有了信息通信技术的支撑，供应链上的企业通过网络平台和信息通信，将制造商、供应商、代理商以及业主和客户有机地联系起来，对货品的供给和销售情况进行实时追踪、动态管理和有效控制，提高物资流通速度，降低物流成本。对应急物流而言，速度就是生命。只有实现物流信息标准化，才能提高运作效率。除了信息通信技术的相关硬件制造需要统一标准外，各种基本术语、基本信息以及信息接口、信息安全保障也必须用标准来保障。没有统一的信息标准，就无法保障相关信息准确、及时地采集、传输、整理和运用，就无法实现现代应急物流。

二、系统基本组成

1. 硬件

包括计算机、服务器、网络通信设备等。它是系统的物理设备和硬件资源，是实现信

息系统的基础，构成了系统运行的硬件平台。

2．软件

主要包括系统软件和应用软件两大类，其中系统软件主要用于系统的管理、维护、控制及程序的装入和编译等工作；应用软件则是指挥计算机进行信息处理的程序或文件。它包括功能完备的数据库系统、实时信息收集和处理系统、实时信息检索系统，计划规划、资源调配、实时监控、情况预测等系统。

3．数据库与数据仓库

数据库将应急物流指挥的所有相关数据信息按一定的数据模型进行组织、存储、使用、控制和维护管理。数据仓库是面向主题的、集成的、稳定的、不同时间的、分析型的数据集合，用以为应急物流指挥决策层的决策制定提供支持。

4．人员

包括各层次管理决策人员，数据信息收集人员，系统分析、实施、操作、维护人员等。

三、系统结构

应急物流信息系统必须能使应急物流相关单位部门在任意地点通过无线及有线通信网络，利用电话、计算机、电视等获得所需的应急物流数据信息；应急物流信息系统中心也可以通过多种手段及时了解掌握应急物流资源的实时情况。应急物流信息系统的结构如图 6－4所示。应急物流信息系统中心收集来自于公共物流信息平台、应急物流信息系统和其他信息平台的各类信息，并进行分类、汇总和处理，通过广播、电视、互联网、电话、电子屏等传输方式向政府相关部门、应急物流中心、应急物流各环节涉及的企业、团体和其他信息需求者提供准确、及时的应急物流信息。

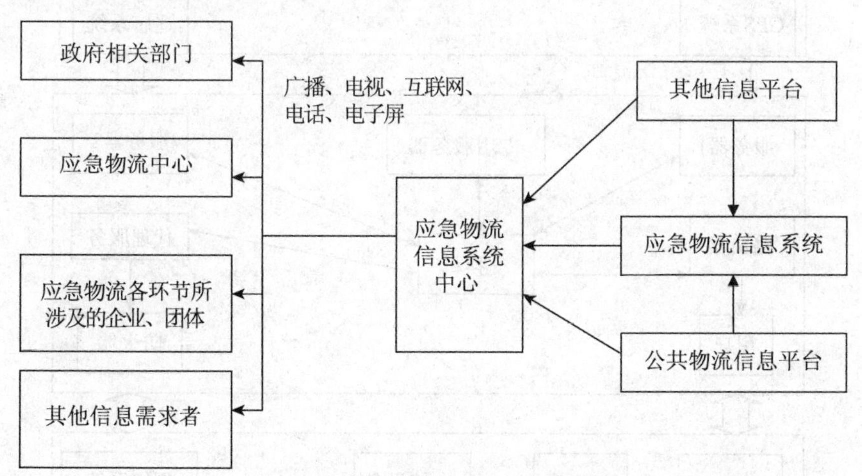

图 6－4　应急物流信息系统的结构

四、硬件结构

应急物流信息系统的网络结构如图 6－5 所示，主要包括服务器、存储器、网络交换机、微机、集线器、路由器等。通过网络交换机、集线器、存储器等把微机与服务器、微机之间、服务器之间联系起来，通过路由器与互联网联系起来。

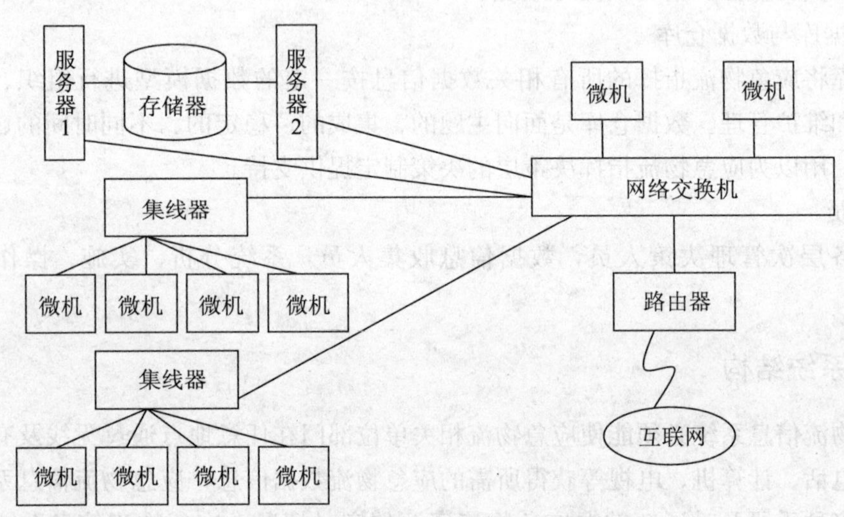

图 6－5　应急物流信息系统的网络结构

应急物流信息系统的硬件结构如图 6－6 所示，主要包括服务器、GPS 系统、遥感系统、交换机、路由器、防火墙、网络系统、存储设备、打印机等。

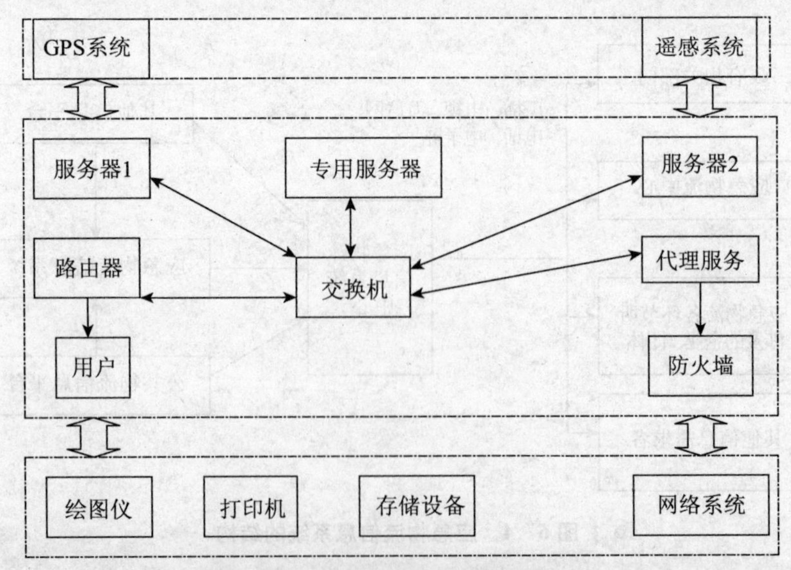

图 6－6　应急物流信息系统硬件结构

五、数据结构

应急物流信息系统数据结构模式如图 6－7 所示，其数据结构应由如下功能模块组成。

1. 数据抽取模块

主要有两大模块，一个是对内部系统的数据进行抽取，另一个是对外部相关数据进行抽取。

2. 数据的融合处理模块

将基础数据采集系统采集到的数据进行融合处理，针对不同层次的需求提取有用信息。

3. 数据库管理模块

对数据进行管理，特定信息只有有使用权层次的用户才能使用。

4. 数据统计模块

对数据进行统计工作，并评价数据的质量，分析预测出将来的数据需求。

5. 综合信息发布模块

用于发布应急物流的通用信息，对大众提供地理、气象、交通等信息服务，并支持政府及应急物流各相关单位部门建立起协调工作的机制。

6. 宏观决策模块

主要是对政府宏观管理进行决策支持服务。

7. 数据请求与调用模块

主要是实现数据需要的请求与调用功能。

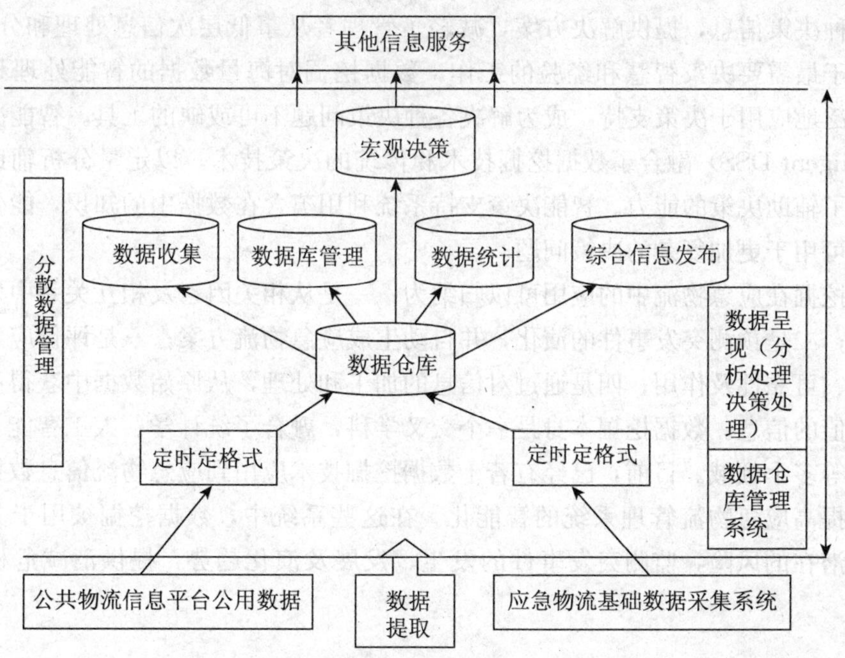

图 6－7　应急物流信息系统的数据结构模式

第五节 应急物流信息的数据管理技术

应急物流信息数据的管理涉及很多决策问题，包括评价突发事件的发生和发展、定义应急物流管理的目标、选择达到此目标的策略等。传统的应急物流信息数据的管理大多依赖决策者或领域专家的技术和经验，随着计算机技术的飞速发展，与突发事件相关的大量信息使得应急物流的决策更加复杂和困难。突发事件的相关信息主要包括：一是突发事件的实时数据，如通过通信手段或传感器实时采集的突发事件本身及各方面的信息；二是该领域专家的偏好数据，并根据自身经验作出的反映其偏好的判断；三是数据库数据，存储在数据库中与突发事件相关的历史数据，包括时间和空间数据等。这些数据从不同维度刻画了突发事件的特征，对应急物流的决策有着重要的参考意义。然而，如何从原始的海量数据中得到有价值的知识，从而帮助决策者制定合理的应急物流策略是现代应急物流管理需要研究的课题。由于应急物流决策问题的复杂性越来越高，数据的规模也越来越大，因此迫切需要采用先进的数据处理方法提高应急物流信息数据管理的效率，而数据挖掘就是这样一种技术。

数据挖掘（Data Mining，DM）是从大量的数据中挖掘出隐含的、未知的、对决策有潜在价值的知识和规则。从挖掘的目的来看，数据挖掘大体可分为预测和描述。在应急物流管理中，数据挖掘常用于评估事件发生前的风险以及预测事件发生后的演化，从而为应急物流决策的制定提供依据。决策支持系统（Decision Support System，DSS）是根据需要提供各种决策信息，提供解决方案，减轻了管理者从事低层次信息处理和分析的负担，使其专注于最需要决策智慧和经验的工作。数据挖掘对海量数据的智能处理和分析的能力，被广泛地应用于决策支持，成为解决各种决策问题不可或缺的工具。智能决策支持系统（Intelligent DSS）融合了数据挖掘技术和传统的决策技术，以定量分析辅助决策，进一步提高了辅助决策的能力。智能决策支持系统利用蕴含在数据中的知识，能处理不确定的信息，可用于更加复杂的决策问题。

数据挖掘在应急物流中的应用可以归纳为：一是从相关因素及相互关系中发现潜在的事件风险；二是预测突发事件的演化，并自动生成应急物流方案；三是评价应急物流方案的可行性、可靠性及作用；四是通过对信息的加工和处理，从原始数据中获得高质量、对决策有价值的信息。数据挖掘本身是一个交叉学科，融合了统计学、人工智能、机器学习及可视化等多个领域。目前，已经有若干数据挖掘技术应用到应急物流信息数据的管理领域中，以提高应急物流管理系统的智能化。在这些系统中，数据挖掘被用于分析各类数据，发现潜在的风险，监测突发事件的发生、发展及演化趋势，提供消减危机的有效策略等。

一、关联规则挖掘及其在应急物流管理的应用

关联规则（Association Rule，AR）由阿瓜瓦尔等人于 1993 年首次提出，起初用来分析超市终端机采集到的顾客货篮数据，发现商品项的购买模式。在交易数据库中，每条交易记录了顾客标识、交易标识及购买商品。关联规则挖掘试图发现商品之间的购买模式，即如果一种商品在交易中出现，那么另一种商品很可能也同时出现。关联规则的形式为 $X \Rightarrow Y$，其中 X 称为规则头，Y 称为规则尾。该规则表示如果 X 出现在一条交易中，那么 Y 在这条交易中同时出现的可能性较大。从统计学的角度，这些规则之所以受到关注需要满足两个阈值：支持阈值和置信阈值。前者表示在所有交易中 $X \cup Y$ 出现的最低可能性；后者表示在 X 出现的那些交易中 Y 也同时出现的最低可能性。一般来说，关联规则挖掘分为两个步骤：首先找出满足支持阈值的项集，然后用频繁项集产生满足置信阈值的关联规则。

在应急物流管理中，关联规则挖掘常用于预测某个特定事件发生的可能性。例如，由美国国家卫生基金会资助的群决策支持系统（Group Decision Support Systems，GDSS）系统用于干旱风险管理的决策支持，利用数据挖掘技术分析气象站数据、农作物产量、海洋表面温度等数据，发现目标事件（如干旱）与其他气候事件之间的关联关系，从而对目标事件的发生进行预测，为农民提供合理的建议，如调整农作物播种和收割时间。

二、分类分级方法及其在应急物流管理的应用

分类（Classification）是一种典型的监督学习方法，用来发现条件变量与目标变量之间的关系，从而为未来的数据进行预测。分类技术的应用非常广泛，覆盖商业、银行、保险、医疗卫生和科学研究等领域。例如，在金融风险分析中预测企业的破产风险等。分级（Sorting）也是将样本划分到已知的类别，所不同的是类别之间存在顺序，如事故的“严重”“比较严重”“一般”“不严重”等。在应急物流管理中，分类分级主要用于突发事件的风险评估，预测事件发生的可能性以及可能造成的危害程度，所构造的分类模型还可以对突发事件的特征给出一个直观的、可理解的表示。决策树（Decision Tree）是用来解决分类问题最常用的一种方法，在形式上是一棵树的结构，由中间节点、叶节点和分支构成。其中，每个中间节点包含一个对属性的测试，根据测试的结果将样本集划分为子集，每个子集对应一个分支，用相应的测试属性值来标识。叶节点对应一个类标志，表示对应样本集的类别。人工神经网络（Artificial Neural Network，ANN）是通过模拟生物大脑的结构和功能而构成的一种可计算模型，可以从大量复杂的数据中发现非线性模式。神经网络由一组神经元（节点）按某种方式相互连接而成，通过多次迭代修改节点之间的权值，使得训练样本的分类准确度达到最优。神经网络具有自学习、自组织、自适应、联想、模糊推理、大规模并行计算、非线性处理、鲁棒性、分布式存储等方面的能力。

在应急物流信息数据管理中，神经网络被广泛地用于风险评估中，包括商业交易风险评估、金融市场风险预测、债务评估及安全评估等。例如，华盛顿州政府利用神经网络模

型对儿童保障服务的风险进行预测；我国台湾地区利用神经网络实现了对某海港暴风雪袭击的预测和预警，并取得了较好的效果。

三、聚类分析方法及其在应急物流管理的应用

与数据分类不同，聚类分析（Clustering Analysis）的输入是一组未分类的数据，通过分析数据之间的相似关系将它们分组，使其具有最大的组内相似性和最小的组间相似性。不同聚类中的数据尽可能地不同，而同一聚类中的数据尽可能地相似。聚类分析的方法很多，常用的有层次聚类法、划分聚类法、密度聚类法及网格方法等。在应急物流信息数据管理中，聚类分析常用于对原始数据进行筛选和汇总，得到高质量的对决策有价值的数据。预警是应急物流管理中必不可少的一个环节，快速准确的预警机制是有效应对突发事件的基础。由于实际数据往往包含了大量的冗余或错误信息，为了更好地理解突发事件的状态，需要对这些信息进行筛选和汇总。基于密度的聚类方法可以从大量的初级报警信息中识别出噪声，即错误报警，并从聚类结果中得到汇总的有效报警信息。通过引入竞争机制，神经网络可以用于无监督的学习。自组织映射网络（Self - organizing Map，SOM）就是这样一种模型，它通过非线性变换把高维输入空间的数据映射到低维输出空间，并保持数据之间的相邻关系。自组织映射网络由输入节点层和输出节点层构成，自组织映射网络的学习是一个最优匹配节点的选择和网络中权系数的自组织过程，每输入一个数据，对应的最佳匹配节点（即权向量与输入向量距离最小的节点）及其邻近节点就会对输入执行一次自组织适应过程，强化现行模式的映射形态，弱化以往模式的映射形态。

突发事件发生后往往收集到大量的信息，为了便于分析，需要对这些信息进行筛选，通过自组织网络的聚类，相似的信息映射到网络的同一节点或邻近节点，可以从中抽取具有代表性的模式。在动力系统的安全评估中，以各条线路的负载作为自组织网络的输入，可以从输出模式中区分安全状态和不安全状态。这种方法有效地减少了传统方法用于重复计算的时间。

四、案例推理方法及其在应急物流管理的应用

基于案例的推理方法（Case - based Reasoning，CBR）是根据以往的类似案例来解决当前的新问题。例如，医生经常根据以往具有类似症状的病例对新的病人作出诊断。案例推理方法避免了知识获取的“瓶颈”，便于知识库的维护，不需要本领域专家干预，求解过程简单，可解决的问题范围广，结果易于解释和接受。但这种方法仍有一些不足：需要建立庞大的案例库，导致算法运行效率低；通过检索只能得到很少的案例，而其他不符合检索要求但含有适用知识的案例没有被利用；案例调整严重依赖领域知识，有时甚至比生成一个新的方案更加困难。

在应急物流信息数据管理中，基于案例的推理成为制订方案的一种有效方法。这是由于以往储存在数据库中的成功案例为以后的决策问题提供了很好的借鉴，从而简化了决策的复杂程度。例如，在对森林火灾的救援中，采用基于案例的推理作出假设，然后从案例

库中获取相应类似案例的方案，对方案进行调整以满足当前的约束条件，最后实施方案。

第六节　应急物流信息系统的应用实例

一、玉树地震救灾应急物流概况

1. 背景

2010 年 4 月 14 日青海省玉树县发生两次地震，最高震级 7.1 级，地震震中位于县城附近。此次地震为强烈的浅源性地震余震，玉树地震遇难人数为 2046 人，失踪 193 人，受伤 12135 人，其中重伤 1434 人。青海玉树县，地处青藏高原东部，位于玉树藏族自治州最东部，境内平均海拔 4493.4 米，气候寒冷，年温差小，日温差大。整个地形西北和中部高，东南和东北低，纵跨长江、澜沧江两大水系，地形复杂，地势高耸。地貌以高山峡谷和山原地带为主，间有许多小盆地和湖盆。玉树地形、气候的复杂性给抗震救灾带来了巨大挑战。

2. 地震应急物流面临的挑战

地震是破坏性很强的突发事件之一，地震救灾要求有更有效的快速反应能力，给应急物流带来很多挑战。

（1）物流线路告急。玉树县位于青藏高原腹地，此次强震使得原本崎岖险峻的交通雪上加霜。大量运载救援人员、设备和物资的车辆被堵在险象环生的路上，有多辆救援车发生抛锚甚至倾覆的现象。另外，从玉树机场通往玉树县城的唯一一条公路一侧的山体出现了一条大约 4 千米长的裂缝，并有可能发生山体滑坡。“生命线”不畅直接导致救援人员和物资无法及时送达，影响救援速度，后勤、医疗无法跟上，灾民也难以疏散，通信、电力等基础设施的恢复均受到严重影响。

（2）尚未建立一套系统完善的应急预案。地震发生后，因为缺少应急预案的预备方案，难免会影响救援的时间和效率。临时紧急召集制订救援计划，导致各方救援物质和救援人员缺乏协调性，没有统一的指挥和调度，彼此之间责任和分工不明确，缺乏沟通和了解，造成救援的混乱和救援工作延误等现象。

（3）国家的储备仓库严重不足。中国的救灾物流管理体系中，救灾物资主要来源于中央救灾物资储备库和未受灾地区的社会捐赠物资。配送物流中心过于集中在 10 个城市，仓库储备的物质单一，只是帐篷、棉被一类，国家储备仓库严重不足。

（4）缺少第三方物流企业的参与。第三方物流在工业物流上已被广泛运用，但在应急物流领域还没有充分发挥第三方物流的专业化运输和配送、仓储管理等功能，造成救援效率低下。当灾害发生时，应急物质的供应是多方面的，单一依靠政府来配送会导致救援的延误，可以让第三方物流参与到配送的队伍中来。

（5）缺少受过专业培训的应急救灾人员。部分部队官兵缺乏应急救灾的经验，无法正常开展救援。中国的军队系统利用空中运输力量向灾区空运、空投了各类救灾物资，部分解决了救灾应急物流的问题，但也存在着由于缺乏应急灾害救援的经验，空投失败以及包装不够完善引起的物品损害或受潮，这些问题暴露出部队对应急灾害的救援经验的缺乏，空中运输力量、投送能力、物品包装等运输配送能力方面的一系列问题急需解决。

二、应急物流信息系统的构建

（一）应急物流信息系统模型的构建

在救灾过程中，应急物流信息系统在整个救灾应急物流中发挥着举足轻重的作用。因此，完善应急物流信息系统，建设适合当地硬件和软件的应急物流信息体系，是保障救灾工作有序、高效进行的必备条件。玉树地震应急物流的信息系统模型结构如图 6-8 所示。

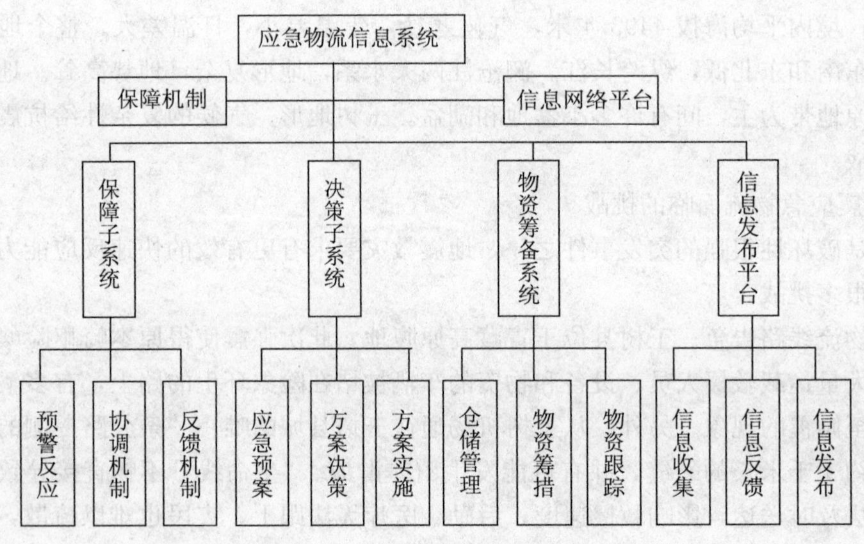

图 6-8　应急物流信息系统模型

（二）应急物流信息系统中重要功能模块的作用

1. 保障子系统

保障子系统包括预警机制、协调机制及反馈机制。首先，在地震发生后立即启动预警机制，建立灾害管理的知识系统和信息系统，专门收集各种与灾害有关的信息（受灾人数、物资需求、救灾物资储备估算等）。其次，要成立协调机制，通过电话、无线电通信设施等在第一时间实现救灾指挥作用。最后，在救灾的全过程中，通过建立信息系统对灾情进行适时反馈，为决策指挥提供准确的一线信息。

2. 决策子系统

决策子系统的功能实现需要依靠公共信息平台的建设。玉树地震发生后，立即调用公共信息平台提供的相关信息，如地形、道路、气象、运输能力、物资储备等信息，通过把这些信息与灾情相结合进行分析，决策子系统立即为救灾提供相应的预案，比如根据灾情

发生的地点估算受灾人数和需要的救援物资数量及种类，根据地形气象分析，推测需要的救灾工具及实施救灾的路线等，在充分了解物流运作原理的基础上，通过分析大量的数据和信息，第一时间以科学快速的方法为救灾工作提供可行性的参考预案，并结合具体情况为应急预案作出科学的决策，从而提高应急物流的效率。

3. 物资筹备系统

物资筹备系统主要包括救灾物资的筹集、管理、储存和分发全过程物资信息的管理，以及救灾款项的管理。其系统结构如图 6-9 所示。

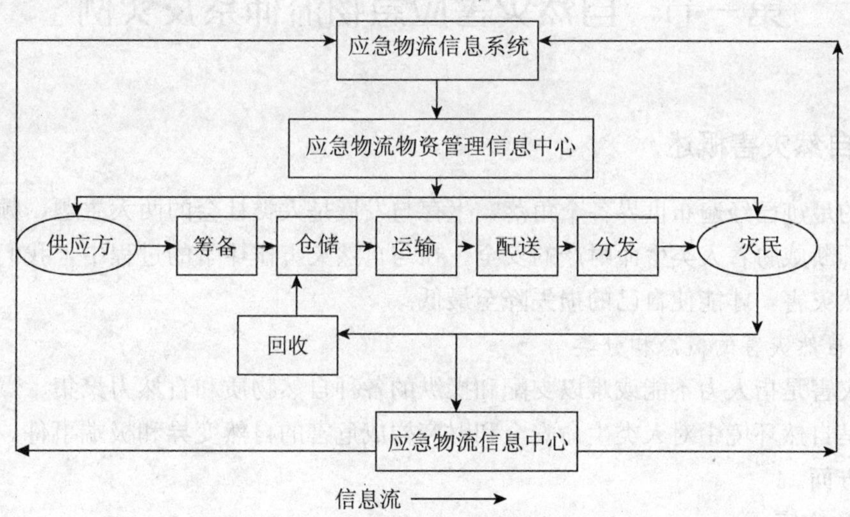

图 6-9 救灾物资管理信息系统结构

4. 信息发布平台

信息发布平台的功能包括信息的收集、发布以及救灾信息的及时反馈，这些功能的实现要有政府以及媒体机制作保障，让全社会了解救灾进程，实现救灾全程的信息跟踪。及时的信息发布甚至能对灾情的恶化起到一定的预防作用。高效的应急信息发布平台的建设不但要有先进的通信技术作支撑，更要有政府相关政策作保障。在灾害发生时快速地反应，争取宝贵的御灾时间，将灾害的损失降到最低。

思考题

1. 各种物流信息技术的优点和缺点有哪些？

2. 应急物流信息系统的硬件由哪些部分组成？

3. 应急物流信息与普通物流信息有何区别？举例说明。

4. 根据应急物流信息系统的建设原则和过程，以某突发事件为例构建应急物流信息系统框架。

第七章 应急物流实例

第一节 自然灾害应急物流体系及实例

一、自然灾害概述

人类的足迹已经遍布世界各个角落，生存与发展是人类社会的两大主题，频繁发生的自然灾害不断威胁着人类生命财产的安全。在与自然灾害作斗争的过程中，我们只有更好地了解自然灾害，才能使自己的损失降至最低。

（一）自然灾害的概念和分类

自然灾害是指人力不能或难以支配和操纵的各种自然物质和自然力聚集、爆发所致的灾害或者是自然环境中对人类生命安全和财产构成危害的自然变异和极端事件。主要包括以下四个方面。

1. 气象灾害

地球的大气圈的剧烈变化会造成气象灾害。气象灾害主要有干旱、暴雨、洪涝、台风、寒潮、冰雹、雪灾、沙尘暴等。

2. 地质灾害

地球岩石圈的异常变化会形成地质灾害。地质灾害主要有地震、滑坡、泥石流、山体崩塌、地面塌陷、地裂缝、火山等，其中地震对人类危害最大。

3. 海洋灾害

海洋自然环境发生异常或激烈变化，导致在海上或海岸发生海洋灾害。海洋灾害主要有热带气旋、风暴潮、海冰、海雾、海啸等突发性的自然灾害。

4. 生物灾害

由于局部生物圈中的各个生态系统失去平衡，或生物体自身的平衡因素被破坏，有害生物大规模繁殖，就会导致生物灾害。生物灾害主要有病害、虫害、鼠害、赤潮和草原森林火灾等。

（二）自然灾害的特征

由于自然灾害在世界各地的分布不同，无法统一描述自然灾害的特征。以中国为例，中国是世界上自然灾害损失最严重的少数国家之一。中国的自然灾害具有以下几个主要特点。

1. 灾害种类多

中国的自然灾害主要有气象灾害、地震灾害、地质灾害、海洋灾害、生物灾害和森林草原火灾。除现代火山活动外，几乎所有自然灾害都在中国出现过。

2. 分布地域广

中国各省（自治区、直辖市）均不同程度受到自然灾害影响，70%以上的城市、50%以上的人口分布在气象、地震、地质、海洋等自然灾害严重的地区。2/3 以上的国土面积受到洪涝灾害威胁。东部、南部沿海地区以及部分内陆省份经常遭受热带气旋侵袭。东北、西北、华北等地区旱灾频发，西南、华南等地严重干旱时有发生。各省（自治区、直辖市）均发生过 5 级以上的破坏性地震。约占国土面积 69%的山地、高原区域因地质构造复杂，滑坡、泥石流、山体崩塌等地质灾害频繁发生。

3. 发生频率高

中国受季风气候影响十分强烈，气象灾害频繁，局地性或区域性干旱灾害几乎每年都会出现，东部沿海地区平均每年约有 7 个热带气旋登陆。中国位于欧亚、太平洋及印度洋三大板块交会地带，新构造运动活跃，地震活动十分频繁，大陆地震占全球陆地破坏性地震的 1/3，是世界上大陆地震最多的国家。森林和草原火灾时有发生。

4. 造成损失重

1998 年发生在长江、松花江和嫩江流域的特大洪涝，2006 年发生在四川、重庆的特大干旱，2007 年发生在淮河流域的特大洪涝，2008 年发生在中国南方地区的特大低温雨雪冰冻灾害，2008 年发生在四川、甘肃、陕西等地的汶川特大地震，2010 年发生在青海玉树的 7.1 级地震等，均造成重大损失。以我国 2011—2013 年发生的自然灾害为例，在 2011—2013 年间全国范围内灾害多发，其损失如表 7-1 所示。

表 7-1　　2011—2013 年我国自然灾害损失统计

年份	受灾人次（亿人）	死亡失踪人数（人）	紧急转移安置人数（万人）	农作物受灾面积（万公顷）	农作物绝收面积（万公顷）	房屋倒塌数（万间）	房屋损坏数（万间）	直接经济损失（亿元）
2011	4.3	1238	939.4	3247.1	289.2	93.5	331.1	3096.4
2012	2.9	1530	1109.6	2496.2	182.6	90.6	427.9	4185.5
2013	3.9	2284	1215	3135	384.4	87.5	770.3	5808.4

注：根据民政部网站数据整理（不含港澳台地区数据）。

二、玉树地震物流体系

（一）事件介绍

北京时间 2010 年 4 月 14 日 7 时 49 分，我国青海省玉树地区发生里氏 7.1 级强烈地震，地震波及范围涉及青海省玉树藏族自治州玉树、称多、治多、杂多、囊谦、曲麻莱县和四川省甘孜藏族自治州石渠县7个县的27个乡镇，当地90%房屋倒塌，受灾面积35862平方千米，受灾人口246842人。截至2010年5月30日，玉树地震已造成2698人遇难，经济损失超过610亿元人民币。这是继2008年汶川大地震后，我国经历的又一次造成巨大生命财产伤亡的地震。

（二）应急物流体系运行经验分析

地震发生后，上至国家领导人，下至每一个普通民众，都非常关注地震伤害和救援救助情况。在积累了2008年汶川地震救援经验的基础上，国家相关部门和各个救援单位协同配合，迅速而又高效地实施了地震救援、救助和灾后重建工作。在应急物流体系运行方面有如下经验值得总结。

1. 应急救援响应反应迅速

地震发生后，中央第一时间下达抗震救灾指示，国务院抗震救灾总指挥部随即成立。中共中央政治局委员、国务院副总理回良玉任总指挥，有关部门负责同志任副总指挥，下设抢险救灾、群众生活、卫生防疫、基础设施保障和生产恢复、地震监测、社会治安、宣传、综合8个工作组。国务院抗震救灾总指挥部各组成单位按照抗震救灾Ⅰ级响应预案，迅速分组、分头开展工作，展开了迄今为止世界上海拔最高地区的最大规模灾害事故救援行动。

中央财政紧急下拨救灾资金2亿元，用于抢险救灾、受灾群众转移安置和生活救助、伤员救治、卫生防疫等方面。国家发展和改革委员会紧急下发中央预算内补助5000万元，专项用于青海省玉树地震抗震救灾和损毁设施恢复重建。国家民族事务委员会决定从民族工作经费中安排100万元抗震救灾。交通运输部协商财政部同意，从中央车购税中紧急拨款1000万元专项用于灾区的公路抢通、保通。中华全国总工会拨款200万元资金投入救灾。

国家减灾委、中国地震局将地震应急响应级别升级为Ⅰ级，立即进入Ⅰ级地震响应状态。民政部启动Ⅰ级应急机制，紧急从天津、沈阳、郑州、合肥、武汉、成都、西安7个中央救灾物资储备库向青海灾区调拨救灾物资。公安部迅速启动应急机制，紧急调集青海、西藏、甘肃、四川、广东、重庆、宁夏、山东、河南、陕西10个总队的1974名官兵、74台救援车辆通过陆路、空运驰援灾区进行救援。国土资源部急调5架航遥飞机驰赴灾区。交通运输部启动抗震救灾Ⅰ级响应，要求青海省周边省份交通部门在现有公路通行基础上，组织人员和设备支援青海，投入公路保通工作中。国家防汛抗旱总指挥部派出工作组赶赴震区，了解水利工程受损情况，以及可能出现的水库、塘坝和堰塞湖险情，落实危险区域群众转移避险措施，防止次生灾害造成重大损失。

农业部派出由农业部兽医局、中国动物疫病预防控制中心、中国兽医药品监察所和中国动物卫生与流行病学中心等单位专家组成的工作组，赶赴灾区一线开展动物防疫和无害化处理工作，同时成立专门机构，负责统筹做好灾区农产品市场供应、价格信息调度、畜牧业生产、救灾资金和物资保障以及灾后恢复重建等工作。卫生部启动自然灾害卫生应急Ⅰ级响应，迅速成立青海省玉树地震卫生应急领导小组，部署调动全国卫生力量开展医

疗卫生救援工作。截至2010年4月14日18时，卫生部门已派出青海、四川、西藏、甘肃共5支287人的医疗卫生救援队伍携带医药物资赶赴灾区。工业和信息化部启动工业产品应急保障工作预案，及时了解工业受损情况，紧急成立青海玉树抗震救灾指挥领导小组，并就应急通信保障、医药品调运储备、挖掘器械筹集运送等工作进行部署。住房和城乡建设部紧急启动破坏性地震Ⅰ级响应，组织13人专家组到达灾区对学校、医院、银行邮局生命线工程、政府办公楼4类建筑进行应急评估。环境保护部启动环境应急预案，成立环境应急指挥部，派出工作组和有关专家共20人赶赴现场，紧张开展环境监测和应急救援。

中央组织部发出通知，要求灾区各级组织部门在党委领导下，迅速动员和组织广大基层党组织和党员干部立即投入到抗震救灾工作中去，全力做好抢救群众生命和被困人员的救治工作，全力保障人民群众的生命安全和社会稳定。

青海省政府紧急启动《青海省自然灾害救助应急预案》，实施Ⅰ级响应，动员各部门全力以赴做好抗震救灾工作。根据青海省委、省政府的部署，青海省民政厅对于玉树抗震救灾工作作出紧急安排，成立抗震救灾领导小组，下设宣传协调、物资调运、物资接收、应急预案实施4个小组，进行抗震救灾工作。青海省卫生厅从省级医疗单位抽调300名医务人员，分乘9辆大巴连夜出发，于4月15日中午抵达灾区立即投入医疗救治工作。制定《玉树地震灾区伤员运送方案》，采取“集中伤员、集中专家、集中资源、集中救治”的方式，在组织专家对伤员进行伤情评估、严格筛选的基础上，确定转送伤员名单，统筹协调、科学调度，安排医务人员随护转运伤员到西宁、成都、兰州、西安、格尔木等城市进行集中救治。

各兄弟省市区伸出援手捐款捐物。四川、西藏、陕西、新疆、宁夏等临近省区都已组织救援队和专家赶赴玉树灾区。其中，四川省政府应急办紧急协调，调派专机对震中消防部队实施“垂直补给”。在“72小时黄金救援期”内，共有6架（次）军用和民航运输专机，将100多吨消防部队抢险救援急需的装备器材和生活保障物资投送到前线，为生命搜救行动赢得了极为宝贵的时间。

其他一些非政府组织也在灾后第一时间展开行动。作为最贴近震区的民间组织，青海省民和回族土族自治县残障人士医疗康复保健中心在震后一小时就开始了行动，倡议并呼吁全国各地非政府组织参与救灾及灾后重建，并为多家国际、国内非政府组织提供相关信息。曾有过救灾经验的专业民间组织，如蓝天救援队、壹基金的救灾小分队、江苏黄埔再生资源利用有限公司的民兵队等，也迅速赶往灾区。

2. 应急物资筹集渠道畅通

为帮助青海玉树地震灾区妥善安置受灾群众，民政部于2010年4月14日紧急从天津、沈阳、郑州、合肥、武汉、成都、西安7个中央救灾物资储备库向青海灾区调拨了2万顶棉帐篷、5万件棉大衣和5万床棉被。于24日再次紧急从天津、成都、西安、武汉4个中央救灾物资储备库向玉树灾区调拨1万顶12m^2棉帐篷，向甘孜灾区调拨600顶12m^2棉帐篷。

截至4月15日，公安部消防局已经调集、征用了价值1.6亿元的各种救援物资近10万件，其中消防车、器材运输车、救护车、饮食保障车、加油车等各类车辆100辆，还有各类探测仪、侦查仪器、个人防护装备等。还紧急调运了一批灾区急需的防寒装备物资2600余套，其中有可供1000人使用的睡袋、抢险救援服、棉大衣、棉被褥、内衣裤还有袜子、毛巾、手套、帐篷等物资。农业部向灾区调拨2000件防护服，200台机械消毒器以及消毒液机、帐篷等应急物资。

自4月14日起，青海省卫生厅先后向玉树地震灾区紧急调运制氧机64台、担架500副、全血140袋5.6万毫升、血浆60袋1.2万毫升以及卫生部支援的“O”型红细胞悬液250袋10万毫升、“AB”型血浆250袋5万毫升，同时调配救护车10辆在玉树灾区开展医疗救治，另外调集50辆救护车在西宁地区转运伤员。省食品药品监督管理局向灾区紧急调拨了103个品种、价值140万元的药品和医疗器械。

青海省卫生厅拟定了抗震救灾药品、医疗救治、疾病控制、卫生监督、水质监测、鼠疫防治、防护用品、健康教育等设备采购计划，采购品目共140种。

地震发生后，上到地方政府，下到企业个人，每个人都尽自已的努力用各类捐款捐物形式，表达对灾区的慰问之心，尽快帮助灾区同胞摆脱困境，重建家园。截至2010年8月13日，全国共接收玉树地震社会捐赠款物104.47亿元，包括捐款96.28亿元，物资折款8.19亿元。其中，民政部（含各地汇缴）接收捐款26.62亿元，中国红十字会总会（含各地红会汇缴）接收捐赠25.12亿元，中华慈善总会（含各地慈善会汇缴）接收捐赠26.57亿元，青海省直接接收捐赠20.89亿元，四川省接收2.92亿元，其他一些基金会接收了2.35亿元。前期已向灾区拨付10.6亿元，包括捐款2.62元、物资折款7.98亿元，支出捐赠款物主要用于应急抢险、灾民临时生活救助。其余款项按照有关要求，拨付青海省，由青海省按恢复重建规划统筹安排，根据项目实施进度拨付。

3. 应急物资调度分配合理

地震发生后，铁道部立即在铁道部和青藏铁路公司成立调度指挥中心救灾台，24小时负责处理救灾物资装车、卸车和运输事宜，掌控救灾物资运输信息，指导和督导铁路局对救灾物资运输全过程盯控，做到“信息畅通、反应快捷、指挥有力、运输高效”，确保救灾物资以最快速度运抵灾区。铁路部门提前了解救灾物资运输需求，按照“手续从简、重点保证、从速发送”的原则，快装、快卸、优质挂运，救灾物资列车运行会让等级高于普通旅客列车，成批救灾物资原则上安排专列运输。

截至4月15日，全国铁路从沈阳、北京、郑州、武汉、西安、成都等地组织运送救灾物资18车，运送帐篷750顶、棉大衣50000件、棉被37430床。正在组织装运帐篷24250顶、棉被72500床、棉衣35000件、救护车203辆。

地震灾害对于灾区的本已薄弱的公路影响非常大，交通不畅、缺乏大型救援机械已成为救灾最大障碍。青海省公安厅交警总队要求各地立即启动应急预案，在全省所有道路，特别是高速公路以及国省道开辟抗震救灾运输全程“绿色通道”。全省各级公安交通管理部门，特别是西宁市、海南藏族自治州、高速公路交警支队必须全力以赴保障救援人员和物资运输的优先通行，各地的交通安全服务站要为运送救灾人员和救援物资的车辆提供一切通行的便利和交通安全服务，对运送救援物资和人员的车辆，按照属地管辖做好警车带道工作，确保运输的安全与畅通。同时，各地公安交通管理部门要协调交通部门，务必使所有收费站、服务区无条件地为救援人员和物资运输提供一切便利条件，保证救灾物资运输车辆不误一分一秒。

截至4月14日17时，214国道西宁至玉树县结古镇段公路通行正常。玉树以北29千米的通天河大桥出现裂痕，战备钢桥已经到位，随时准备应急抢通。玉树巴塘机场公路在结古镇以南2千米处发生山体滑坡，已经抢通。公路养护、路政人员正在加强巡查，确保公路畅通。按照应急运输保障需求，青海省交通厅储备应急客车150辆、总客位4500个，货车45辆、总吨位1710吨，紧急协调驻军部队落实了应急运输车辆260辆。当日13时30分，青海省交通厅紧急调集了16辆客车和4辆货车用于省军区和省粮食局运送救灾人员和粮食。

航空运输方面，由于青海玉树地处高原地带，海拔高，机场对很多机型要求非常严，因此承担空路救援的唯一通道——玉树机场负责从全国各地运送青海玉树的救援物资和重伤员的转运工作。地震发生后，玉树机场和外界联络全部中断。民航空管部门通过短波无线电台与机场取得了联系，得知玉树机场无人员伤亡。经过评估，玉树机场可以继续提供使用。民航局迅速向外界公布了机场恢复运行的消息，为救援人员和物资在第一时间抵达灾区提供了畅通的空中通道。民航局在西宁成立抗震救灾指挥部，设立飞行保障、机场运行、空管保障、医疗救援、新闻媒体五个工作组，并在玉树机场成立现场协调指挥中心，协调航空公司、机场、空管、油料等相关单位全力配合当地人民政府及相关部门做好抗震救灾工作。民航局要求各航空公司迅速调配运力，优先运输救灾人员和物资；空管部门优先放行执行救灾任务的飞机；机场简化手续，为救灾飞行提供一切便利。地震发生当天，民航局将东航和国航正在执行航班任务的3架具有高原飞行性能的客机紧急调至西宁，在地震发生后12小时之内，将700名抗震救灾人员和4吨救灾物资从西宁运抵玉树。

截至4月16日22时，民航共调动40架飞机，执行救灾包机168架次，运送来自广州、重庆、成都、云南、山东、河南、陕西、宁夏等地的救灾人员3708人，运送血浆、药品、帐篷、食品、生命探测仪等灾区急需的救灾物资422吨，运送伤员680人。

4. 应急信息系统效率较高

灾难发生后，及时、准确、全面、客观发布和报道震情灾情和抗震救灾工作进展情况非常重要。地震消息首先由中国地震台网中心4月14日8点07分发出，中央电视台《朝闻天下》于8点26分发布首条新闻。4月14日上午8时46分，距玉树地震发生不到1个小时，中国国际救援队微博就发出第一条关于地震的消息。之后，救援队的微博陆续更新了300多条与地震和救援工作相关的消息。相关政府部门官方网站及赴震区采访的记者也纷纷通过各自博客和微博向大众传递救援行动最新进展和其他最新情况。青海政府则结合影响力较大的“天涯论坛”，发布震区急需救援物资信息。交通运输部每天印发两期简报，及时报送国务院及有关部门，为抗震救灾工作决策提供重要参考，并通过政府网站、电视、广播等及时向社会公布。

地震发生后，中国移动、中国联通、中国电信等通信企业积极修复被毁通信设施，尽快恢复灾区基本通信服务，保证抗震救灾指挥的畅通，将玉树州所有用户在系统中设置为欠费不停机用户，确保州内用户通信畅通。4 月 14 日 9 时，中国电信通过网络将玉树震后实景传达青海电信抗震救灾指挥中心。

4 月 14 日夜，国土资源部青海玉树地震灾区抗震救灾领导小组紧急决定，立即从国家测绘局、中国地质调查局航遥中心调集航遥飞机连夜赶赴灾区，尽快拍摄震后遥感照片，第一时间提供给国务院抗震救灾总指挥部及有关方面。国土资源部系统调集 1 架高空航摄专用飞机搭载机载合成孔径雷达系统，15 日由西安起飞直接前往灾区做干涉雷达数据获取；调集 2 架无人航空摄影机和 6 名技术人员，连夜赶往地震灾区进行航空摄影；调集 1 架“空中国王”航空摄影机，15 日晨飞往格尔木，随后飞往灾区进行航空拍摄。

国家测绘局也立即启动应急测绘保障预案，利用中国首套自主研制的“机载多波段多极化 SAR 测图系统”获取了灾区约 2000km^2 的 0.5m、1m 分辨率机载 X、P 波段 SAR 影像，将灾区震前航遥照片及时提供给国务院应急办、青海省人民政府、国家防汛抗旱总指挥部、武警部队司令部，为抗震救灾、灾情评估、灾害分析和重建规划提供了支撑保障。

中国科学院对地观测与数字地球科学中心依托于遥感卫星地面站和航空遥感飞机两大科学装置，短时间内获得了多种灾区遥感数据，启动数据共享。截至 5 月 14 日，面向 17 个部门 27 家单位，共享航空高分辨率遥感数据 5891GB，通过网络下载共享卫星遥感数据约 600GB。

由美国环境系统研究所公司（简称 ESRI 公司）协助青海省测绘局基础地理信息中心开发的“青海省玉树州地震应急地理信息系统”，经过紧张工作后于震后的第三天正式上线，为救灾指挥决策提供参考。4 月 19 日，ESRI 公司工程师协助清华公共安全研究中心为国家应急指挥部门完成了“玉树地震三维应急系统”的搭建，并协助中国疾病预防控制中心对汶川地震期间的“疫情监测信息系统”进行改造，以适应玉树地震的特殊需求，为疫情防治提供帮助。

5. 法律法规保障得力

2006 年 1 月 8 日国务院发布了《国家突发公共事件总体应急预案》。该预案把突发公共事件主要分为自然灾害、事故灾难、公共卫生事件和社会安全事件四类，是全国应急预案体系的总纲，是国务院应对特别重大突发公共事件的规范性文件。

为了有效应对突发事件，我国人大常委会于 2007 年 8 月 30 日通过了《中华人民共和国突发事件应对法》，把地震灾害分为特别重大、重大、较大、一般四级，根据地震灾害分级情况，将地震灾害应急响应分为Ⅰ级、Ⅱ级、Ⅲ级和Ⅳ级。从预防与应急准备、监测与预警、应急处置与救援、事后恢复与重建、法律责任等方面明确了各级政府在应对突发灾害时的职责和工作流程。

国务院 2008 年 5 月 1 日颁布的《中华人民共和国政府信息公开条例》明确各级政府

要依法公开突发公共事件的应急预案、预警信息及应对情况等信息，为玉树地震的救援和应急物资的运输与分配提供了有效的信息保障。

吸取汶川大地震救灾经验，2009 年 5 月 1 日，第六次修订的《中华人民共和国防震减灾法》正式施行。该法案从防震减灾规划、地震监测预报、地震灾害预防、地震应急救援、恢复重建、监督管理、法律责任等方面做出了明确的表述，成为玉树地震救灾工作依法有序推行的重要依据。

为切实做好青海玉树地震抗震救灾捐赠资金的使用管理监督工作，确保捐赠资金合理配置、规范使用，让捐赠机构和捐赠人放心满意，国务院抗震救灾总指挥部于 2010 年 4 月 30 日发布了《青海玉树地震抗震救灾捐赠资金使用管理监督办法》，要求对捐赠资金明确使用管理原则、合理确定使用范围、严格规范使用程序和加强全程监督检查。

2010 年 7 月 7 日，民政部、发展改革委、监察部、财政部、审计署联合出台《青海玉树地震抗震救灾捐赠资金管理使用实施办法》，对玉树地震抗震救灾捐赠资金的使用原则、使用范围、运作方式、拨付方式、反馈要求及监管方式进行了明确。要求各相关机构接收的捐赠资金，待青海省落实使用项目和统筹方案后，全部拨付青海省，由青海省依据《玉树地震灾后恢复重建总体规划》和相关专项规划及包干方案，统筹用于玉树灾区灾后恢复重建。同时要求，严格规范捐赠资金的安排使用程序，实行全过程跟踪监督管理。有关部门和机构要按照中央抗震救灾资金物资监督检查领导小组的统一部署，加强对捐赠资金管理使用的监管，主动配合纪检监察、财政、审计等部门对资金管理使用情况的监督检查。

根据《中华人民共和国审计法》的规定，2011 年 5 月至 10 月，审计署按照“保障灾后恢复重建不出重大问题，促进灾后恢复重建顺利进行”的审计目标，对玉树地震灾后恢复重建规划实施、资金管理使用、工程建设管理、环境保护等情况进行了审计，重点抽查了城乡住房、交通、医疗、学校、水利等方面的 60 个项目，涉及概算总投资 102.68 亿元。

6. 灾后重建规划得当

国务院在 2010 年 5 月 24 日发布《国务院关于做好玉树地震灾后恢复重建工作的指导意见》，5 月 27 日发布《国务院关于支持玉树地震灾后恢复重建政策措施的意见》的基础上，于 6 月 9 日发布《玉树地震灾后恢复重建总体规划》，提出力争三年时间基本完成恢复重建主要任务，使灾区基本生产生活条件和经济社会发展全面恢复并超过灾前水平，生态环境切实得到保护和改善，又好又快地重建新校园、新家园，为建设生态美好、特色鲜明、经济发展、安全和谐的社会主义新玉树奠定坚实基础。

青海省人民政府与 2010 年 8 月 10 日提出关于贯彻《玉树地震灾后恢复重建总体规划》的安排意见，要求全省各党政机关切实加强领导、统一思想认识、强化学习宣传、落实责任主体、加强规划实施、创新工作机制、强化保障措施、强化监督管理，保证国家总体规划的实施。

根据财政部和国家发展改革委的批复，玉树灾后恢复重建资金总规模为 316.5 亿元，包括：中央财政资金206.5亿元、青海省级财政资金20亿元、社会捐赠资金60亿元、企业自筹及贷款25亿元、居民个人负担5亿元。截至2011年10月底，青海省本级累计收到资金293.82亿元，累计拨付224.52亿元，结余69.3亿元。其中：收到中央财政资金194.5亿元，拨付176.23亿元，结余18.27亿元；收到社会捐赠资金99.32亿元，拨付48.29亿元，结余51.03亿元；企业自筹及贷款、居民个人负担资金尚未到位。

玉树灾后重建涉及“国际影响特殊、民族宗教敏感、土地权属复杂、生态环境脆弱”等诸多问题，政策性强、技术难度大。重建工作综合考虑政治、经济、社会、宗教、历史、文化、环境、安全等因素，广泛征求了当地居民及州政府意见。从2010年7月到2013年10月，来自全国各地的10万援建大军克服重重困难，在玉树灾区进行了一千多个日夜的艰苦鏖战，使纳入国家重建规划的1248个重建项目全部开工，完工99%，94所中小学校及幼儿园已建成并投入使用，6万多名灾区学生全部告别板房，搬入新校园，63项医疗卫生恢复重建项目全部建成并投入运行。三年累计完成投资444.36亿元。

（三）教训与启示

玉树地震救援与重建在取得了巨大的成功的同时，也需要对教训进行总结，主要包括以下几个方面。

1. 预警机制不完善

地震在我国造成的危害居所有自然灾害之首。地震预警是个世界性难题，虽然我国在这方面已经取得较大进展，并且建成了世界上最大的地震预警网络，但是由于地震的突发性和高危害性，目前科研部门还是不能有效地对发生在我国的全部地震进行预警。理论研究表明，预警时间为3秒，可使人员伤亡比减少14%；如果为10秒，人员伤亡比减少39%；如果为20秒，可使人员伤亡比减少63%。

2. 民众防灾意识不强

防震减灾意识的强弱对震害程度具有决定性影响。防震减灾意识强，抗御地震灾害的能力强，灾害损失就可能较小，反之则必然加重。坚持不懈的防灾意识是减轻地震灾害的先决条件。在地广人稀的玉树地区，7.1级地震就造成2698人死亡，人们在思想上不重视是造成死亡人数如此之多的重要原因。由于当地经济发展水平所限，灾区的房屋结构类型以土木、砖木结构为主，抗震能力差，损坏比较严重。在农村地区，当地的房屋结构鲜有采取抗震措施。以空心砖结构为例，这种建筑应该仅作为临时性的房屋使用，如果作为住房，需要加芯柱等抗震措施。遗憾的是，多数当地居民建房时都没有注意这点。

3. 灾区救援环境恶劣

玉树位于青藏高原腹地，平均海拔接近4000米以上。地貌以高山峡谷和山原地带为主，地形复杂，地势高耸，间有许多小盆地和湖盆。由于受灾地点集中、空间有限，一些大型救援设备无法使用，严重影响了救援工作的全面展开。通往玉树州县所在地结古镇的陆路交通只有三条，一是起点为西宁的214国道穿镇而过，是北线到达玉树的唯一通道，从西宁到玉树距离长达820千米，在正常的条件下，最快需要15个小时左右

才能到达玉树，中间还要翻越海拔超过4800米且天气多变的巴颜喀拉山，如果遇到雨雪天气，从西宁到玉树的时间还会更长。二是214国道的南线，从西藏昌都可以到达玉树，但是昌都境内高山深壑较多，道路险峻，500多千米的路程也需要十几个小时的行程。三是四川省石渠县经省道307可到玉树，距离为130千米，但石渠县距离成都则超过1000千米。因此外界救援力量最少需要十几个小时的长途跋涉才能到达地震灾区，一方面延误了很多时间，另一方面长途跋涉也会使救援人员疲惫不堪，进而影响救援效果。

玉树地区只有平原地区六成的含氧量，对于专业救援队员以及搜索犬，都有一个高原反应问题。很多救援队员都出现了不同程度的高原反应，个别队员甚至未上战场就打道回府，连搜索犬的搜索效率、效能也受到了不同程度的影响。救援人员中有将近200人出现高原不适的症状，约100人出现了恶心、呕吐等症状。玉树地震当晚从广州起程赶赴灾区的303名广东消防官兵，因严重高原反应，甚至有部分官兵出现肺水肿、脑水肿等症状，不得不撤离灾区。

4. 应急物资发放缺乏有效管理

玉树地震后的第一天和第二天，由于只有少数救援物资到达现场，所以曾经出现领取混乱的状况。青海民政厅厅长更阳在新闻发布会上首度承认，“救灾物资早期发放过程中存在不均现象”，并承认“早期个别地区、个别发放点出现哄抢现象”。

在救灾物资的总量已经能够满足需求的情况下，有大量的物资时常滞留在当地的机场、干道上。离开机场后，帐篷的调配体系也运转得难如人意。首先是许多帐篷配件没有合理的装配，影响了发放时间。另一个问题是灾民信息统计不全。地震发生后，玉树物资发放体系一直以行政架构为基础，各片区的帐篷等物资申领工作都由玉树救灾指挥部统一分配，具体的数量需求，由各个安置点指挥部向上填报。计划中的下发的过程则借助基层组织，从乡、村、生产队一直向下发放。作为藏区中相对富裕的地域，外来者的大量存在，使得原来的物资发放体系显得不适应。

5. 谣言影响灾民情绪

地震以后出现谣言也是常见的事，权威部门及时站出来辟谣，谣言也就不会流行。但是玉树的情况有些特别，藏族占人口的绝大多数，而且是全民信教。民族宗教因素使得谣言的传播和色彩出现了异样的变化。玉树地震发生的时候有一个传闻说玉树地震是因为挖神山引起的，在信教群众看来，神山不宜动土，是挖矿引发了地震。这对政府来说是一个重大考验。

（四）应急物流体系改进策略

1. 构建并完善自然灾害应急物流组织协调体系

为了进一步提升自然灾害发生时应急物流组织的协调效率，形成在统一部门下的统一指挥，我国应努力构建完善的自然灾害应急物流组织体系。该体系应在我国现有的应急物流运作流程的基础上不断整合多方力量，实现与政府结构的有机合作，推进应急物流组织协调一致。完善的自然灾害应急物流组织体系构建应从建立专门、常设、权威的应急物流组织入手，该组织属于政府机构，并按照法律规定协调指挥各级政府部门，确保信息的上下通达，做好信息共享工作。按照灾区实际实现救灾物资和救援人员的最优配置，确保灾区物资储备和运输。自然灾害应急物流组织协调应依据我国现行行政体系级别，根据灾害发生的后果来确定由哪级政府协调储备物资的运送。各地区的协调机构要联网并行，确保真正实现各部门间的相互合作与配合，最终形成一个完善的、健全的自然灾害应急物流组织协调体系，保障统一领导与指挥。

从发达国家应急物流组织体系的实践来看，自然灾害应急物流的组织协调体系包括决策机构和指挥机构两部分。决策机构常由各级政府与应急物流预警部门组成，指挥机构则由各级别的应急物流指挥中心与协调委员会组成。应急物流指挥中心职能应包括常态职能与灾害发生应对职能两部分，全面掌握应急物资的需求预测、科学规划物资配送线路、做好应急物流新闻宣传和实践演习等工作。协调各社会救援力量，提升救援工作各环节的效率与效果。协调委员会是负责对应急物流运作进行协调的部门，该部门熟悉并掌握物流的整体运作流程，能够加大指挥中心传达命令的准确性与可靠性。

2. 构建并完善自然灾害应急物流储备体系

物流储备的功能在于及时对灾区进行救援，而自热灾害应急物流储备体系需要事先对灾情进行预测，以预先采购、临时采购、接受国内外捐助和强制征用等众多方式筹集应急物资，并根据物质用途进行分类、加工和包装，做好配送准备工作。应急物资储备体系通常由物资储备中心、物资采购中心及物资接收中心构成，三个方面各司其职才能确保应急物资筹措工作有序开展。应急物资储备中心的职责主要是对各级民政部门储备机构现有的应急物资进行统一管理与储存，确保灾害发生后应急物资在第一时间运抵灾区，发挥最大功效。目前我国应急物资储备中心存在规模较小、物资数量不足、物资来源单一等众多问题，这要求我国要及时优化改进现有物资储备中心，以适应我国自然灾害造成的影响。

应急物资采购中心的职责对应急物资数量实施动态监督，当预测物资数量不足时启动采购程序，确保应急物资不出现短缺。自然灾害发生的不确定性要求应当将应急物资采购中心设在商业发达、交通便利的中心城市，确保物资缺乏时可以集中采购，最大限度满足灾区需要。应急物资接收中心主要负责社会各界对灾区捐助的物资进行管理，根据灾区的情况，快速将灾区需要的应急物资发送。同时，应优化我国应急物资储备中心的布局，加大应急物资储备的管控力度，促进物流合理化发展。实现灾害发生后的快速反应，需做好以下工作：一是应急物资储备中心布局应以中央政府为核心，地方各级政府给予辅助，不断健全完善；二是中心构建规划必须经过审批后才可准备实施，实施期间要做好相应的运输与配送工作，以便中心建成后即可开始工作；三是中心构建应遵循“一点审批、单线控制”原则，确保应急物资能在最快时间内到达灾区；四是根据规划对原有应急物资储备中心进行或取消或改进的办法，节约成本。

3. 构建并完善自然灾害应急物流配送体系

自然灾害发生后，应急物资快速准确到达灾区和灾民手中，就要求必须由强大可靠的配送体系来保障。物资配送体系一般包括配送中心和救助中心。自然灾害应急物资配送体系需要注重以下内容的优化。一是不断优化自然灾害应急物资配送路线。政府应建立健全应急物资配送管理系统，以提高运输路线的安全性与时效性为原则，事先设计好不同的运输路线与方案，并根据自然灾害实际情况选择最优的运输方案。此外还要对运输工具进行科学、合理的安排，确保救援工作的顺利进行。二是不断优化自然灾害应急物资配送内容。这需要做好各类物资的质量、品种等特性的界定，确保物资配送的准确性和快捷性，当运力不足时，必须优先配送各类救援物资。争取在运力有限的情况下尽可能地保障救援物资能够满足受灾民众的需求。

4. 构建并完善自然灾害应急物流信息处理系统

构建自然灾害应急物流信息处理系统应遵循系统性原则、兼容性原则、社会性原则。健全完善的自然灾害应急物流信息处理系统必须符合以下几个条件。第一，预警反应机制的灵敏性，这要求信息处理系统在灾害发生时能够快速响应，保障应急物流工作的积极开展；第二，应急转换机制的规范性，保障信息输入系统后的真实性与一致性，实现信息无障碍转换，保障应急物流运作的良好秩序；第三，决策处理机制的科学性，认真分析资料与数据，设计好相应的模块并不断优化，提升应急物流的运作效率；第四，反馈评估机制的及时性，对物流各环节进行较好的监控并进行评价，及时进行调整与偏差纠正，解决问题，提升应急物流的运作效率。当然，任何管理系统的实现都离不开硬软件的支撑与维护，不断更新硬件设备，实现软件管理与更新，为自然灾害发生后的应急物流实际工作做好充足的准备。

第二节　食品应急物流的实践

食品应急物流是突发事件中应急物流的重要组成部分，是以运输提供应急食品为目的的活动。食品应急物流最基本的目的就是及时满足突发事件需求点各人员的饮食要求。因突发事件性质、地域、时间等的不同，所需的应急食品也有所不同。根据对应急食品界定深度的不同，可以从狭义和广义两个方面进行定义。从狭义层面来说，应急食品是指不需加工便可直接食用且具有一定营养价值的食品，可为食品应急物流的运输环节提供方便；而从广义方面来说，应急食品还包括面粉、大米、蔬菜和肉类等一些需要加工才能食用的食品资源，而这些食品资源只有在突发事件需求点生活条件满足对其进行加工许可的情况下才适合进行应急供应。

一、食品应急物流应急过程

食品应急物流应急过程与一般的突发事件应急物流应急过程有一定的相似性，本书根据谢建光（2012）的研究成果，将食品应急总过程分为监测预替、应急响应、善后处理三个阶段，其中核心阶段应急响应根据突发事件食品应急的特性又可分为初期的应急响应、中期的持续供应和后期的需求回落三个子阶段。其完整过程如下图所示。以下详细介绍各个过程。

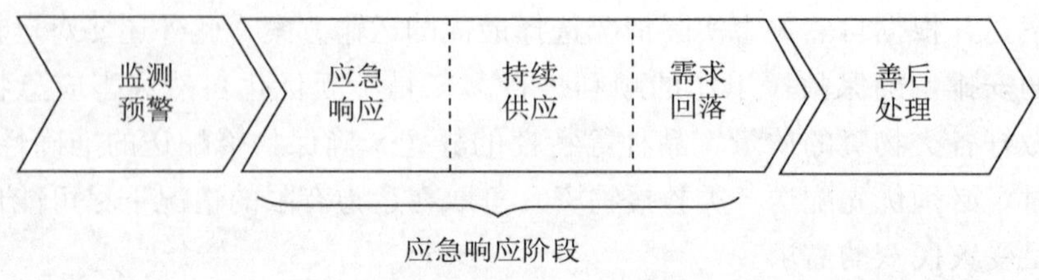

食品应急物流的过程

1. 监测预警

众所周知，食品应急关系到人员的生命安全，而应急食品对应急响应总效果有两方面的影响，一方面是食品应急的时间，对突发事件必须做到应急响应，要求应急食品必须在短时间内运输并配送到需求点；另一方面是应急食品的质量安全，这关系到食用该部分应急食品人员的身体状况，所以需要定期对现有储备的应急食品进行安全性检查。对生产各类应急物流食品的各主要企业进行调查统计，对生产企业的地址、规模、各类应急食品的生产量和供应的最低价格等信息进行录入；另外，还需要对物流运输能力进行了解，包括现有大型物流企业和食品生产企业自身的食品运输能力、运输辐射范围和能够提供的运输价格等信息。在此基础上建立该地区食品应急物流各方面的数据库，完善现有的应急物流监测预警机制，为突发事件的应急响应做准备。

2. 应急响应

突发事件食品应急物流的应急响应阶段根据突发事件发生的特点和对食品的需求供应特点可分为应急响应、持续供应和需求回落三个子阶段。在事件发生的初期，因事件的突发性和灾害对信息传递的干扰性，导致突发事件应急指挥中心不能快速得到事件发生地的相关信息，从而得不到迅速及时的响应，无法掌握事件发生地群众对食品的需求。在应急响应阶段，要求需求点快速提供其需求，而应急中心应保障需求点群众的基本生活食品并迅速送达；在该阶段，因信息传递的困难性和突发事件的特点，主要提供方便食品和即食食品等应急食品。在应急食品时间紧迫性要求下完成首次应急食品的运输后，应对需求点的食品需求进行一次快速地评估，在对上次预测偏差修改的基础上，对下一阶段的食品应急方案做出相应的调整。

在不断完成应急食品的快速供应后，突发事件需求点群众的生存必需食品已经得到满足，而应急总指挥中心对需求点的食品需求有了更为准确和详细的了解，此时食品应急物流应急过程进入食品的持续供应阶段。在此阶段，食品供应中心可根据不同需求点对食品的要求进行按需分配，不断地调整食品的种类和数量；当然，此阶段的应急食品来源除应急指挥中心从各厂家调配的食品外，还有社会各界的食品捐助，该阶段的顺利展开和完成标志着突发事件人员因食品供应不及时导致的生命安全隐患已经消除。食品应急响应的最

后阶段为需求回落阶段，表明此次食品应急响应救援活动已进入尾声，突发事件需求点群众的食品需求和生活所需条件已得到基本满足和妥善解决，应急指挥中心可以适当减少对该需求点应急食品的供应和来源范围，可进一步对人员进行逐步转移或改善除应急食品外的生活条件。

3. 善后处理

食品应急物流善后处理过程的展开标志着此次食品应急运作已经结束，应急指挥中心应对此次食品应急物流的整体应急能力进行全面评价，对参与此次应急的企业单位和人员进行效率评价。当然，食品应急最重要的是此次应急活动的效果评估，评价整个食品应急物流过程运作的时效性，应急活动中还有哪些地方需要进步解决和提高，做好总结并完善相关的应急预案。

以下部分详细介绍河南省的粮食应急物流体系的规划和建设案例。

二、河南省粮食应急物流体系的规划方案

粮食应急物流体系是指针对可能出现的突发公共事件，以粮食应急预案为准备，以保证粮食安全、充足供应为最终目标，以时间效益最大化和灾害损失最小化为操作原则，由信息管理、应急物资、设施设备、组织机构、专业人员、理论技术、政策法规等有关要素相互联系、相互制约而构成的特种物流系统。研究粮食应急物流体系的建设问题，对于提高我国危机管理的水平，增强应对突发公共事件的能力，都具有非常重要的意义。

粮食应急物流系统从属于应急物流系统，它是应急物流系统的一个子系统。这就要求河南省粮食应急物流系统的建设，既要立足于国家物流系统的规划布局，又要立足于粮食应急管理的全程运作，必须处理好粮食应急物流与其他子系统的关系，并做到与常态物流系统的兼容、共享，搞好粮食应急物流系统的体系设计和组织实施。

（一）总体思路

以科学发展观为指导，以粮食应急物流方式变革和粮食应急物流信息网络建设为重点，整合粮食应急物流资源，完善粮食应急物流通道，合理布局粮食应急物流节点，积极引进和采用先进的物流组织、物流管理、物流技术和物流装备，逐步建立起与国内、国际市场对接的社会化、专业化的粮食应急物流系统，保障国家粮食安全。

（二）指导原则

1. 政府引导

创建环境在粮食应急物流节点布局、重大粮食应急物流基础设施建设、大型粮食应急物流企业培育等方面，加强政府宏观调控，正确引导投资取向，防止低水平重复建设，为粮食应急物流快速发展创建良好环境。

2. 统筹规划

分步实施根据河南在全国粮食物流通道中的位置和省内粮食生产流通状况，统筹规划，突出重点，分步推进，首先集中力量，支持交通枢纽地区和基础条件好、发展潜力大的地区优先发展，然后再整体推进。

3. 立足现状

适度超前依托现有粮食应急物流资源，广泛应用现代物流理念和现代物流技术，加快物流设施设备改造提升步伐，转变传统粮食流通方式，推动粮食应急物流的系统化、社会化、集约化和信息化。

（三）发展目标

经过十余年的努力，全省粮食应急物流节点网络、通道网络、信息网络和粮食检验检测系统趋于完善，布局合理、运行高效的粮食应急物流系统基本形成。完成粮食应急物流资源整合，完成粮食储备、运输及相关设施的改造升级，实现粮食应急物流的“四散化”（散装、散卸、散运、散存）和整个流通过程的有效连接，形成高效顺畅的省内和跨省粮食应急物流通道。

（四）网络布局

1. 粮食应急物流通道布局

根据粮食流量、流向情况，依托主要铁路和公路干线，全省规划形成四条省内粮食应急物流通道和四条跨省粮食应急物流通道。省内粮食流通依托省内高速公路、国道、省道及乡村公路构成的公路运输网，运输方式主要是汽车散装运输，主要承担省内粮食主产区到销区和大型粮食加工企业的粮食流通。跨省粮食流通的运输方式以铁路运输为主，南北方向的粮食运输主要通过京广、京九和焦柳等铁路线，东西方向主要通过陇海、宁西、新焦、新荷等铁路线。

省内粮食应急物流通道。一是豫南—郑州物流通道。粮食流出地主要为驻马店、许昌、漯河等市。二是豫北—郑州物流通道。粮食流出地主要为新乡、濮阳、安阳等市。三是豫东—郑州物流通道。粮食流出地主要为开封、商丘、周口等市。四是豫东—豫西物流通道。粮食流出地主要为商丘、周口、开封、新乡等市，流入地为洛阳、平顶山、焦作、三门峡等市。

跨省粮食应急物流通道。一是河南—华南输出通道。省内粮食输出地主要为商丘、周口、开封、驻马店、信阳、南阳等市，省外粮食接收地为广东、福建、广西及湖北、湖南等，品种主要是小麦、稻谷和少量玉米。同时，该区域的信阳、南阳还隶属于长江中下游稻谷流出通道。二是河南—华北输出通道。省内粮食输出地主要为商丘、新乡、开封、安阳、濮阳等市，省外粮食接收地为北京、天津、河北等，品种以小麦为主。三是河南—华东输出通道。省内粮食输出地主要为周口、商丘、开封、濮阳等市，省外粮食接收地为上海、江苏、浙江、山东等，品种主要是小麦、玉米。四是河南—西南输出通道。省内粮食输出地主要为南阳、驻马店、漯河等市，省外粮食接收地为四川、重庆、贵州等，品种主要是小麦、玉米及稻谷。

2. 粮食应急物流节点布局

根据省内和跨省粮食应急物流通道布局，以郑州为中心，以商丘、周口、南阳、驻马店、信阳、开封、新乡、安阳、濮阳等粮食主产市为重点，建设完善若干跨省粮食应急物流节点，改造提升一批省内粮食应急物流节点，形成长途跨省运输以火车散运为主，短途

范围内以汽车散运为主，铁路、公路联运，连接国家粮食物流主通道，覆盖全省、辐射周边、通达全国的粮食应急物流节点网络。

郑州粮食应急物流中心枢纽：郑州是全国重要的交通、通信枢纽，在中原城市群经济隆起带中处于核心地位，发展粮食应急物流具有独特的优势。充分发挥郑州粮食批发市场、郑州商品交易所、中国储备粮河南分公司、河南粮食应急物流批发交易市场、中华粮网的主导作用，推进粮食商流和物流的有机结合，形成全国重要的粮食应急物流信息中心、交易中心、价格中心和调控中心。建设成为带动全省、辐射全国的粮食应急物流中心枢纽。

跨省粮食应急物流节点布局：一是豫北跨省物流节点。豫北粮食产区包括安阳、新乡、濮阳、鹤壁等市，区域内规划建设 3～4 个跨省粮食应急物流节点，衔接黄淮海粮食应急物流通道，服务于京津等粮食主销区。二是豫东跨省物流节点。豫东粮食产区包括商丘、周口、开封等市，为黄淮海优质小麦主产区。区域内规划建设 5～6 个跨省粮食应急物流节点，衔接黄淮海粮食应急物流通道，服务于长三角、东南沿海等粮食主销区。三是豫南跨省物流节点。豫南包括信阳、南阳、驻马店、漯河等市，区域内规划建设 5～6 个跨省粮食应急物流节点，衔接黄淮海粮食应急物流通道，服务于东南沿海粮食主销区及西南、华南等地区。

省内粮食应急物流节点布局：一级物流节点，在省内粮食应急物流通道上，选择有充足粮源和物流需求，粮食中转量达到每年 20 万吨以上，条件较好的中转库、储备库和大型粮食批发市场，进行设施设备改造提升，建设 40～50 个一级物流节点，形成与跨省粮食应急物流节点对接，与省内二级粮食应急物流节点互连的粮食应急物流骨干网络。二级物流节点，鼓励各级小型粮库、农贸市场和粮食加工企业，配备散粮接收发放设备，逐步形成一大批节点，作为省域粮食应急物流网络的基础单位，实现覆盖全省、辐射周边的粮食应急物流服务系统。

三、河南省粮食应急物流体系的配送模式

粮食应急配送是为应对自然灾害或处置突发事件的准备、急救、安置和重建等多个阶段提供粮食物资保障为主要目标，及时将所需粮食物资输送到各受灾点或事发点的特种物流活动。在河南省粮食应急配送流程设计中，时间效率重于经济效益，必须有一整套应急配送机制和应急配送活动的实施，亟待对应急物流结构进行合理化设计，以推动粮食应急配送流程的合理化。

（一）粮食应急物流的配送预案

应急配送活动解决的是救灾物流的“最后一千米”问题，建立完善的配送机制有助于使救助工作在更加有序、更加规范的指导下进行，并提高配送效率。综合考虑受灾地或事发地、受灾强度、物资需求、车辆调度等多因素，有助于帮助政府部门及时做出决策，在灾情发生的第一时间了解灾区情况，完成救灾物资的分拨配送计划及车辆安排。

灾害或事件的发生是突然的，有关部门和救援机构应化被动为主动，事先建立相应

的基本预测模式，在初期信息不完全时估计各灾区对粮食物资的可能需求，作为各救援单位的配送参考，以便于进行有效配送。在自然灾害或突发事件发生时，各区域的受灾程度、伤亡人数及灾区范围大小不同，对粮食物资的需求急迫性也有所不同。在这一阶段，应根据紧急性指标，以尽可能满足最急迫灾区的需要构建相应的粮食应急配送调运模式。

在灾害或事件发生时，没有一个有效的指挥配送系统，则会造成社会任意配送物资到灾区，大量物资供给、配送及发放作业无专人或专业单位进行有组织地调派，以致救援物资供需失衡；同时由于救灾捐赠物资没有专人清理分类，会导致到达灾区的物资良莠不齐，在增加物资运输、发放人员负担的同时，导致较大的资源浪费和较差的救灾效果。因此，需要对各供给点及区域型配送中心进行合理的规划，建立起以实现各供应点以及区域性配送中心之间配送时间的最小化为目标的粮食应急配送指派模式。

对粮食应急物流预案选择工作进行仔细分析，可以将预案选择看作一个决策。决策目标为：选择最适宜的应急方案。影响决策的因素主要有两个：应急物流服务与应急物流成本。其中，应急物流服务体现在及时性、安全性和缺损率三个方面；应急物流成本包括经济成本和社会成本两个方面。

灾害或事件的发生具有不确定性和不可预知性。通常在其产生后，政府在从平时储备或民间紧急调派粮食应急物资时，仍有可能在事件发生初期面临运输车队规模及物资集结数量无法满足整体应急物流所需的现象。因此在规划时若有供需失衡的情形发生，为满足灾区需求的急迫性，应制定相应的供需失衡时的配送准则，区别不同情况制定不同的平衡配送方案。

（二）粮食应急物流的配送模式

制订粮食应急物资配送计划是救助活动的决策环节，主要是在前期对各类粮食物资的需求量、储备量、性质参数以及受灾点或事发点的受灾强度统计分析的基础上，根据各级储备库及车场、火车站、飞机场及受灾点或事发点等各网络节点的布局与交通状况，针对每一受灾区域制订较为详尽的物资配送计划，主要解决“车辆配载，救灾顺序的确定，各类节点和运输路线的选择，救灾物资经济及时地得到配送”等问题，追求的目标是在尽可能短的时间内将救灾物资送到受灾点或事发点。在此基础上，实现“合理地使用资源，追求运输配送的吨千米数最少，运输工具使用数量最少，运输里程最少”的原则。

整个粮食应急配送系统规划的主要方面有：路线，即调出子系统和调入子系统对接线路最短；流量，即单位时间内的粮食量最大；模式，即“一对一”“一对多”“多对一”和“多对多”等。在实践中通常是采用各种定量方法进行规划，如建立多回路运输模型，对“车辆的数量、容积和载重量，车辆及各网络节点处流量相等，每一时刻新增物资数量、原有物资数量与输出物资数量相等”等进行限定，并通过模型求解，最终确定粮食应急物资的配送计划，完成各网络节点的选择和匹配、救灾顺序的确定、货物配载及车辆调度计划的制订与完善、运送路径的选择等工作。

在对灾害或事件发生时的受灾区域受损程度、物资需求和储备水平已有较为具体的了

解之后，就需要规划好粮食应急配送运输路线，确定网络中的主要节点及运行模式，为应急配送决策的制定奠定基础。

按照河南省目前的粮食流通状况，在许多地市设有国家级储备库，市、县级储备库又相邻较近，可以将国家级及省级储备库划分为一类，市、县级储备库划分为一类。当需要动用国家级及省级储备库时，若通过火车或飞机进行运输，则需要解决“从车场调用车辆，到铁路车站和航空机场，然后将货物集运到市、县级储备库”的问题；若通过公路进行运输，则通常认为是整车运输，需要解决的是“从国家级、省级储备库运送到市、县级储备库”的问题；当无须动用国家级或省级储备库时，则通过整车或非整车运输将救灾物资由市、县级储备库配送到各受灾点或事发点，需要解决的是“从车场调用车辆到市、县级储备库再到各受灾点或事发点”的问题。根据以上数据的分析，利用相关的决策系统或模型，制定出在规定时间内使得运输总成本最小的配送方案。

四、河南省粮食应急供应链的响应能力

（一）响应能力的特点和时间

粮食应急供应链是指针对可能出现的自然灾害和突发事件，以粮食应急预案为准备，以粮食物流网络为基础，以保证粮食物资的安全、充足供应为最终目标，以时间效益最大化和灾害损失最小化为操作原则，由应急物资、设施设备、信息管理、组织机构、专业人员、理论技术、政策法规等有关要素相互联系、相互制约而构成的特种供应链。

粮食应急供应链在自然灾害或突发事件处置的准备、急救、安置和重建等多个阶段均发挥着不可替代的作用，河南省需要加大对现有粮食应急供应链要素和资源整合、重组的力度，尽快形成运转高效、畅通的现代粮食应急供应链体系。

粮食应急供应链的响应时间是从应急区域提出粮食物资需求和应急指挥中心接到应急需求订单开始，应急指挥中心根据粮食需求和储运情况，向储备和生产地点的供应商提交订单，直至将粮食应急物资送到应急区域的整个时间间隔。在河南粮食应急供应链中，应急指挥中心是核心节点，对物流、信息流、资金流起着全面调度和协调作用。

可以将粮食应急供应链进一步分解：一是订单处理环节，它把应急区域与应急指挥中心连接起来，订单开始经过各级需求处理部门汇集与传递到储运部门，然后进行分解直至生成粮食物资供应计划；二是采购或供应环节，通过应急物流网络把储运部门与供应商连接起来，同时储运部门通过区域内外合理布局的储备库，形成便于粮食物资运送的存储组合；三是物资配送环节，将储运部门与应急区域连接起来，从储运部门的仓库开始，通过区域内外物流网络的配送直至满足应急区域粮食物资需求的全过程。

（二）响应体系的建立和措施

对于瞬息万变的自然灾害和突发事件而言，粮食应急需求是无法做到精确预测的，因此不能一味地强调优化线性的应急供应链效率。在河南省粮食应急供应链体系建立中，必须增加依靠快速的模式识别和反应速度所实施的具有灵敏性、适应性的物流保障，建立一个以物流网络和信息网络为中心、具有高度适应能力的“感知与反应”型粮食应急供应链

体系。“感知与反应”型粮食应急供应链是为满足自然灾害或突发事件对粮食应急物资储存和供应的需求，应用供应链管理和网络通信等技术，将部分实体应急物资的储备点、应急物资的生产企业和仓库、物流中心与应急指挥机构联为一体，构成具有统一目标、统一流程的物资储备与控制组织，以实现对不同状态、时空的粮食应急物资有效调度和统一管理。这种应急供应链的组织结构主要包括两个方面。

一是保障能力模块，按应急保障能力模块组织而形成应急保障力量，以网络为中心实施保障。通过各个层次的信息系统，将遍布在各个地点的粮食物资和设备资源整合在动态的保障网络中，使物资、救灾、监控、反馈实现一体化。并且，这种供应链是根据特定保障任务形成，并可不断调整，因而具有以往物流或供应链模式无法比拟的稳定性和高度的适应性。由于网络上各个节点的职能和任务是动态变化的，并且各个节点都与其周围的节点构成相对稳定的结构，即使某个节点失效，整个供应链网络照样可以正常运行。

二是信息管理模块，由一个综合部门负责对灾情数据、事件形势的采集、预测以及整个应急物流网络的协调、监控、引导和对外联络，进一步强化了应急物资与救灾信息的紧密结合，提倡更广泛地利用社会力量，充分调动可以使用的资源。较多地采取直接供货商和承包商保障等方式，实现“无缝隙”保障，其储运地点和终端对终端传送线路将不再为某一个特定的目标服务，而是利用整个粮食体系实现对需求的适时满足。所有实体既可以是需求者，也可以是保障者，相互之间能够实现较高水平的信息集成和共享。

应急物流基础设施是促进河南省粮食应急快速反应体系建设的重要支撑，需要政府部门的大力引导，逐步完善应急物流保障预案，促使社会各方面资源形成合力。从供应链的结构来看，实施供应链管理需要确定一个或几个居于主导地位的核心企业。在核心企业形成的基础上，与各方建立战略合作伙伴关系，即契约网络。粮食供应链契约网络是由多个具有不同核心能力且在业务活动上能够实现互补的成员单位为实现共同的粮食应急保障目标，通过大量的双边规则形成的间续式合约网络，有利于提高成员之间的诚信度并逐步形成利益分享的机制，提高合作效率和反应速度，减少运行成本，更好地满足对粮食物资的应急需求。

第三节　煤矿水灾应急物流系统分析与评价①

煤矿开采带来丰富的煤资源，但煤矿属于高风险行业，在全世界范围内经常有严重的煤矿事故的发生。煤矿因为其特殊的作业条件和环境，发生伤亡事故的概率高于其他工业部门，煤矿的安全管理工作艰巨而复杂。煤矿的突发事故包括瓦斯煤尘事故、水灾事故、火灾事故等。下面以煤矿水灾事故为例来分析和评价煤矿应急物流系统。

---

① 王金凤，李朝辉，冯立杰．基于可拓理论的煤矿水灾应急物流系统可靠性研究［J］．矿山安全与环保，2011（6）：85-88.

煤矿水灾是由于排水设备故障、停电、山洪泄入、揭露富水层等而导致煤矿被水淹没、巷道塌方、矿工被困井下的事故，是影响煤矿安全生产的主要灾害之一。我国煤田水文地质条件极其复杂，煤矿突发性水灾事故时有发生，不仅威胁矿井工作人员的生命安全，而且造成巨大的经济损失和严重的社会影响。因此，如何快速救援及如何在救援过程中把损失降到最低，已经成为众多国内外专家学者研究的热点。鉴于煤矿水灾救治的特殊性，在国内外既有研究的基础上构建了煤矿水灾应急物流系统可靠性评价指标体系，并运用可拓综合评价法，结合案例对煤矿水灾应急物流系统可靠性进行了综合评价。

一、煤矿水灾应急物流系统可靠性评价指标体系分析

1. 煤矿水灾应急物流系统模型

面向煤矿水灾救治的应急物流系统的一切物流活动主要是围绕矿井排水和打通救援通道而展开的。利用系统化思维，构建了煤矿水灾应急物流系统模型。该煤矿水灾应急物流系统的输入部分包括排水所需的设备、人力、物力、资金、煤矿水灾救治技术和信息；转换部分包括排水设施设备的物流运输、装卸、搬运和组装、运行，以及必要的组织、管理与协调；输出部分包括水从受灾矿井中排出、抢险救人、把损失和破坏降到最低以及保护环境。煤矿水灾应急救援所处的环境主要是矿井条件和社会环境，社会环境包括社会舆论、政府行政干预以及国家政策法规等若干方面。

2. 煤矿水灾应急物流系统可靠性评价指标体系

根据煤矿水灾应急物流系统模型，对煤矿水灾应急物流系统进行可靠性分析，就必须要考虑整个系统的输入、转换、输出以及所处的环境。基于系统工程思想，根据我国煤矿水灾应急物流系统结构的特性，综合分析煤矿现有的应急救援体系，结合相关的理论、法规和标准等，将煤矿水灾应急物流系统进行系统分解，同时结合实际救援活动中存在的组织、管理、决策、人员素质、救援技术、地质环境等影响因素，将煤矿水灾应急物流系统分为组织协调系统、信息处理系统、物资供应系统、排水工程系统四项指标，并将此四项指标进一步分解，建立了煤矿水灾应急救援系统可靠性评价指标体系，如表 7－2 所示。

表 7－2　　煤矿水灾应急物流系统可靠性评价指标体系

总目标	一级指标	二级指标（因素）
煤矿水灾应急物流系统可靠性	排水工程系统	设备安装调试的时间
		设备安装调试的准确程度
		动力供应的持续性
		设备操作工人的熟练程度
	信息处理系统	信息数据的处理与分析能力
		水文地质资料的完善程度
		煤矿水灾监测预警及时性

续 表

总目标	一级指标	二级指标（因素）
煤矿水灾应急物流系统可靠性	物资供应系统	救灾物资供应的准确性
		应急物资的维护与管理能力
		救灾物资供应的及时性
		救灾物资种类满足实时需求的灵活度
	组织协调系统	应急预案机制建立能力
		人、财、物的协调控制能力
		突发事件快速响应能力
		救援手段及技术的先进水平

二、煤矿水灾应急物流系统可靠性评价模型

可拓理论是用形式化的工具，从定性和定量两个角度去研究解决矛盾问题的一门新兴学科。其基本思想是：根据日常管理中积累的数据和资料，把待评价对象的优劣程度划分为若干个等级，由专家意见或数据库给出各等级的数据范围，再将待评价对象的指标代入各等级的集合中进行多指标评价，评价结果按其与各等级集合的综合关联度大小进行综合比较，综合关联度越大，就说明该评价对象与该等级集合的符合程度越佳。运用可拓理论建立煤矿水灾应急物流系统可靠性评价模型，其一般步骤如下。

（一）经典域、节域和待评价物元的确定

“物元模型”是以事物、特征及事物关于该特征量值三者所组成的三元组，能够将定性指标定量化，非常直观地反映出综合评价质和量的内容与关系。设煤矿水灾应急物流系统可靠性评价指标为 N，其有 n 个特征，即：C_1，C_2，…，C_n，对应的特征量值分别为 V_1，V_2，…，V_n，以这部分指标为基础，则煤矿水灾应急物流系统可靠性综合评价的 n 维物元矩阵可表示为：

$$\boldsymbol{R}=(N, C, V)=\begin{bmatrix} N, & C_1, & V_1 \\ & C_2, & V_2 \\ & \cdots & \cdots \\ & C_n, & V_n \end{bmatrix} \tag{7-1}$$

由专家意见或根据聚类统计分析，将面向煤矿水灾救治的应急物流系统的可靠性定量地分为 j 个标准等级或模式，并描述为以下的定性和定量综合评价物元模型，即“经典域”：

$$\boldsymbol{R}_j=(N_j,\ C,\ V_j)=\begin{bmatrix} N_j, & C_1, & V_1 \\ & C_2, & V_2 \\ & \cdots & \cdots \\ & C_n, & V_n \end{bmatrix}=\begin{bmatrix} N_j, & C_1, & (a_{j1},\ b_{j1}) \\ & C_2, & (a_{j2},\ b_{j2}) \\ & \cdots & \cdots \\ & C_n, & (a_{jn},\ b_{jn}) \end{bmatrix} \tag{7-2}$$

式中，N_j（$j=1, 2, 3, \cdots, n$）表示 C_j 的第 j 个可靠等级；V_{ji} 为 N_j 关于特征的量值范围，即各等级关于对应特征 C_i 的经典域（a_{ji}，b_{ji}）。

系统可靠性评价指标的允许取值范围形成物元模型的“节域”，即：

$$\boldsymbol{R}_i=(N_P,\ C,\ V_1)=\begin{bmatrix} N_P, & C_1, & V_{P1} \\ & C_2, & V_{P2} \\ & \cdots & \cdots \\ & C_n, & V_{Pn} \end{bmatrix}=\begin{bmatrix} N_P, & C_1, & (a_{P1},\ b_{P1}) \\ & C_2, & (a_{P2},\ b_{P2}) \\ & \cdots & \cdots \\ & C_n, & (a_{Pn},\ b_{Pn}) \end{bmatrix} \tag{7-3}$$

式中，N_P 为煤矿水灾应急物流系统可靠性的全体等级；C_i 为 N_P 的特征参数；V_{Pi}（$i=1, 2, \cdots, n$）为 N_P 关于特征 C_i 的量值范围，即节域（a_{pi}，b_{Pi}）。

对待评煤矿水灾应急物流系统，把所检测得到的数据或分析结果用以下的物元模型表示：

$$\boldsymbol{R}_0=(P_0,\ C,\ V)=\begin{bmatrix} P_0, & C_1, & v_1 \\ & C_2, & v_2 \\ & \cdots & \cdots \\ & C_n, & v_n \end{bmatrix} \tag{7-4}$$

式中，P_0 为待评价的煤矿水灾应急物流系统可靠性等级水平；C_i 为 P_0 的特征参数；v_i（$i=1, 2, \cdots, n$）为特征参数 C_i 的具体取值，即该划分单元的实测分析数据。

（二）煤矿水灾应急物流系统可靠性的关联度

在建立了面向煤矿水灾救治的应急物流系统的可靠性评价物元模型后，需对待评系统可靠性的优劣和可靠性等级进行综合评价。为此，需计算可拓待评物元模型与物元模型的经典域的“接近度”。在实际运算中，“接近度”需根据指标的特点选择不同的计算方法，在此采用可拓理论中的初等关联函数方法。

可拓学中的关联函数表示物元的量值取值为实轴上一点时，其符合要求的范围程度。若有界区间 $V_{0j}=[a_{0j},\ b_{0j}]$ 的模定义为 $|V_{0j}|=|b_{0j}-a_{0j}|$，则某一点 v_i 到各经典域区间 $V_{0j}=|a_{0j},b_{0j}|$ 的距离：

$$\rho(v_i,V_{0ji})=\left|v_i-\frac{a_{oj}+b_{0j}}{2}\right|-\frac{b_{0j}-a_{0j}}{2} \tag{7-5}$$

某一点 v_i 到节域区间 $V_{Pi}=[a_{Pi},b_{Pi}]$ 的距离：

$$\rho(v_i,V_{Pji})=\left|v_i-\frac{a_{Pj}+b_{Pj}}{2}\right|-\frac{b_{Pj}-a_{Pj}}{2} \tag{7-6}$$

其关联函数：

$$K_j(v_i)=\begin{cases}\dfrac{-\rho(v_i,V_{0ji})}{|V_{0ji}|},v_i\in V_{0ji}\\ \dfrac{\rho(v_i,V_{0ji})}{\rho(v_i,V_{Pji})-\rho(v_i,V_{0ji})}\end{cases}\tag{7-7}$$

则待评物元 R_0 关于煤矿水灾应急物流系统可靠性评价等级 N_j 的综合关联度为：

$$K_j(P_0)=\sum_{i=1}^{n}w_ik_j(v_i)\tag{7-8}$$

式中，$W_i(i=1,2,\cdots,n)$ 为多指标特征参数的权系数；K_j（v_i）则表示待评物元 R_0 关于特征参数的具体值 v_i 属于煤矿水灾应急物流系统可靠性等级 N_j 的程度。

（三）综合评价

将实测获得的煤矿水灾应急物流系统可靠性的数据分别代入式（7－2）～式（7－8）中，计算出对应的经典域、节域、关联度 K_j（v_i），然后运用层次分析法通过计算得出待评物元的权系数 W_i，再由式（7－8）计算出待评物元 R_0 关于煤矿水灾应急物流系统可靠性评价等级 N_j 的综合关联度，若：

$$K_j=\max K_j(P_0)>0(j=1,2,\cdots,m)\tag{7-9}$$

则评定待评物元的煤矿水灾应急物流系统可靠性属于第 j 个等级。

三、实证分析

根据所建立的煤矿水灾应急物流系统可靠性评价指标体系，通过收集煤矿领域专家意见及其他相关的资料，将该应急物流系统的可靠性分为 5 个等级，如表 7－3 所示。应用德尔菲法得到的该煤矿水灾应急物流系统可靠性评价指标的分值见表 7－3，其值为 10 位专家打分的平均值。

表 7－3　　煤矿水灾应急物流系统可靠性等级划分

D_1	D_2	D_3	D_4	D_5
系统非常可靠	系统比较可靠	系统可靠程度较差	系统一般可靠	系统非常不可靠

表 7－4　　某煤矿水灾应急物流系统可靠性评价指标因素及其分值

一级指标因素	二级指标因素		
	因素	得分	分值
排水工程系统 C_1	设备安装调试的时间 C_{11}	23.1	30
	设备安装调试的准确程度 C_{12}	19	25
	动力供应的持续性 C_{13}	18	25
	设备操作工人的熟练程度 C_{14}	15.1	20

续　表

一级指标因素	二级指标因素		
	因素	得分	分值
信息处理系统 C_2	信息数据的处理与分析能力 C_{21}	29.3	40
	水文地质资料的完善程度 C_{22}	33.9	40
	煤矿水灾监测预警及时性 C_{23}	14.3	20
物资供应系统 C_3	救灾物资供应的准确性 C_{31}	25.1	30
	应急物资的维护与管理能力 C_{32}	23.6	30
	救灾物资供应的及时性 C_{33}	23.9	30
	救灾物资种类满足实时需求的灵活度 C_{34}	7.5	10
组织协调系统 C_4	应急预案机制建立能力 C_{41}	20.7	25
	人财物的协调控制能力 C_{42}	16.1	25
	突发事件快速响应能力 C_{43}	19.4	25
	救援手段及技术的先进水平 C_{44}	21.1	25

以煤矿水灾应急物流系统的排水工程系统为评价对象 R_1，将设备安装调试的时间等四项二级指标因素 C_{1i} 作为其评价指标。根据式（7－1）～式（7－3），可得 R_1 的经典域物元、节域物元和待评物元如下。

$$\boldsymbol{R}_1=\begin{bmatrix} & D_1 & D_2 & D_3 & D_4 & D_5 \\ C_{11} & (24,30) & (18,24) & (12,18) & (6,12) & (0,6) \\ C_{22} & (20,25) & (15,20) & (10,15) & (5,10) & (0,5) \\ C_{33} & (20,25) & (15,20) & (10,15) & (5,10) & (0,5) \\ C_{44} & (16,20) & (12,16) & (8,12) & (4,8) & (0,4) \end{bmatrix}$$

$$\boldsymbol{R}_{1P}=\begin{bmatrix} P_1 & C_{11} & (0,40) \\ & C_{12} & (0,20) \\ & C_{13} & (0,20) \\ & C_{14} & (0,20) \end{bmatrix}$$

$$\boldsymbol{R}_1=\begin{bmatrix} P_1 & C_{11} & 23.1 \\ & C_{12} & 19 \\ & C_{13} & 18 \\ & C_{14} & 15.1 \end{bmatrix}$$

利用层次分析法计算可确定 4 项指标的权重：$a_1=[0.4, 0.2, 0.2, 0.2]$，然后根据式（7－4）～式（7－6），可得 R_1 关于各等级的关联度矩阵 $\boldsymbol{K}_1$ 和综合关联度 K_{1P}：

$$K_1=\begin{bmatrix}-0.1250 & 0.1667 & -0.4167 & -0.6111 & -0.7083\\ -0.1429 & 0.2000 & -0.4000 & -0.6000 & -0.7000\\ -0.2222 & 0.4000 & -0.3000 & -0.5333 & -0.6500\\ -0.1667 & 0.2500 & -0.3750 & -0.5833 & -0.6875\end{bmatrix}$$

$$K_{1P}=a_1K_1=[-0.1564 \quad 0.2367 \quad -0.3817 \quad -0.5878 \quad -0.6908]$$

同理，根据公式可得 K_{2P}、K_{3P}、K_{4P}。

$$K_P=\begin{bmatrix}K_{1P}\\ K_{2P}\\ K_{3P}\\ K_{4P}\end{bmatrix}=\begin{bmatrix}-0.1564 & 0.2367 & -0.3817 & -0.5878 & -0.6908\\ -0.3446 & -0.2713 & 0.2500 & -0.4375 & -0.5500\\ -0.3265 & 0.6921 & -0.3367 & -0.5025 & -0.6020\\ -0.3335 & -0.4144 & 0.2548 & -0.4325 & -0.5556\end{bmatrix}$$

经过分析统计国内外应急救援活动的成功案例，参照煤矿专家意见确定四项一级指标的重要程度，利用层次分析法计算得到其权重为 $a=[0.4763，0.1396，0.2330，0.1601]$，则有：$K=aK_P=[-0.2507，0.1677，-0.1811，-0.5221，-0.6288]$。最后可由式（7-7）、式（7-8）得出：$D_2$，即该煤矿面向水灾应急物流系统的可靠性等级为“良好”，处于比较可靠的程度。为了进一步提高该煤矿水灾应急物流系统的可靠性，需对各子系统分别进行详细的分析研究和改进，以进一步提高系统的可靠程度，更好地应对煤矿水灾。

案例总结：本案例以煤矿水灾事故为例来分析煤矿应急物流系统，应用可拓理论综合评价法对煤矿水灾应急物流系统的可靠性进行评价，建立了物元可拓评价模型，较完整地反映了煤矿水灾应急物流系统可靠性的综合状况，可为我国煤矿水灾救治工作的进一步科学化、现代化、信息化提供科学依据。

参考文献

[1] 欧忠文，王会云，姜大立，等．应急物流［J］．重庆大学学报，2004，27（3）：164-166.

[2] 张俭．国外应急物流管理掠影［J］．中国物流与采购，2008（1）37-40.

[3] 宋则，孙开钊．中国应急物流政策研究［J］．中国应急管理，2009（11）.

[4] 高建国，贾燕，李保俊，等．国家救灾物资储备体系的历史和现状［J］．国际地震动态，2005，316（4）：5-12.

[5] 高建国．中央级救灾物资储备仓库在地震紧急救援中的作用［J］．国际地震动态，2004（8）：22-28.

[6] 朱力．突发事件的概念、要素与类型［J］．社会学研究，2007（11）：81-88.

[7] 李创．国内外应急物流研究综述［J］．华东经济管理，2013，27（6）：160-165.

[8] 董银红．突发事件下应急物流资源布局问题研究［M］．北京：知识产权出版社，2013.

[9] 王宗喜．论应急物流的地位和作用［J］．物流技术与应用，2008（7）：104-106.

[10] 谢如鹤，邱祝强．论应急物流体系的构建及其运作管理［J］．物流技术，2005（10）：78-80.

[11] 谢明，邹敏．应急物流系统构建的措施与策略［J］．湖南交通科技，2009，35（1）：160-163.

[12] 钟利军．应急物流系统绩效评价［J］．物流工程与管理，2009，31（3）：68-69.

[13] 王旭坪，傅克俊，胡祥培．应急物流系统及其快速反应机制研究［J］．中国软科学，2005（6）：127-131.

[14] 王敏晰．基于供应链思想的应急物流体系的构建及管理［J］．铁道运输与经济，2009，31（12）：61-65.

[15] 朱丹．供应链应急物流系统构建研究［J］．北京交通大学学报，2013，10（2）：59-64.

[16] 靖鲲鹏，袁晓阳．基于ANP的救灾物流系统能力评价及算例［J］．物流工程与管理，2013，35（12）：115-118.

[17] 陈达强．基于应急系统特性分析的应急物资分配优化决策模型研究［D］．杭州：浙江大学，2011.

[18] 耿鹏．突发事件下的应急物流系统［J］．辽宁行政学院学报，2008，10（7）：73-79.

[19] 孟参，王长琼．应急物流系统运作流程分析及其管理［J］．物流技术，2006（9）：15－18.

[20] 林生．国内外应急物流系统的比较及启示［J］．重庆科技学院学报，2010（20）：73－75.

[21] 何明珂．物流系统论［M］．北京：中国审计出版社，2001.

[22] 左小德．应急物流管理［M］．广州：暨南大学出版社，2011.

[23] 中国物流采购联合会．中国应急物流发展报告［M］．北京：金盾出版社，2013.

[24] 邱爱华．扫描法和遗传算法在物流配送车辆优化调度中的应用研究［D］．北京：北京交通大学，2008

[25] 高慧．应急物资车辆调度模型研究［D］．长沙：长沙理工大学，2008.

[26] 朱建荣．基于蚁群算法的物流配送车辆优化调度研究［D］．长沙：长沙理工大学，2006.

[27] 李静，钟典钦．基于CW节约算法的ERP系统改进研究［J］．计算机工程与设计，2007，28（21）：5214－5217.

[28] 送伟刚，张宏霞，佟玲．有时间窗约束非满载车辆调度问题的节约算法［J］．东北大学学报：自然科学版，2006，27（1）：65－68.

[29] 张裕华，潘郁．基于蚁群算法的应急物流配送车辆调度研究［J］．物流科技，2009（5）：47－50.

[30] 王海军，杨丽娟，万钰然．模拟退火算法在应急物流车辆调度中的应用［J］．物流工程与管理，2009，31（6）：8－10.

[31] 钱佳．应急物资特性及其库存管理研究［J］．物流科技，2009（7）：15－18.

[32] 胡华磊．大型活动突发事件公交应急调度的研究［D］．北京：北京交通大学，2008.

[33] 缪成，许维胜，吴启迪．大规模应急救援物资运输模型的构建与求解［J］．系统工程，2006，24（11）：6－12.

[34] 刘春林，何建敏，施建军．一类应急物资调度的优化模型研究［J］．中国管理科学，2001，9（3）：29－35.

[35] 陈明华，李迎秋，罗耀琪．应急物流车辆调配问题的研究［J］．计算机工程与应用，2009，45（24）：194－245.

[36] 杨继君．面向非常规突发事件的应急资源博弈调度模型与优化策略研究［D］．上海：同济大学，2009.

[37] 唐伟勤．大规模突发事件应急物资调度基本模型研究［D］．武汉：华中科技大学，2009.

[38] 陈达强．基于应急系统特性分析的应急物资分配优化决策模型研究［D］．浙江大学，2010.

[39] 杨继君，吴启迪，程艳．面向非常规突发事件的应急资源合作博弈调度［J］．系统工程，2008，26（9）：21-25.

[40] 池宏，计雷，湛爱群．由突发事件引发的动态博弈网络技术的探讨［J］．项目管理技术，2003（1）：11-13.

[41] 马清艳．基于物联网技术的电力应急物流信息系统设计与实现［J］．物流技术（装备版），2014（1）：105-107.

[42] 邓琪．从汶川地震看应急物流体系建设［J］．特区经济，2008（12）：299-300.

[43] 刘志华．区域性应急物流中的信息系统建设研究［J］．科技广场，2008（9）：33-34.

[44] 张臻．基于电子商务的应急物流物资采购方案研究［J］．物流科技，2009，32（6）：137-140.

[45] 袁渊，杨西龙．应急物流指挥信息系统的构建［J］．物流技术，2009，28（6）：128-131.

[46] 夏晶，谢立阳．基于数据挖掘的应急物流信息系统的设计［J］．湖北工业大学学报，2014，29（3）：17-19.

[47] 王志科，吕庆华．我国应急物流研究综述［J］．物流科技，2009，32（6）：6-10.

[48] 商丽媛，谭清美．基于网格的应急物流信息网络平台研究［J］．情报杂志，2012，32（10）：175-178.

[49] 葛娜娜，夏文汇．灾害性突发事件应急物流与物流业发展良性互动研究［J］．物流技术，2010，29（1）：14-16.

[50] 张锦．汶川地震中应急物流组织分析与思考［C］．成都：应急物流高峰论坛，2008：24-32.

[51] 韩松，谢慧．应急物流理论与实务［M］．北京：化学工业出版社，2010.

[52] 左小德．应急物流管理［M］．广州：暨南大学出版社，2011.

[53] 日本应急管理信息系统的建设模式．人民邮电报，2008-06-05.

[54] 王金凤，李朝辉，冯立杰．基于可拓理论的煤矿水灾应急物流系统可靠性研究［J］．矿山安全与环保，2011（6）：85-88.

[55] 康楠．基于快速响应机制的应急物流选址问题研究［D］．北京：北京交通大学，2012.

[56] 王继强．集合覆盖问题的模型与算法［J］．计算机工程与应用，2013，49（17）：15-17.

[57] 孙玉芳，王守强．应急物流中心选址问题算法研究［J］．新型工业化，2014，4（6）：37-42.

[58] 蒋慧．应急物流配送中心选址研究［D］．成都：西华大学，2010.

[59] 曾敏刚，余高辉．基于改进模拟植物生长算法的应急物流中心选址研究［J］．软科学，2011，25（10）：41-45.

[60] 王学栋，张玉平．自然灾害与政府应急管理：国外的经验及其借鉴［J］．科技管理研究，2005，25（11）：149-151.

[61] 李靖．自然灾害应急物流问题及对策研究［J］．物流工程与管理，2012（12）：78-82.

[62] 葛春景，王霞，关贤军．重大突发事件应急设施多重覆盖选址模型及算法[J]．运筹与管理，2011，20（5）：50-56.

[63] 尹峰，于永达．重大突发事件应急设施多级覆盖选址模型［J］．科学技术与工程，2014，14（22）：302-304.

[64] 张玲，黄钧，朱建明．应对大规模突发事件的资源布局模型与算法［J］．系统工程，2008，26（9）：26-31.

[65] 王秋菊．中国自然灾害应急物流体系的构建［J］．黑龙江水利科技，2011（2）：168-169.

[66] 傅志妍，陈坚．灾害应急物资需求预测模型研究［J］．物流科技，2009，32（10）：11-13.

[67] 王松磊．“4·14”玉树地震应急救援的启示［J］．西藏发展论坛，2010（4）：47-49.

[68] 李丽丽．基于灰色建模技术的大规模地震应急救援物资需求预测研究［D］．重庆：重庆工商大学，2013.

[69] 曲春梅，战吉成．AHP法在物流中心选址中的应用研究［J］．山东交通科技，2006（3）：42-45.

[70] 商丽媛，谭清美．不确定应急物流中心选址模型及算法研究［J］．计算机应用研究，2013，30（12）：3603-3604.

[71] 陈志宗．城市防灾减灾设施选址模型与战略决策方法研究［D］．上海：同济大学，2006.

[72] 方磊．城市应急系统选址的模型与算法研究［D］．南京：东南大学，2003.

[73] 刘棹，吴忠良．地震和地震海啸中报道死亡人数随时间变化的一个简单模型[J]．中国地震，2006（4）：72-75.

[74] 郭金芬，周刚．大型地震应急物资需求预测方法研究［J］．价值工程，2011（22）：27-28.

[75] 王正新，党耀国，沈春光．灰色 Verhulst 模型的灰导数改进研究［J］．统计与信息论坛，2010，25（6）：19-22.

[76] 郭子雪，齐美然．带有模糊参数的应急物资筹集问题决策模型［J］．计算机工程与应用，2011，47（23）：217-219.

[77] 景良竹，吴穷．单个应急服务设施点选址模型分析［J］．甘肃科学学报，2011，23（1）：149-151.

[78] 聂彤彤．非常规突发事件下应急物流中心建设研究［J］．科技管理研究，2011

(14)：46-50.

[79] 张文松. 关于物流中心规划的几点建议 [J]. 技术经济与管理研究，2002 (4)：98-99.

[80] 李创. 国内外应急物流研究综述 [J]. 华东经济管理，2013，27 (6)：160-164.

[81] 梁永朵，王艳，王祖超，等. 国外自然灾害应急管理体系对我国应急管理工作的启示 [J]. 防灾科技学院学报，2009，11 (3)：130-132.

[82] 齐美然，郭子雪，栾富凯，等. 含模糊参数的应急物资筹集决策成本最小化模型 [J]. 河北大学学报：自然科学版，2012，32 (2)：124-128.

[83] 张学成，何去非. 基于AHP-GP的物流中心选址方法 [J]. 重庆工学院学报：自然科学版，2007，21 (9)：111-113.

[84] 钱佳. 不确定环境下模糊应急物资库存模型 [J]. 上海海事大学学报，2013，31 (1)：33-38.

[85] 王晓，庄亚明. 基于案例推理的非常规突发事件资源需求预测 [J]. 华东经济管理，2011，25 (1)：115-117.

[86] 李敬宇. 重大灾害事件应急物资采购供应商选择评价研究 [D]. 成都：西南石油大学，2012.

[87] 欧忠文，李科，姜玉宏，等. 应急物流保障机制研究 [J]. 物流技术，2005 (9)：13-15.

[88] 丁斌，王鹏. 基于聚类分析的应急物资储备分类方法研究 [J]. 北京理工大学学报，2010，12 (4)：10-13.

[89] 张晓磊，杨西龙，展丽潇. 基于模糊相似推理的应急物资需求预测模型研究[J]. 物流技术，2012，31 (5)：229-231.

[90] 田军，张海青，汪应洛. 基于能力期权契约的双源应急物资采购模型 [J]. 系统工程理论与实践，2013，33 (9)：2212-2219.

[91] 彭岷. 基于系统动力学的应急物资补货决策模型研究 [D]. 成都：电子科技大学，2012.

[92] 赵晓彬. 物流中心系统规划方法与实例分析研究 [D]. 北京：北京交通大学，2007.

[93] 刘蓉，杨晓明，李博文. 基于阈值的区域应急物流中心选址方式研究 [J]. 物流技术，2009，28 (11)：90-91.

[94] 骆达荣. 基于灾度相对分类的应急物流中心选址 [J]. 技术经济与管理研究，2013 (7)：105-109.

[95] 吴竞鸿. 基于灾害中后期的应急物流中心选址问题研究 [J]. 新余学院学报，2014，19 (4)：47-50.

[96] 胡婷婷，万沛. 基于重心法的应急物流中心选址初探 [J]. 企业技术开发，

2012，31（4）：176－177.

[97] 王继强．集合覆盖问题的模型与算法［J］．计算机工程与应用，2013，49（17）：15－17.

[98] 谢如鹤，宗岩．论我国应急物流体系的建立［J］．广州大学学报，2005，4（11）：56－58.

[99] 程琦．论自然灾害应急物流管理体系的构建［D］．武汉：武汉理工大学，2010.

[100] 宋丹，高峰．美国自然灾害应急管理情报服务案例分析及其启示［J］．图书情报工作，2012，56（20）：79－84.

[101] 杨晓丽．美国自然灾害应急管理中的信息传播研究［D］．武汉：华中师范大学，2009.

[102] 邓砚，苏桂武，聂高众．中国地震应急地区系数的初步研究［J］．灾害学，2008.

[103] 郭晓光．面向自然灾害的应急物流网络规划与运作研究［D］．北京：北京交通大学，2013.

[104] 李华，李金华．模糊综合评判在区域物流中心规划中的应用［J］．统计与决策，2005（2）：105－107.

[105] 刘靓，黄立葵，刘代全．企业物流中心规划方法研究［J］．物流技术，2007，26（5）：98－101.

[106] 刘志华．浅析应急物资采购策略［J］．商场现代化，2010（7）：40－41.

[107] 申瑞瑞，融燕．日本自然灾害应急机制对我国政府的启示［J］．北京电子科技学院学报，2011，19（3）：55－61.

[108] 赵汝雄．提高应急物流中心自动化立体仓库系统可靠度研究［J］．中国物流与采购，2013（12）：70－71.

[109] 秦军昌，王刊良．一个跨期应急物资库存模型及其解析仿真求解算法［J］．运筹与管理，2008（8）：45－50.

[110] 孟参．基于模糊评判及灰色神经网络的应急物资库存管理研究［D］．武汉：武汉理工大学，2007.

[111] 刘晓岚．南通建设应急物流中心的思考［J］．物流管理，2011（6）：68－69.

[112] 丁雪枫，尤建新，王洪丰．突发事件应急设施选址问题的模型及优化算法［J］．同济大学学报：自然科学版，2012，40（9）：1428－1433.

[113] 汪定伟，张国祥．突发性灾害救援中心选址优化的模型与算法［J］．重庆大学学报，2005，26（10）：953－956.

[114] 孙刚，刘晶晶，谢霄峰，等．玉树地震基层应急响应综述［J］．防灾科技学院学报，2014，16（1）：57－61.

[115] 张杨．完善我国应急物资管理的若干问题探讨［J］．物流工程与管理，2011

(1)：78-79.

[116] 王晓燕，范少言．我国自然灾害应急物流对策研究［J］．中国物流与采购，2011（2）：72-73.

[117] 张姣芳，陈晓和．我国军民融合应急物流体系建设研究［J］．现代物流，2011（5）：43-47.

[118] 黎宇彬．物流设施选址系统的设计和实现［D］．北京：北京交通大学，2007.

[119] 刘淑红．物流中心功能区布局方法研究［D］．长春：吉林大学，2006.

[120] 尹军琪．物流中心规划与实施过程中的关键问题［J］．物流技术，2009，10（31）：76-78.

[121] 张铠．物流中心选址问题研究［D］．天津：天津财经大学，2006.

[122] 白雪锋．现代物流中心平面布置研究［D］．西安：长安大学，2013.

[123] 张志鹏，曾佑校，陈博．应急物流系列讲座之八应急物流法规建设［J］．物流技术与应用，2009（2）：106-108.

[124] 谢如鹤，黄向荣，邹毅峰．大型突发事件食品物流应急机制［M］．北京：社会科学文献出版社，2013.

[125] 何建敏，刘春林，曹杰，等．应急管理与应急系统［M］．北京：科学出版社，2005.

[126] 左小德．应急仓库建设与物流困境案例［M］．广州：暨南大学出版社，2012.

[127] 韩松，谢慧．应急物流理论与实务［M］．北京：化学工业出版社，2010.

[128] 中华人民共和国民政部．救灾物资储备库建设标准，2009.

[129] 中华人民共和国国务院新闻办公室．中国的减灾行动，2009.

[130] 王金凤，李朝辉，冯立杰．基于可拓理论的煤矿水灾应急物流系统可靠性研究[J]．矿山安全与环保，2011.

[131] KOV CS G，SPANS KM. Humanitarian logistics in disaster relief operations [J]. International Journal of Physical Distribution&Logistics Management，2007，37（2）：99-114.

[132] ALTAY N，GREEN III WG. OR/MS research in disaster operations management [J]. European Journal of Operational Research，2006，175（1）：475-493.

附 录

附录一 中华人民共和国突发事件应对法

（2007年8月30日第十届全国人民代表大会常务委员会第二十九次会议通过）

目 录

第一章 总 则

第一条 为了预防和减少突发事件的发生，控制、减轻和消除突发事件引起的严重社会危害，规范突发事件应对活动，保护人民生命财产安全，维护国家安全、公共安全、环境安全和社会秩序，制定本法。

第二条 突发事件的预防与应急准备、监测与预警、应急处置与救援、事后恢复与重建等应对活动，适用本法。

第三条 本法所称突发事件，是指突然发生，造成或者可能造成严重社会危害，需要采取应急处置措施予以应对的自然灾害、事故灾难、公共卫生事件和社会安全事件。

按照社会危害程度、影响范围等因素，自然灾害、事故灾难、公共卫生事件分为特别重大、重大、较大和一般四级。法律、行政法规或者国务院另有规定的，从其规定。

突发事件的分级标准由国务院或者国务院确定的部门制定。

第四条 国家建立统一领导、综合协调、分类管理、分级负责、属地管理为主的应急管理体制。

第五条 突发事件应对工作实行预防为主、预防与应急相结合的原则。国家建立重大突发事件风险评估体系，对可能发生的突发事件进行综合性评估，减少重大突发事件的发

生，最大限度地减轻重大突发事件的影响。

第六条 国家建立有效的社会动员机制，增强全民的公共安全和防范风险的意识，提高全社会的避险救助能力。

第七条 县级人民政府对本行政区域内突发事件的应对工作负责；涉及两个以上行政区域的，由有关行政区域共同的上一级人民政府负责，或者由各有关行政区域的上一级人民政府共同负责。

突发事件发生后，发生地县级人民政府应当立即采取措施控制事态发展，组织开展应急救援和处置工作，并立即向上一级人民政府报告，必要时可以越级上报。

突发事件发生地县级人民政府不能消除或者不能有效控制突发事件引起的严重社会危害的，应当及时向上级人民政府报告。上级人民政府应当及时采取措施，统一领导应急处置工作。

法律、行政法规规定由国务院有关部门对突发事件的应对工作负责的，从其规定；地方人民政府应当积极配合并提供必要的支持。

第八条 国务院在总理领导下研究、决定和部署特别重大突发事件的应对工作；根据实际需要，设立国家突发事件应急指挥机构，负责突发事件应对工作；必要时，国务院可以派出工作组指导有关工作。

县级以上地方各级人民政府设立由本级人民政府主要负责人、相关部门负责人、驻当地中国人民解放军和中国人民武装警察部队有关负责人组成的突发事件应急指挥机构，统一领导、协调本级人民政府各有关部门和下级人民政府开展突发事件应对工作；根据实际需要，设立相关类别突发事件应急指挥机构，组织、协调、指挥突发事件应对工作。

上级人民政府主管部门应当在各自职责范围内，指导、协助下级人民政府及其相应部门做好有关突发事件的应对工作。

第九条 国务院和县级以上地方各级人民政府是突发事件应对工作的行政领导机关，其办事机构及具体职责由国务院规定。

第十条 有关人民政府及其部门作出的应对突发事件的决定、命令，应当及时公布。

第十一条 有关人民政府及其部门采取的应对突发事件的措施，应当与突发事件可能造成的社会危害的性质、程度和范围相适应；有多种措施可供选择的，应当选择有利于最大限度地保护公民、法人和其他组织权益的措施。

公民、法人和其他组织有义务参与突发事件应对工作。

第十二条 有关人民政府及其部门为应对突发事件，可以征用单位和个人的财产。被征用的财产在使用完毕或者突发事件应急处置工作结束后，应当及时返还。财产被征用或者征用后毁损、灭失的，应当给予补偿。

第十三条 因采取突发事件应对措施，诉讼、行政复议、仲裁活动不能正常进行的，适用有关时效中止和程序中止的规定，但法律另有规定的除外。

第十四条 中国人民解放军、中国人民武装警察部队和民兵组织依照本法和其他有关法律、行政法规、军事法规的规定以及国务院、中央军事委员会的命令，参加突发事件的应急救援和处置工作。

第十五条 中华人民共和国政府在突发事件的预防、监测与预警、应急处置与救援、事后恢复与重建等方面，同外国政府和有关国际组织开展合作与交流。

第十六条 县级以上人民政府作出应对突发事件的决定、命令，应当报本级人民代表大会常务委员会备案；突发事件应急处置工作结束后，应当向本级人民代表大会常务委员会作出专项工作报告。

第二章 预防与应急准备

第十七条 国家建立健全突发事件应急预案体系。

国务院制定国家突发事件总体应急预案，组织制定国家突发事件专项应急预案；国务院有关部门根据各自的职责和国务院相关应急预案，制定国家突发事件部门应急预案。

地方各级人民政府和县级以上地方各级人民政府有关部门根据有关法律、法规、规章、上级人民政府及其有关部门的应急预案以及本地区的实际情况，制定相应的突发事件应急预案。

应急预案制定机关应当根据实际需要和情势变化，适时修订应急预案。应急预案的制定、修订程序由国务院规定。

第十八条 应急预案应当根据本法和其他有关法律、法规的规定，针对突发事件的性质、特点和可能造成的社会危害，具体规定突发事件应急管理工作的组织指挥体系与职责和突发事件的预防与预警机制、处置程序、应急保障措施以及事后恢复与重建措施等内容。

第十九条 城乡规划应当符合预防、处置突发事件的需要，统筹安排应对突发事件所必需的设备和基础设施建设，合理确定应急避难场所。

第二十条 县级人民政府应当对本行政区域内容易引发自然灾害、事故灾难和公共卫生事件的危险源、危险区域进行调查、登记、风险评估，定期进行检查、监控，并责令有关单位采取安全防范措施。

省级和设区的市级人民政府应当对本行政区域内容易引发特别重大、重大突发事件的危险源、危险区域进行调查、登记、风险评估，组织进行检查、监控，并责令有关单位采取安全防范措施。

县级以上地方各级人民政府按照本法规定登记的危险源、危险区域，应当按照国家规定及时向社会公布。

第二十一条 县级人民政府及其有关部门、乡级人民政府、街道办事处、居民委员会、村民委员会应当及时调解处理可能引发社会安全事件的矛盾纠纷。

第二十二条 所有单位应当建立健全安全管理制度，定期检查本单位各项安全防范措施的落实情况，及时消除事故隐患；掌握并及时处理本单位存在的可能引发社会安全事件的问题，防止矛盾激化和事态扩大；对本单位可能发生的突发事件和采取安全防范措施的情况，应当按照规定及时向所在地人民政府或者人民政府有关部门报告。

第二十三条 矿山、建筑施工单位和易燃易爆物品、危险化学品、放射性物品等危险物品的生产、经营、储运、使用单位，应当制定具体应急预案，并对生产经营场所、有危险物品的建筑物、构筑物及周边环境开展隐患排查，及时采取措施消除隐患，防止发生突发事件。

第二十四条 公共交通工具、公共场所和其他人员密集场所的经营单位或者管理单位应当制定具体应急预案，为交通工具和有关场所配备报警装置和必要的应急救援设备、设施，注明其使用方法，并显著标明安全撤离的通道、路线，保证安全通道、出口的畅通。

有关单位应当定期检测、维护其报警装置和应急救援设备、设施，使其处于良好状态，确保正常使用。

第二十五条 县级以上人民政府应当建立健全突发事件应急管理培训制度，对人民政府及其有关部门负有处置突发事件职责的工作人员定期进行培训。

第二十六条 县级以上人民政府应当整合应急资源，建立或者确定综合性应急救援队伍。人民政府有关部门可以根据实际需要设立专业应急救援队伍。

县级以上人民政府及其有关部门可以建立由成年志愿者组成的应急救援队伍。单位应当建立由本单位职工组成的专职或者兼职应急救援队伍。

县级以上人民政府应当加强专业应急救援队伍与非专业应急救援队伍的合作，联合培训、联合演练，提高合成应急、协同应急的能力。

第二十七条 国务院有关部门、县级以上地方各级人民政府及其有关部门、有关单位应当为专业应急救援人员购买人身意外伤害保险，配备必要的防护装备和器材，减少应急救援人员的人身风险。

第二十八条 中国人民解放军、中国人民武装警察部队和民兵组织应当有计划地组织开展应急救援的专门训练。

第二十九条 县级人民政府及其有关部门、乡级人民政府、街道办事处应当组织开展应急知识的宣传普及活动和必要的应急演练。

居民委员会、村民委员会、企业事业单位应当根据所在地人民政府的要求，结合各自的实际情况，开展有关突发事件应急知识的宣传普及活动和必要的应急演练。

新闻媒体应当无偿开展突发事件预防与应急、自救与互救知识的公益宣传。

第三十条 各级各类学校应当把应急知识教育纳入教学内容，对学生进行应急知识教育，培养学生的安全意识和自救与互救能力。

教育主管部门应当对学校开展应急知识教育进行指导和监督。

第三十一条 国务院和县级以上地方各级人民政府应当采取财政措施，保障突发事件应对工作所需经费。

第三十二条 国家建立健全应急物资储备保障制度，完善重要应急物资的监管、生产、储备、调拨和紧急配送体系。

设区的市级以上人民政府和突发事件易发、多发地区的县级人民政府应当建立应急救援物资、生活必需品和应急处置装备的储备制度。

县级以上地方各级人民政府应当根据本地区的实际情况，与有关企业签订协议，保障应急救援物资、生活必需品和应急处置装备的生产、供给。

第三十三条 国家建立健全应急通信保障体系，完善公用通信网，建立有线与无线相结合、基础电信网络与机动通信系统相配套的应急通信系统，确保突发事件应对工作的通信畅通。

第三十四条 国家鼓励公民、法人和其他组织为人民政府应对突发事件工作提供物资、资金、技术支持和捐赠。

第三十五条 国家发展保险事业，建立国家财政支持的巨灾风险保险体系，并鼓励单位和公民参加保险。

第三十六条 国家鼓励、扶持具备相应条件的教学科研机构培养应急管理专门人才，鼓励、扶持教学科研机构和有关企业研究开发用于突发事件预防、监测、预警、应急处置与救援的新技术、新设备和新工具。

第三章 监测与预警

第三十七条 国务院建立全国统一的突发事件信息系统。

县级以上地方各级人民政府应当建立或者确定本地区统一的突发事件信息系统，汇集、储存、分析、传输有关突发事件的信息，并与上级人民政府及其有关部门、下级人民政府及其有关部门、专业机构和监测网点的突发事件信息系统实现互联互通，加强跨部门、跨地区的信息交流与情报合作。

第三十八条 县级以上人民政府及其有关部门、专业机构应当通过多种途径收集突发事件信息。

县级人民政府应当在居民委员会、村民委员会和有关单位建立专职或者兼职信息报告员制度。

获悉突发事件信息的公民、法人或者其他组织，应当立即向所在地人民政府、有关主管部门或者指定的专业机构报告。

第三十九条 地方各级人民政府应当按照国家有关规定向上级人民政府报送突发事件信息。县级以上人民政府有关主管部门应当向本级人民政府相关部门通报突发事件信息。专业机构、监测网点和信息报告员应当及时向所在地人民政府及其有关主管部门报告突发事件信息。

有关单位和人员报送、报告突发事件信息，应当做到及时、客观、真实，不得迟报、谎报、瞒报、漏报。

第四十条 县级以上地方各级人民政府应当及时汇总分析突发事件隐患和预警信息，必要时组织相关部门、专业技术人员、专家学者进行会商，对发生突发事件的可能性及其可能造成的影响进行评估；认为可能发生重大或者特别重大突发事件的，应当立即向上级人民政府报告，并向上级人民政府有关部门、当地驻军和可能受到危害的毗邻或者相关地区的人民政府通报。

第四十一条 国家建立健全突发事件监测制度。

县级以上人民政府及其有关部门应当根据自然灾害、事故灾难和公共卫生事件的种类和特点，建立健全基础信息数据库，完善监测网络，划分监测区域，确定监测点，明确监测项目，提供必要的设备、设施，配备专职或者兼职人员，对可能发生的突发事件进行监测。

第四十二条 国家建立健全突发事件预警制度。

可以预警的自然灾害、事故灾难和公共卫生事件的预警级别，按照突发事件发生的紧急程度、发展势态和可能造成的危害程度分为一级、二级、三级和四级，分别用红色、橙色、黄色和蓝色标示，一级为最高级别。

预警级别的划分标准由国务院或者国务院确定的部门制定。

第四十三条 可以预警的自然灾害、事故灾难或者公共卫生事件即将发生或者发生的可能性增大时，县级以上地方各级人民政府应当根据有关法律、行政法规和国务院规定的权限和程序，发布相应级别的警报，决定并宣布有关地区进入预警期，同时向上一级人民政府报告，必要时可以越级上报，并向当地驻军和可能受到危害的毗邻或者相关地区的人民政府通报。

第四十四条 发布三级、四级警报，宣布进入预警期后，县级以上地方各级人民政府应当根据即将发生的突发事件的特点和可能造成的危害，采取下列措施：

（一）启动应急预案；

（二）责令有关部门、专业机构、监测网点和负有特定职责的人员及时收集、报告有关信息，向社会公布反映突发事件信息的渠道，加强对突发事件发生、发展情况的监测、预报和预警工作；

（三）组织有关部门和机构、专业技术人员、有关专家学者，随时对突发事件信息进行分析评估，预测发生突发事件可能性的大小、影响范围和强度以及可能发生的突发事件的级别；

（四）定时向社会发布与公众有关的突发事件预测信息和分析评估结果，并对相关信息的报道工作进行管理；

（五）及时按照有关规定向社会发布可能受到突发事件危害的警告，宣传避免、减轻危害的常识，公布咨询电话。

第四十五条 发布一级、二级警报，宣布进入预警期后，县级以上地方各级人民政府除采取本法第四十四条规定的措施外，还应当针对即将发生的突发事件的特点和可能造成的危害，采取下列一项或者多项措施：

（一）责令应急救援队伍、负有特定职责的人员进入待命状态，并动员后备人员做好参加应急救援和处置工作的准备；

（二）调集应急救援所需物资、设备、工具，准备应急设施和避难场所，并确保其处于良好状态、随时可以投入正常使用；

（三）加强对重点单位、重要部位和重要基础设施的安全保卫，维护社会治安秩序；

（四）采取必要措施，确保交通、通信、供水、排水、供电、供气、供热等公共设施的安全和正常运行；

（五）及时向社会发布有关采取特定措施避免或者减轻危害的建议、劝告；

（六）转移、疏散或者撤离易受突发事件危害的人员并予以妥善安置，转移重要财产；

（七）关闭或者限制使用易受突发事件危害的场所，控制或者限制容易导致危害扩大的公共场所的活动；

（八）法律、法规、规章规定的其他必要的防范性、保护性措施。

第四十六条 对即将发生或者已经发生的社会安全事件，县级以上地方各级人民政府及其有关主管部门应当按照规定向上一级人民政府及其有关主管部门报告，必要时可以越级上报。

第四十七条 发布突发事件警报的人民政府应当根据事态的发展，按照有关规定适时调整预警级别并重新发布。

有事实证明不可能发生突发事件或者危险已经解除的，发布警报的人民政府应当立即宣布解除警报，终止预警期，并解除已经采取的有关措施。

第四章 应急处置与救援

第四十八条 突发事件发生后，履行统一领导职责或者组织处置突发事件的人民政府应当针对其性质、特点和危害程度，立即组织有关部门，调动应急救援队伍和社会力量，依照本章的规定和有关法律、法规、规章的规定采取应急处置措施。

第四十九条 自然灾害、事故灾难或者公共卫生事件发生后，履行统一领导职责的人民政府可以采取下列一项或者多项应急处置措施：

（一）组织营救和救治受害人员，疏散、撤离并妥善安置受到威胁的人员以及采取其他救助措施；

（二）迅速控制危险源，标明危险区域，封锁危险场所，划定警戒区，实行交通管制以及其他控制措施；

（三）立即抢修被损坏的交通、通信、供水、排水、供电、供气、供热等公共设施，向受到危害的人员提供避难场所和生活必需品，实施医疗救护和卫生防疫以及其他保障措施；

（四）禁止或者限制使用有关设备、设施，关闭或者限制使用有关场所，中止人员密集的活动或者可能导致危害扩大的生产经营活动以及采取其他保护措施；

（五）启用本级人民政府设置的财政预备费和储备的应急救援物资，必要时调用其他急需物资、设备、设施、工具；

（六）组织公民参加应急救援和处置工作，要求具有特定专长的人员提供服务；

（七）保障食品、饮用水、燃料等基本生活必需品的供应；

（八）依法从严惩处囤积居奇、哄抬物价、制假售假等扰乱市场秩序的行为，稳定市场价格，维护市场秩序；

（九）依法从严惩处哄抢财物、干扰破坏应急处置工作等扰乱社会秩序的行为，维护社会治安；

（十）采取防止发生次生、衍生事件的必要措施。

第五十条 社会安全事件发生后，组织处置工作的人民政府应当立即组织有关部门并由公安机关针对事件的性质和特点，依照有关法律、行政法规和国家其他有关规定，采取下列一项或者多项应急处置措施：

（一）强制隔离使用器械相互对抗或者以暴力行为参与冲突的当事人，妥善解决现场纠纷和争端，控制事态发展；

（二）对特定区域内的建筑物、交通工具、设备、设施以及燃料、燃气、电力、水的供应进行控制；

（三）封锁有关场所、道路，查验现场人员的身份证件，限制有关公共场所内的活动；

（四）加强对易受冲击的核心机关和单位的警卫，在国家机关、军事机关、国家通讯社、广播电台、电视台、外国驻华使领馆等单位附近设置临时警戒线；

（五）法律、行政法规和国务院规定的其他必要措施。

严重危害社会治安秩序的事件发生时，公安机关应当立即依法出动警力，根据现场情况依法采取相应的强制性措施，尽快使社会秩序恢复正常。

第五十一条 发生突发事件，严重影响国民经济正常运行时，国务院或者国务院授权的有关主管部门可以采取保障、控制等必要的应急措施，保障人民群众的基本生活需要，最大限度地减轻突发事件的影响。

第五十二条 履行统一领导职责或者组织处置突发事件的人民政府，必要时可以向单位和个人征用应急救援所需设备、设施、场地、交通工具和其他物资，请求其他地方人民政府提供人力、物力、财力或者技术支援，要求生产、供应生活必需品和应急救援物资的企业组织生产、保证供给，要求提供医疗、交通等公共服务的组织提供相应的服务。

履行统一领导职责或者组织处置突发事件的人民政府，应当组织协调运输经营单位，优先运送处置突发事件所需物资、设备、工具、应急救援人员和受到突发事件危害的人员。

第五十三条 履行统一领导职责或者组织处置突发事件的人民政府，应当按照有关规定统一、准确、及时发布有关突发事件事态发展和应急处置工作的信息。

第五十四条 任何单位和个人不得编造、传播有关突发事件事态发展或者应急处置工作的虚假信息。

第五十五条 突发事件发生地的居民委员会、村民委员会和其他组织应当按照当地人民政府的决定、命令，进行宣传动员，组织群众开展自救和互救，协助维护社会秩序。

第五十六条 受到自然灾害危害或者发生事故灾难、公共卫生事件的单位，应当立即组织本单位应急救援队伍和工作人员营救受害人员，疏散、撤离、安置受到威胁的人员，控制危险源，标明危险区域，封锁危险场所，并采取其他防止危害扩大的必要措施，同时向所在地县级人民政府报告；对因本单位的问题引发的或者主体是本单位人员的社会安全事件，有关单位应当按照规定上报情况，并迅速派出负责人赶赴现场开展劝解、疏导工作。

突发事件发生地的其他单位应当服从人民政府发布的决定、命令，配合人民政府采取的应急处置措施，做好本单位的应急救援工作，并积极组织人员参加所在地的应急救援和处置工作。

第五十七条 突发事件发生地的公民应当服从人民政府、居民委员会、村民委员会或者所属单位的指挥和安排，配合人民政府采取的应急处置措施，积极参加应急救援工作，协助维护社会秩序。

第五章 事后恢复与重建

第五十八条 突发事件的威胁和危害得到控制或者消除后，履行统一领导职责或者组织处置突发事件的人民政府应当停止执行依照本法规定采取的应急处置措施，同时采取或者继续实施必要措施，防止发生自然灾害、事故灾难、公共卫生事件的次生、衍生事件或者重新引发社会安全事件。

第五十九条 突发事件应急处置工作结束后，履行统一领导职责的人民政府应当立即组织对突发事件造成的损失进行评估，组织受影响地区尽快恢复生产、生活、工作和社会秩序，制定恢复重建计划，并向上一级人民政府报告。

受突发事件影响地区的人民政府应当及时组织和协调公安、交通、铁路、民航、邮电、建设等有关部门恢复社会治安秩序，尽快修复被损坏的交通、通信、供水、排水、供电、供气、供热等公共设施。

第六十条 受突发事件影响地区的人民政府开展恢复重建工作需要上一级人民政府支持的，可以向上一级人民政府提出请求。上一级人民政府应当根据受影响地区遭受的损失和实际情况，提供资金、物资支持和技术指导，组织其他地区提供资金、物资和人力支援。

第六十一条 国务院根据受突发事件影响地区遭受损失的情况，制定扶持该地区有关行业发展的优惠政策。

受突发事件影响地区的人民政府应当根据本地区遭受损失的情况，制定救助、补偿、抚慰、抚恤、安置等善后工作计划并组织实施，妥善解决因处置突发事件引发的矛盾和纠纷。

公民参加应急救援工作或者协助维护社会秩序期间，其在本单位的工资待遇和福利不变；表现突出、成绩显著的，由县级以上人民政府给予表彰或者奖励。

县级以上人民政府对在应急救援工作中伤亡的人员依法给予抚恤。

第六十二条 履行统一领导职责的人民政府应当及时查明突发事件的发生经过和原因，总结突发事件应急处置工作的经验教训，制定改进措施，并向上一级人民政府提出报告。

第六章 法律责任

第六十三条 地方各级人民政府和县级以上各级人民政府有关部门违反本法规定，不履行法定职责的，由其上级行政机关或者监察机关责令改正；有下列情形之一的，根据情节对直接负责的主管人员和其他直接责任人员依法给予处分：

（一）未按规定采取预防措施，导致发生突发事件，或者未采取必要的防范措施，导致发生次生、衍生事件的；

（二）迟报、谎报、瞒报、漏报有关突发事件的信息，或者通报、报送、公布虚假信息，造成后果的；

（三）未按规定及时发布突发事件警报、采取预警期的措施，导致损害发生的；

（四）未按规定及时采取措施处置突发事件或者处置不当，造成后果的；

（五）不服从上级人民政府对突发事件应急处置工作的统一领导、指挥和协调的；

（六）未及时组织开展生产自救、恢复重建等善后工作的；

（七）截留、挪用、私分或者变相私分应急救援资金、物资的；

（八）不及时归还征用的单位和个人的财产，或者对被征用财产的单位和个人不按规定给予补偿的。

第六十四条 有关单位有下列情形之一的，由所在地履行统一领导职责的人民政府责令停产停业，暂扣或者吊销许可证或者营业执照，并处五万元以上二十万元以下的罚款；构成违反治安管理行为的，由公安机关依法给予处罚：

（一）未按规定采取预防措施，导致发生严重突发事件的；

（二）未及时消除已发现的可能引发突发事件的隐患，导致发生严重突发事件的；

（三）未做好应急设备、设施日常维护、检测工作，导致发生严重突发事件或者突发事件危害扩大的；

（四）突发事件发生后，不及时组织开展应急救援工作，造成严重后果的。

前款规定的行为，其他法律、行政法规规定由人民政府有关部门依法决定处罚的，从其规定。

第六十五条 违反本法规定，编造并传播有关突发事件事态发展或者应急处置工作的虚假信息，或者明知是有关突发事件事态发展或者应急处置工作的虚假信息而进行传播的，责令改正，给予警告；造成严重后果的，依法暂停其业务活动或者吊销其执业许可证；负有直接责任的人员是国家工作人员的，还应当对其依法给予处分；构成违反治安管理行为的，由公安机关依法给予处罚。

第六十六条 单位或者个人违反本法规定，不服从所在地人民政府及其有关部门发布的决定、命令或者不配合其依法采取的措施，构成违反治安管理行为的，由公安机关依法给予处罚。

第六十七条 单位或者个人违反本法规定，导致突发事件发生或者危害扩大，给他人人身、财产造成损害的，应当依法承担民事责任。

第六十八条 违反本法规定，构成犯罪的，依法追究刑事责任。

第七章 附 则

第六十九条 发生特别重大突发事件，对人民生命财产安全、国家安全、公共安全、环境安全或者社会秩序构成重大威胁，采取本法和其他有关法律、法规、规章规定的应急处置措施不能消除或者有效控制、减轻其严重社会危害，需要进入紧急状态的，由全国人民代表大会常务委员会或者国务院依照宪法和其他有关法律规定的权限和程序决定。

紧急状态期间采取的非常措施，依照有关法律规定执行或者由全国人民代表大会常务委员会另行规定。

第七十条 本法自 2007 年 11 月 1 日起施行。

附录二　突发公共卫生事件应急条例

第一章　总　则

第一条　为了有效预防、及时控制和消除突发公共卫生事件的危害，保障公众身体健康与生命安全，维护正常的社会秩序，制定本条例。

第二条　本条例所称突发公共卫生事件（以下简称突发事件），是指突然发生，造成或者可能造成社会公众健康严重损害的重大传染病疫情、群体性不明原因疾病、重大食物和职业中毒以及其他严重影响公众健康的事件。

第三条　突发事件发生后，国务院设立全国突发事件应急处理指挥部，由国务院有关部门和军队有关部门组成，国务院主管领导人担任总指挥，负责对全国突发事件应急处理的统一领导、统一指挥。

国务院卫生行政主管部门和其他有关部门，在各自的职责范围内做好突发事件应急处理的有关工作。

第四条　突发事件发生后，省、自治区、直辖市人民政府成立地方突发事件应急处理指挥部，省、自治区、直辖市人民政府主要领导人担任总指挥，负责领导、指挥本行政区域内突发事件应急处理工作。

县级以上地方人民政府卫生行政主管部门，具体负责组织突发事件的调查、控制和医疗救治工作。

县级以上地方人民政府有关部门，在各自的职责范围内做好突发事件应急处理的有关工作。

第五条　突发事件应急工作，应当遵循预防为主、常备不懈的方针，贯彻统一领导、分级负责、反应及时、措施果断、依靠科学、加强合作的原则。

第六条　县级以上各级人民政府应当组织开展防治突发事件相关科学研究，建立突发事件应急流行病学调查、传染源隔离、医疗救护、现场处置、监督检查、监测检验、卫生防护等有关物资、设备、设施、技术与人才资源储备，所需经费列入本级政府财政预算。

国家对边远贫困地区突发事件应急工作给予财政支持。

第七条　国家鼓励、支持开展突发事件监测、预警、反应处理有关技术的国际交流与合作。

第八条　国务院有关部门和县级以上地方人民政府及其有关部门，应当建立严格的突发事件防范和应急处理责任制，切实履行各自的职责，保证突发事件应急处理工作的正常进行。

第九条　县级以上各级人民政府及其卫生行政主管部门，应当对参加突发事件应急处理的医疗卫生人员，给予适当补助和保健津贴；对参加突发事件应急处理作出贡献的人员，给予表彰和奖励；对因参与应急处理工作致病、致残、死亡的人员，按照国家有关规定，给予相应的补助和抚恤。

第二章　预防与应急准备

第十条　国务院卫生行政主管部门按照分类指导、快速反应的要求，制定全国突发事件应急预案，报请国务院批准。

省、自治区、直辖市人民政府根据全国突发事件应急预案，结合本地实际情况，制定本行政区域的突发事件应急预案。

第十一条　全国突发事件应急预案应当包括以下主要内容：

（一）突发事件应急处理指挥部的组成和相关部门的职责；

（二）突发事件的监测与预警；

（三）突发事件信息的收集、分析、报告、通报制度；

（四）突发事件应急处理技术和监测机构及其任务；

（五）突发事件的分级和应急处理工作方案；

（六）突发事件预防、现场控制，应急设施、设备、救治药品和医疗器械以及其他物资和技术的储备与调度；

（七）突发事件应急处理专业队伍的建设和培训。

第十二条　突发事件应急预案应当根据突发事件的变化和实施中发现的问题及时进行修订、补充。

第十三条　地方各级人民政府应当依照法律、行政法规的规定，做好传染病预防和其他公共卫生工作，防范突发事件的发生。

县级以上各级人民政府卫生行政主管部门和其他有关部门，应当对公众开展突发事件应急知识的专门教育，增强全社会对突发事件的防范意识和应对能力。

第十四条　国家建立统一的突发事件预防控制体系。

县级以上地方人民政府应当建立和完善突发事件监测与预警系统。

县级以上各级人民政府卫生行政主管部门，应当指定机构负责开展突发事件的日常监测，并确保监测与预警系统的正常运行。

第十五条　监测与预警工作应当根据突发事件的类别，制定监测计划，科学分析、综合评价监测数据。对早期发现的潜在隐患以及可能发生的突发事件，应当依照本条例规定的报告程序和时限及时报告。

第十六条　国务院有关部门和县级以上地方人民政府及其有关部门，应当根据突发事件应急预案的要求，保证应急设施、设备、救治药品和医疗器械等物资储备。

第十七条　县级以上各级人民政府应当加强急救医疗服务网络的建设，配备相应的医疗救治药物、技术、设备和人员，提高医疗卫生机构应对各类突发事件的救治能力。

设区的市级以上地方人民政府应当设置与传染病防治工作需要相适应的传染病专科医

院，或者指定具备传染病防治条件和能力的医疗机构承担传染病防治任务。

第十八条 县级以上地方人民政府卫生行政主管部门，应当定期对医疗卫生机构和人员开展突发事件应急处理相关知识、技能的培训，定期组织医疗卫生机构进行突发事件应急演练，推广最新知识和先进技术。

第三章 报告与信息发布

第十九条 国家建立突发事件应急报告制度。

国务院卫生行政主管部门制定突发事件应急报告规范，建立重大、紧急疫情信息报告系统。

有下列情形之一的，省、自治区、直辖市人民政府应当在接到报告1小时内，向国务院卫生行政主管部门报告：

（一）发生或者可能发生传染病暴发、流行的；

（二）发生或者发现不明原因的群体性疾病的；

（三）发生传染病菌种、毒种丢失的；

（四）发生或者可能发生重大食物和职业中毒事件的。

国务院卫生行政主管部门对可能造成重大社会影响的突发事件，应当立即向国务院报告。

第二十条 突发事件监测机构、医疗卫生机构和有关单位发现有本条例第十九条规定情形之一的，应当在2小时内向所在地县级人民政府卫生行政主管部门报告；接到报告的卫生行政主管部门应当在2小时内向本级人民政府报告，并同时向上级人民政府卫生行政主管部门和国务院卫生行政主管部门报告。

县级人民政府应当在接到报告后2小时内向设区的市级人民政府或者上一级人民政府报告；设区的市级人民政府应当在接到报告后2小时内向省、自治区、直辖市人民政府报告。

第二十一条 任何单位和个人对突发事件，不得隐瞒、缓报、谎报或者授意他人隐瞒、缓报、谎报。

第二十二条 接到报告的地方人民政府、卫生行政主管部门依照本条例规定报告的同时，应当立即组织力量对报告事项调查核实、确证，采取必要的控制措施，并及时报告调查情况。

第二十三条 国务院卫生行政主管部门应当根据发生突发事件的情况，及时向国务院有关部门和各省、自治区、直辖市人民政府卫生行政主管部门以及军队有关部门通报。

突发事件发生地的省、自治区、直辖市人民政府卫生行政主管部门，应当及时向毗邻省、自治区、直辖市人民政府卫生行政主管部门通报。

接到通报的省、自治区、直辖市人民政府卫生行政主管部门，必要时应当及时通知本行政区域内的医疗卫生机构。

县级以上地方人民政府有关部门，已经发生或者发现可能引起突发事件的情形时，应当及时向同级人民政府卫生行政主管部门通报。

第二十四条 国家建立突发事件举报制度，公布统一的突发事件报告、举报电话。

任何单位和个人有权向人民政府及其有关部门报告突发事件隐患，有权向上级人民政府及其有关部门举报地方人民政府及其有关部门不履行突发事件应急处理职责，或者不按照规定履行职责的情况。接到报告、举报的有关人民政府及其有关部门，应当立即组织对突发事件隐患、不履行或者不按照规定履行突发事件应急处理职责的情况进行调查处理。

对举报突发事件有功的单位和个人，县级以上各级人民政府及其有关部门应当予以奖励。

第二十五条 国家建立突发事件的信息发布制度。

国务院卫生行政主管部门负责向社会发布突发事件的信息。必要时，可以授权省、自治区、直辖市人民政府卫生行政主管部门向社会发布本行政区域内突发事件的信息。

信息发布应当及时、准确、全面。

第四章 应急处理

第二十六条 突发事件发生后，卫生行政主管部门应当组织专家对突发事件进行综合评估，初步判断突发事件的类型，提出是否启动突发事件应急预案的建议。

第二十七条 在全国范围内或者跨省、自治区、直辖市范围内启动全国突发事件应急预案，由国务院卫生行政主管部门报国务院批准后实施。省、自治区、直辖市启动突发事件应急预案，由省、自治区、直辖市人民政府决定，并向国务院报告。

第二十八条 全国突发事件应急处理指挥部对突发事件应急处理工作进行督察和指导，地方各级人民政府及其有关部门应当予以配合。

省、自治区、直辖市突发事件应急处理指挥部对本行政区域内突发事件应急处理工作进行督察和指导。

第二十九条 省级以上人民政府卫生行政主管部门或者其他有关部门指定的突发事件应急处理专业技术机构，负责突发事件的技术调查、确证、处置、控制和评价工作。

第三十条 国务院卫生行政主管部门对新发现的突发传染病，根据危害程度、流行强度，依照《中华人民共和国传染病防治法》的规定及时宣布为法定传染病；宣布为甲类传染病的，由国务院决定。

第三十一条 应急预案启动前，县级以上各级人民政府有关部门应当根据突发事件的实际情况，做好应急处理准备，采取必要的应急措施。

应急预案启动后，突发事件发生地的人民政府有关部门，应当根据预案规定的职责要求，服从突发事件应急处理指挥部的统一指挥，立即到达规定岗位，采取有关的控制措施。

医疗卫生机构、监测机构和科学研究机构，应当服从突发事件应急处理指挥部的统一指挥，相互配合、协作，集中力量开展相关的科学研究工作。

第三十二条 突发事件发生后，国务院有关部门和县级以上地方人民政府及其有关部

门，应当保证突发事件应急处理所需的医疗救护设备、救治药品、医疗器械等物资的生产、供应；铁路、交通、民用航空行政主管部门应当保证及时运送。

第三十三条 根据突发事件应急处理的需要，突发事件应急处理指挥部有权紧急调集人员、储备的物资、交通工具以及相关设施、设备；必要时，对人员进行疏散或者隔离，并可以依法对传染病疫区实行封锁。

第三十四条 突发事件应急处理指挥部根据突发事件应急处理的需要，可以对食物和水源采取控制措施。

县级以上地方人民政府卫生行政主管部门应当对突发事件现场等采取控制措施，宣传突发事件防治知识，及时对易受感染的人群和其他易受损害的人群采取应急接种、预防性投药、群体防护等措施。

第三十五条 参加突发事件应急处理的工作人员，应当按照预案的规定，采取卫生防护措施，并在专业人员的指导下进行工作。

第三十六条 国务院卫生行政主管部门或者其他有关部门指定的专业技术机构，有权进入突发事件现场进行调查、采样、技术分析和检验，对地方突发事件的应急处理工作进行技术指导，有关单位和个人应当予以配合；任何单位和个人不得以任何理由予以拒绝。

第三十七条 对新发现的突发传染病、不明原因的群体性疾病、重大食物和职业中毒事件，国务院卫生行政主管部门应当尽快组织力量制定相关的技术标准、规范和控制措施。

第三十八条 交通工具上发现根据国务院卫生行政主管部门的规定需要采取应急控制措施的传染病病人、疑似传染病病人，其负责人应当以最快的方式通知前方停靠点，并向交通工具的营运单位报告。交通工具的前方停靠点和营运单位应当立即向交通工具营运单位行政主管部门和县级以上地方人民政府卫生行政主管部门报告。卫生行政主管部门接到报告后，应当立即组织有关人员采取相应的医学处置措施。

交通工具上的传染病病人密切接触者，由交通工具停靠点的县级以上各级人民政府卫生行政主管部门或者铁路、交通、民用航空行政主管部门，根据各自的职责，依照传染病防治法律、行政法规的规定，采取控制措施。

涉及国境口岸和入出境的人员、交通工具、货物、集装箱、行李、邮包等需要采取传染病应急控制措施的，依照国境卫生检疫法律、行政法规的规定办理。

第三十九条 医疗卫生机构应当对因突发事件致病的人员提供医疗救护和现场救援，对就诊病人必须接诊治疗，并书写详细、完整的病历记录；对需要转送的病人，应当按照规定将病人及其病历记录的复印件转送至接诊的或者指定的医疗机构。

医疗卫生机构内应当采取卫生防护措施，防止交叉感染和污染。

医疗卫生机构应当对传染病病人密切接触者采取医学观察措施，传染病病人密切接触者应当予以配合。

医疗机构收治传染病病人、疑似传染病病人，应当依法报告所在地的疾病预防控制机构。接到报告的疾病预防控制机构应当立即对可能受到危害的人员进行调查，根据需要采取必要的控制措施。

第四十条 传染病暴发、流行时，街道、乡镇以及居民委员会、村民委员会应当组织力量，团结协作，群防群治，协助卫生行政主管部门和其他有关部门、医疗卫生机构做好疫情信息的收集和报告、人员的分散隔离、公共卫生措施的落实工作，向居民、村民宣传传染病防治的相关知识。

第四十一条 对传染病暴发、流行区域内流动人口，突发事件发生地的县级以上地方人民政府应当做好预防工作，落实有关卫生控制措施；对传染病病人和疑似传染病病人，应当采取就地隔离、就地观察、就地治疗的措施。对需要治疗和转诊的，应当依照本条例第三十九条第一款的规定执行。

第四十二条 有关部门、医疗卫生机构应当对传染病做到早发现、早报告、早隔离、早治疗，切断传播途径，防止扩散。

第四十三条 县级以上各级人民政府应当提供必要资金，保障因突发事件致病、致残的人员得到及时、有效的救治。具体办法由国务院财政部门、卫生行政主管部门和劳动保障行政主管部门制定。

第四十四条 在突发事件中需要接受隔离治疗、医学观察措施的病人、疑似病人和传染病病人密切接触者在卫生行政主管部门或者有关机构采取医学措施时应当予以配合；拒绝配合的，由公安机关依法协助强制执行。

第五章 法律责任

第四十五条 县级以上地方人民政府及其卫生行政主管部门未依照本条例的规定履行报告职责，对突发事件隐瞒、缓报、谎报或者授意他人隐瞒、缓报、谎报的，对政府主要领导人及其卫生行政主管部门主要负责人，依法给予降级或者撤职的行政处分；造成传染病传播、流行或者对社会公众健康造成其他严重危害后果的，依法给予开除的行政处分；构成犯罪的，依法追究刑事责任。

第四十六条 国务院有关部门、县级以上地方人民政府及其有关部门未依照本条例的规定，完成突发事件应急处理所需要的设施、设备、药品和医疗器械等物资的生产、供应、运输和储备的，对政府主要领导人和政府部门主要负责人依法给予降级或者撤职的行政处分；造成传染病传播、流行或者对社会公众健康造成其他严重危害后果的，依法给予开除的行政处分；构成犯罪的，依法追究刑事责任。

第四十七条 突发事件发生后，县级以上地方人民政府及其有关部门对上级人民政府有关部门的调查不予配合，或者采取其他方式阻碍、干涉调查的，对政府主要领导人和政府部门主要负责人依法给予降级或者撤职的行政处分；构成犯罪的，依法追究刑事责任。

第四十八条 县级以上各级人民政府卫生行政主管部门和其他有关部门在突发事件调查、控制、医疗救治工作中玩忽职守、失职、渎职的，由本级人民政府或者上级人民政府有关部门责令改正、通报批评、给予警告；对主要负责人、负有责任的主管人员和其他责任人员依法给予降级、撤职的行政处分；造成传染病传播、流行或者对社会公众健康造成

其他严重危害后果的，依法给予开除的行政处分；构成犯罪的，依法追究刑事责任。

第四十九条 县级以上各级人民政府有关部门拒不履行应急处理职责的，由同级人民政府或者上级人民政府有关部门责令改正、通报批评、给予警告；对主要负责人、负有责任的主管人员和其他责任人员依法给予降级、撤职的行政处分；造成传染病传播、流行或者对社会公众健康造成其他严重危害后果的，依法给予开除的行政处分；构成犯罪的，依法追究刑事责任。

第五十条 医疗卫生机构有下列行为之一的，由卫生行政主管部门责令改正、通报批评、给予警告；情节严重的，吊销《医疗机构执业许可证》；对主要负责人、负有责任的主管人员和其他直接责任人员依法给予降级或者撤职的纪律处分；造成传染病传播、流行或者对社会公众健康造成其他严重危害后果，构成犯罪的，依法追究刑事责任：

（一）未依照本条例的规定履行报告职责，隐瞒、缓报或者谎报的；

（二）未依照本条例的规定及时采取控制措施的；

（三）未依照本条例的规定履行突发事件监测职责的；

（四）拒绝接诊病人的；

（五）拒不服从突发事件应急处理指挥部调度的。

第五十一条 在突发事件应急处理工作中，有关单位和个人未依照本条例的规定履行报告职责，隐瞒、缓报或者谎报，阻碍突发事件应急处理工作人员执行职务，拒绝国务院卫生行政主管部门或者其他有关部门指定的专业技术机构进入突发事件现场，或者不配合调查、采样、技术分析和检验的，对有关责任人员依法给予行政处分或者纪律处分；触犯《中华人民共和国治安管理处罚条例》，构成违反治安管理行为的，由公安机关依法予以处罚；构成犯罪的，依法追究刑事责任。

第五十二条 在突发事件发生期间，散布谣言、哄抬物价、欺骗消费者，扰乱社会秩序、市场秩序的，由公安机关或者工商行政管理部门依法给予行政处罚；构成犯罪的，依法追究刑事责任。

第六章 附 则

第五十三条 中国人民解放军、武装警察部队医疗卫生机构参与突发事件应急处理的，依照本条例的规定和军队的相关规定执行。

第五十四条 本条例自公布之日起施行。